KB071428

민속방법론

현상학적 사회학과 질적 연구

손민호 · 조현영 공저

ETHNOMETHODOLOGY

학지사

이 저서는 인하대학교의 지원에 의하여 연구되었음.

| 머리말 |

이 책은 민속방법론, 즉 Ethnomethodology를 국내 독자들이 보다 쉽게 접근할 수 있도록 소개한 책이다. 'Ethnomethodology'는 통상적으로 '민속방법론'으로 번역하여 사용해 온 만큼 이 책에서도 이를 따랐다. 민속방법론은 사회학이고 필자의 전공은 교육학이다. 그런 만큼 이 책에서 다루고 있는 여러 사례나 이야기 주제는 필자의 지적 배경, 특히 교육학을 공부하는 필자의 배경에서 혼종된 것들이다.

이 책의 집필 작업은 지금으로부터 두 해 전 봄에 가핑클(Garfinkel)의 작고 소식을 들은 후에 본격적으로 시작되었다. 필자는 그를 직접 만난 적은 없지만 필자의 지도교수를 통해 소식을 접할 수 있었다. 작고하기 한 해 전 노구의 몸으로 병마에 시달리면서도 멀리 한국에서 한 학도가 프래그머티즘과 민속방법론 관련 글을 썼다는 소식을 듣고 기뻐했다는 이야기를 듣기도 했다. 한편으로는 오랫동안 필자의 사유를 다듬어 준 지적인 빚을 갚고, 다른 한편으로는 필자 스스로 우리말로 이해할 수 있을 것인가 하는 도전에 대한 모험을 떠나고 싶었다.

민속방법론은 우선 두 가지 점에서 난해하다. 먼저, 민속방법론은 정향성을 탐색하고 제시해 주는 사회이론답지 않게 미시적이고 기술적이어서 일반적으로 알고 있는 통상적인 사회과학의 부류에서 벗어난다. 그리고 어떤 개인이나 일의 형상이 아닌 상황적 실천이라는 양태를 기술하는 변증법적 용어들에서 오는 난해함이 있다. 이러한 난해함이 필자에게는 이 글이 어수룩하게 보일 수밖에 없다고 항변할 수 있는 좋은 핑계거리가 될 듯싶다.

필자는 현상학이 질적 연구로 나아간다면 그리고 사회 연구로 나아간다면 민속방법론이라는 가교를 거치지 않을 수 없다고 생각한다. 질적 연구방법론을 공부하고자 하는 이들에게 현상학은 질적 연구방법론의 기초로 흔히 거론되지만, 현상학의 난해한 논리와 개념들을 이해하기에 급급할 뿐만 아니라 질적 연구방법론과 어떻게 연관되는지 막연하기만 하다.

민속방법론은 사회학에서나 질적 연구방법론에서 지금은 주변화된 연구 영역으로 남아 있다. 그럼에도 민속방법론이 제기한 문제들은 독자적인 영역이라고 할 것 없이 제기될 수 있는 생활세계에 관한 근원적인 탐구의 논리를 제시하고 있다. '지금 여기'라는 기투적 존재 양상에 머물 수밖에 없는 우리에게 생활세계는 벗어날 수 없는 실존적 조건이다. 민속방법론은 생활세계가 어떻게 작동하는지를 해명하는 데에 지독하게 집착하며 그에 관해 경험적으로 탐구할 수 있는 길을 터 주었다. 생활세계에 관한 근원적인 질문을 마음속에 품으며 질적 연구방법론을 공부하는 이라면 한 번쯤은 민속방법론이 무엇을 다루고 싶어 했는지 읽어 보았으면 하는 생각으로 집필하였다.

실제로 민속방법론은 질적 연구방법론을 다루는 수업이나 프로그램에서 한 번쯤은 언급되기도 하지만, 국내에 소개된 민속방법론 관련 글들은 다소 서투른 번역에서 벗어나지 못해 독해가 쉽지 않거나 적지 않은 오해로 인해 속시원한 설명을 찾기가 쉽지 않다. 물론 필자도 민속방법론에서 독특하게 차용하는 어법과 개념 그리고 그 논리들을 우리말로 풀어내는 데 적지 않은 고민과 궁리의 시간들을 보내야만 했다. 어떤 개념이나 논법은 오히려 국내에 많이 소개된 들뢰즈(Deleuze)와 같은 이들의 인문학을 통해 어떻게 우리말로 납득할 수 있는지 길을 찾기도 하였다.

항상 글은 가상의 독자를 염두에 두면서 쓰는 듯하다. 대학원 수업에서 그리고 EM 스터디에서 필자의 말에 귀 기울여 준 동학들에게 감사를 표하고 싶다. 글로 생각을 정리한 것은 그들이 필자에게 가상의 독자 이상의 역할을 해 주었기 때문에 가능한 일이었다. 사실 이 글의 많은 부분은 그들과 오프라인과 온라인 대화 속에서 나눈 이야기들을 정리한 것이다. 특히 강현민과 권영재는 재치 있는 분석 사례를 보여 주었고 그 일부가 이 책에 반영되어 있다. 문성숙은 폭넓은 이해로 논쟁과 논의를 보다 깊이 있게 이끌어 주었다. 글 여기저기에 눈에 밟히는 서투름과 어줍잖음은 순전히 필자의 이해가 부족한 탓이다. 그럼에도 용기를 내어 출간하기로 한 것은 필자와 유사한 질문들을 가지고 고민하고 궁리하는 독자들이 있다고 믿었기 때문이다. 이 책의 어느 한 부분이라도 우리의 삶과 생활세계에 대하여 한 줌의 이해라도 보탤 수 있다면 성공이라 생각한다.

2014년 9월

저자 일동

| 차 례 |

Chapter 01

일상성과 현상학적 장

일상성과 현상학적 장

생활세계의 위상과 의미

일상의 생활세계에 대한 관심

오늘날 많은 다양한 질적 연구는 그 이론적 뿌리가 무엇이 되었든 상관없이 각각이 취하는 관점들은 기본적으로 현상학적인 문제의식에 바탕을 두고 있으며, 따라서 탐구의 의도가 직접적으로든 간접적으로든 일상의 생활세계를 드러낸다는 데 있다는 점에 이견을 보이지 않을 것이다. 일상의 생활세계를 드러내는 것은 생활세계의 가치를 인정하는 것, 더 나아가 어떤 사회 기제나 사회 시스템으로 가려짐에 따라 왜곡되어 있는 생활세계의 가치를 회복하고 복원시켜야 한다는 의지의 표명이기도 하다. 일상성이란 무엇인가? 생활세계는 왜 사회과학의 탐구 대상이 되어야 하는가?

> 바로 그날, 더블린이라는 도시 어느 한 지역에서 금세기 초 어느 해 6월 16일 블룸이라는 어떤 사람과 그의 아내 몰리와 그의 친구 스티븐 디덜로스가 이날을, 아니 더 정확하게는 아침 8시에서 다음 날 새벽 2시경까지 18시간 동안, 여느 날과 다를 바 없이 그러나 특별하게 살았다. 그리고 그것은 작가에 의해 꼼꼼하게 묘사되었으며, 결국 이 날이 (현대 도시민의) 보편적 일상생활의 상징이 된 것은 우연이면서도 우연이 아니라고 할 수 있다(Lefebvre, 2005: 43).

위 내용은 현대 도시민의 일상성을 뛰어난 문체로 서술한 제임스 조이스(James Joyce)의 『율리시스(*Ulysses*)』에 대한 소개다. 이 책은 일상을 본격적으로 문학에 도입한 첫 번째 소설로 평가받고 있다. 이 책에서 조이스는 일상성의 편린 하나하나를 특정한 도시와 지역 그리고 특정한 개인들이라는 익명성에서부터 끌어내고 있다. 신화적인 것과 현실, 사유와 사유된 것, 내면의 의식의 흐름과 그것이 거쳐 가는 상황들 간의 경계를 해체함으로써, 더블린은 현대 사회의 모든 공간이 되기도 하고 유동적인 흐름이기도 하며 그 안에서 개인 주체들은 변신의 집합체가 된다. 제목과 주제들 그리고 등장인물들의 배치와 설정에 이르기까지 조이스의 기획은 현대사회에서 찾아볼 수 있는 일상의 무대로 옮겨 온 신화적 세계의 현존 가능성을 일깨워 주었다.

일상성 하면 한편으로는 지겨움과 권태로움을 생각하기도 하고, 다른 한편으로는 안전감과 일관성의 보호고치와 같은 정서라는 이미지를 떠올리기도 한다. 우리는 한순간도 일상으로부터 벗어날 수 없다. 여행 중에 낯선 이국적인 환경을 접했다면, 그리고 위압적인 콘서트홀에서 연주되는 클래식 음악의 감미로운 선율에 몸을 맡기고 황홀함에 빠져든다면, 우리는 분명 일상에서 벗어나 있는 나를 느끼게 된다. 남태평양의 낙원 같은 섬에 이주하여 여생을 즐기며 산다면 일상성에서 벗어날까? 할리우

드의 영화 산업에서와 같이 매일 변화무쌍한 상황을 겪으며 번뜩이는 아이디어를 주고받는 흥미로운 일을 갖게 된다면 일상성으로부터 벗어나게 될까? 아인슈타인이 상대성의 원리를 착안해 낸 순간은 일상에서 벗어난 과학의 탐구 시간이었을까? 일상에서 벗어나는 시간은 잠시일 뿐, 일상성은 다시 우리를 곧 엄습해 온다. 우리가 어떤 상황에 놓이게 되든 상관없이 일상성으로 도망칠 수 없다는 것은 일상성은 대상 세계 자체에서 비롯된다기보다는 세계에 대한 우리의 어떤 태도에서 비롯된다는 것을 말한다.

질적 연구의 논리, 특히 이 책에서 다루고자 하는 민속방법론에 관해 이해하기 위해서는 어떤 연유에서 생활세계가 탐구의 대상으로 부각되어 왔는지 살펴볼 필요가 있다. 민속방법론이 주류 사회과학의 이론이나 관점들과 유별난 차별성을 보인다면 그것은 일상성 자체에 대한 집요한 해명 때문이다.

프랑크푸르트 비판철학자 위르겐 하버마스(Jurgen Habermas)의 표현을 받아들여 간략하게 표현한다면, 생활세계는 행위 주체인 참여자가 이해하고 살아가는 사회의 실존적인 한 측면이고, 사회 시스템은 보다 거시적으로 관찰자의 시각에서 파악된 사회의 다른 한 측면이라고 할 수 있다. 하버마스는 근대 이후 자본주의의 발달과 더불어 소위 경제 시스템과 행정 시스템이 엄청나게 복잡해지고 증대되면서 사람들의 생활세계를 침식해 들어가는 과정이 유발되었다는 점을 상기시켜 주었다(Habermas, 1984). 근대주의에 입각한 전통적인 철학이나 사회인류학의 관점에서 말하면 시스템은 합리적인 이성의 산물이고 생활세계는 비합리적인 감각의 산물이어서 후자는 전자에 의해 관리되고 길들여져야(domesticated) 할 대상이다. 사회 시스템의 발달과 더불어 근대 과학주의 이데올로기는 좁은 의미의 과학만이 합리적인 지식의 원천이고 생활세계는 이러한 지식에 의해 관리되고 지배되어야 할 대상이라고 보았다.

하버마스는 근대 실증주의 사회과학은 근대 국가주의 패러다임에 내포된 합리성에 맞도록 길들이기 위해서 생활세계를 식민지화(colonization of the lifeworld)하는 데 기여해 왔다고 꼬집어 비판하였다. 근대주의 이데올로기로 점철된 실증주의는 생활세계의 경험이나 행위는 시스템의 재생산과 확대를 위한 도구적 합리성의 속성을 가질 뿐 그 자체로는 어떠한 합리성도 갖지 못한다고 파악하였다. 이런 식으로 많은 사회철학자는 근대 이후의 세계를 사회 시스템이 생활세계를 재단하고 관리화하는 과정으로 보았다. 이후에 소개할 민속방법론을 비롯한 오늘날 많은 질적 연구는 생활세계가 그 자체로 합리적이고 그 자체로 존립한다고 볼 수 있는 진정성 또는 자실성(authenticity)을 담고 있다는 의미에서 생활세계의 내재적 가치를 밝히고자 하는 데 이견을 보이지 않는다.

이후 성찰적 사회과학에서는 생활세계는 합리화되어야 한다는 근대주의라는 이데올로기의 폐단을 지적하며 생활세계 본연의 가치와 논리를 드러내고자 꾀하였지만, 어떤 관점이 다른 관점에 비해 생활세계의 가치나 존립 가능성 또는 합리성을 좀 더 잘 드러낸다고 비교하기는 쉽지 않을 뿐더러 비교 자체가 불가능하다. 그것은 상이한 관점들 간의 패러다임 차이의 문제이고, 생활세계는 어느 한 관점에 따라서만 드러나는 단순한 대상이 아니라 그것이 띠고 있는 구조의 총체성에 따라 드러나는 것이며, 따라서 그러한 모습을 얼마나 드러내는지는 각자의 몫이기 때문이다.

생활세계론의 출발: 근대 과학주의에 대한 현상학의 문제 제기

일상의 생활세계의 실제적 속성, 즉 일상이라고 하는 속성이 사회적 현실, 즉 우리가 하고 있는 일이나 생각에 일정 부분 어떤 기능을 하고 있다는 생각을 하기 시작한 것은 현대에 들어와 에드문트 후설(Edmund Husserl)의 현상학에서부터 비롯되었다. 민속방법론의 실천적 행위와 실천적 사유에 대한 관심은 현상학자 후설(1970)의 생활세계의 현상학과 슈츠(Schutz, 1962)의 일상생활의 현상학으로 거슬러 올라간다. 현대 현상학의 토대를 마련한 후설에게 생활세계가 중요한 주제로 떠올랐던 것은 서구의 근대 과학이 초래한 탈의미화와 과학의 의미 기초인 생활세계의 망각에 대한 비판에서 비롯된 것이라는 점은 잘 알려져 있다.

후설은 근대 학문의 위기는 학문이 삶에 대한 의미를 상실한 데 있다고 단정하고, "학문은 왜 정향성을 잃게 되었는가, 왜 근대 학문의 이념은 실증주의로 한정되었는가?" 라고 묻는다. 그는 그 해답을 실증적 과학주의가 생활세계의 왜곡과 은폐라는 사태를 초래했다는 점에서 찾았다. 후설에 따르면 생활세계란 모든 개별적 경험에 대한 보편적 기반이라고 보았던 명증적인 수학적 논리에 선행하여 이미 주어져 있는 세계, 또는 우리의 생활 전체가 실제로 거기서 영위되는바 현실에서 직관되고 경험되며 또 경험될 수 있는 세계를 말한다.

후설에 따르면 생활세계는 우리의 모든 경험이 구성되는 장(場)인 동시에 경험의 대상이다. 이러한 생활세계는 개인들 사이에서 상호 주관적으로 여러 세대에 걸쳐 오랫동안 형성되어 왔다. 그리고 생활세계는 인간 실천의 보편적인 영역이므로 실천의 한 양식인 이론 역시 생활세계에 속한다. 따라서 생활세계는 객관적 과학의 내용도 포함하지만 동시에 객관적 과학으로 환원될 수 없는 내용 또한 포함하며, 더 나아가 과학 자체가 기반을 두고 있는 의미의 토대이기도 하다. 후설은 생활세계가 갖는 이러한 선(先)과학적인 속성에 관해 해명해야 한다고 보았다.

생활세계와 의미의 구조: 슈츠의 현상학적 사회학

생활세계의 선과학적 속성을 해명하고자 하는 탐구의 과제는 현상학적 사회학자 알프레드 슈츠(Alfred Schutz)가 계승하였는데, 그는 우리의 일상생활을 존립 가능하도록 하는 상식적 지식의 구조와 실천적 행위에 관심을 두고 이를 체계적으로 밝히고자 하였다. 후설의 학생이자 훗날 민속방법론이라는 연구 영역이 출현하는 데 가장 큰 영향을 미친 슈츠에 따르면, 일상적인 생활세계는 "온전히 깬 의식을 가진 성인이 자신의 동료들과 함께 그 안에서 그리고 그에 대해서 행위하는 세계, 이와 동시에 자연적 태도를 갖고서 하나의 현실로 경험하는 세계"다(Schutz, 1962: 208). 후설이 생각한 선험적 의식 상태로서의 생활세계와는 달리, 슈츠는 생활세계가 우리의 행위로 구체화된 사회적 상황이라는 점을 명확히 하고자 하였다. 이를 통해 슈츠는 생활세계를 선험철학의 탐구 대상이 아닌 사회과학의 탐구 대상으로 봄으로써 선험적 현상학의 관점을 극적으로 전환시킨다. 그는 이러한 전환의 문제는 사회과학 방법론에 관한 논리의 정립이라고 보았다. 그래서 1940~1950년대 당시 슈츠가 일관되게 관심을 가지고 있던 학문적인 주제는 사회과학에 대한 철학적인 근거 짓기의 문제, 요컨대 주관적 의미를 대상으로 하는 객관적 사회과학은 어떻게 해서 가능한가라는 문제였다.

자연과학과는 달리 사회과학이 대상으로 하는 것은 다양한 사회관계 속에서 활동하고 있는 행위자로서의 인간이다. 그들은 각자에게 고유한 생활사와 역사적 · 사회적 배경에서 유래하는 지식을 축적하고, 그에 기초하여 타자와의 상호작용을 통해 주위의 세계를 끊임없이 의미 짓고 해석하며 새롭게 구성한다. 다시 말해, 생활세계는 철저하게 주관적 의미에 따라 해석된 세계다.

> 분자, 원자 그리고 전자에 대해 자연과학자가 탐구하는 대상으로서 자연 세계는 그 어느 의미도 갖지 않는다. 그러나 사회과학자의 탐구 대상으로서 사회적 현실은 사람들에게 특정의 의미와 특정한

> 연관성의 구조를 함축하고 있다. 우리는 상식적 지식으로 우리를 둘러싼 세계에 대해 이미 선택적으로 지각하고 선이해를 부여함으로써 이 세계를 일상의 현실로 받아들인다(Schutz, 1962: 59).

> 사회 세계는 애초부터 의미의 세계로 경험된다. 타자의 신체는 기관으로서가 아닌 동료로서 경험된다. 그리고 그가 내보인 행위는 바깥 세계라는 시간과 공간에서 일어난 어떤 것으로서가 아닌 바로 동료의 행위로서 경험된다. 우리는 타자가 어떤 행위를 하는지, 그리고 그가 어떤 이유에서, 왜 바로 그 특정 시간의 그 상황에서 그러한 행위를 하는지에 관해 정상적으로 '안다'. 이는 곧 우리가 타자의 행위를 바라볼 때 바로 동료의 동기와 목적에 기초해서 그의 행위를 경험한다는 것을 의미한다(Schutz, 1962: 55-56).

요컨대, 사회과학이 취급하는 사실과 사건은 모두 행위자의 주관적 의미에 의해 이미 매개되고 있으며, 과학적 조작에 선행하여 이미 의미적으로 구성된 것으로서 존재한다. 따라서 객관적이고 엄밀한 사회과학이 가능하기 위해서는 자의적인 과학적 구성물을 외부로부터 가지고 들어오는 것이 아니라 이러한 사회적 세계가 의미적으로 구성되는 방식 그 자체를 대상에 입각하여 밝힐 필요가 있다.

슈츠는 사회과학을 포함하여 우리의 일체의 행위와 경험이 그것을 전제함으로써만 가능해지는 상식적 지식의 세계, 즉 일상의 생활세계의 의미를 구성하고 있는 사람들의 주관적 과정을 이해하여 재구성하기 위한 방법으로서 후설의 현상학을 변용시킨다. 슈츠는 막스 베버(Max Weber)의 이해사회학에 대한 비판적 근거 짓기를 겨냥한 이러한 방법의 객관성을 보증하기 위한 방법적 절차를 사회적 행위론을 구축하는 데에서 찾았다. 이러한 상식적 사고에서의 유형화된 지식의 의미적 일관성 속에서 사회학적 인식의 타당 근거를 찾고자 했던 것이다.

슈츠의 논증은 주체에 의한 의미 구성에 역점을 두었고, 따라서 그의 이론에는 주지주의 또는 사회적 세계에 대한 주관적 구성이라는 비판이 늘 뒤따랐다. 이에 사회학자인 그의 제자 버거와 러크먼(Berger & Luckman, 1967)은 그들의 유명한 저서 『실재의 사회적 구성(*The social construction of reality*)』에서 사회가 객관적 현실로서 존재함과 동시에 주관적 현실로서도 존재한다는 입장에서 사회가 지니는 이러한 두 가지 측면을 동시에 파악하기 위해 외재화, 객체화, 내재화라는 세 가지 층위로 이루어지는 사회와 인간의 상호 매개적인 변증법적 과정을 미시적으로 서술하여 주관주의라는 비판을 극복하고자 하였다. 슈츠의 논문에 비해 그들의 저작은 사회과학 대중에게 더 많은 공감을 받았는데, 아마도 그것은 그들의 저작에서 그들이 일인칭적 관점과 전지적 관점이 어우러진 사회 구성체의 미시적 구조를 잘 보여 주었기 때문이 아닌가 생각된다. 뒤에서도 밝히겠지만, 슈츠가 사회과학 대중에게 더욱 알려지게 된 것은 버거와 러크먼의 저서 때문이 아니라 이 책에서 이야기하고자 하는 다양한 전공 영역에서 질적 연구의 가능성을 보여 준 민속방법론 연구들 때문이다. 민속방법론을 이해하기 위해서 슈츠가 말한 일상생활의 의미 구조에 관해서 좀 더 정리해 보겠다.

슈츠는 일상생활에서의 자연적 태도(natural attitude)가 갖는 실천적 성격에 주목하고 이를 해명하고자 하였는데, 그는 우리가 당면한 과제를 풀고자 하는 실제적인 관심이 어떻게 생활세계를 지배하고 있는지 탐구하였다. 여기서 실천적, 실제적, 실용적이라는 용어는 맥락에 따라 달리 쓰이긴 하지만 대체로 동일한 의미, 즉 행위자의 목하 관심에 따라 취하게 되는 태도의 의미로 사용하겠다. 그리고 자연적 태도란 주어진 상황을 당연시하는(take for granted) 태도를 말한다.

예컨대, 사무실 문을 열면 항상 그랬듯이 문 밖에는 복도라는 공간이 펼쳐질 것임을 우리는 당연시한다. 문을 연다는 것은 복도로 나아가 그 것을 이용한다는 의미가 담겨 있기 때문에 그러한 태도는 실용적이라 할 수 있다. 문 너머에 복도라는 공간이 존재할지 의심하는 것은 어디까지나 철학적인 시험적 · 회의적 사유에서나 일어날 뿐이다. 이처럼 우리는 매 상황 이러한 기대를 가지고 다음 상황에서 어떤 일이 닥칠지에 관해 별다른 불안과 고민 없이 살아갈 수 있다.

이하 내용은 슈츠가 이해하고 분석하고 있는 상식적 생활세계의 행위 구조에 관한 세부적인 설명이다.

슈츠가 말하는 일상의 생활세계란: 의미 구조로서의 생활세계

상식적 세계(the common-sense world), 일상생활의 세계(world of daily life), 일상 세계(every-day world)는 후설이 말하는 'natural attitude', 즉 자연적 태도를 가지고 사람들이 경험하는 상호 주관적으로 해석된 세계를 가리키는 다른 용어들이다. 우리는 이 세계가 우리가 태어나기 전부터 존재해 왔고, 그 역사를 가지고 있으며, 이미 조직된 방식으로 우리에게 주어졌다고 믿는다. 이 세계는 우리 행위가 전개되는 장면이기도 하고 그에 맞서서 반응하는 공간이기도 하다. 다시 말해, 우리는 이 세계 안에서 행위할 뿐만 아니라 동시에 그에 대해 행위한다. 우리의 목적은 실제적인데, 그것은 이 세계를 해석하고 이해하는 것 그리고 그 안에서 변화를 꾀하는 것이다. 그래서 우리는 이 세계에 대해 파악하고자 하기 이전에 어떻게 하면 그에 대해 영향력을 행사할 수 있을지 모색한다.

또한 상식적 세계는 사회적 행위가 펼쳐지는 장이다. 사람들은 그 세계 안에서 타자들과 관계를 형성하고 자신과 그리고 서로 간에 절충하고 합의에 이르고자 한다. 그러나 사람들은 이 모든 것이 당연히 자연스럽게 일어나는 것이라고 생각한다.

일상생활의 구조는 상식에 의해 이해되거나 파악되는 것이 아니다. 오히려 상식이 세계를 본다고 말하는 편이 더 옳다. 상식이 그 세계에서 행위하는 것이며, 상식은 그에 내포되어 있는 전형성을 통해 세계를 이해한다고 말하는 것이 더 적절한 것이다. 사회 세계가 존재한다는 점, 함께 살아가는 사람들이 존재한다는 점, 그리고 우리가 타인과 의미를 공유하며 의사소통을 하고 있다는 점, 이것들이야말로 일상생활이 갖는 가장 보편적인 원칙이다. 이러한 최고의 현실(paramount reality), 즉 행위 당사자에게 그 어느 현실보다도 더 생생한 현실은 우리가 현실에 대해서 취하는 자연적 태도와 더불어 형성된다. 그리고 그러한 현실이 어떻게 형성되는가를 설명하기 위해서 상식적 세계의 존립 조건에 대한 상세한 서술에 의존하지 않을 수 없다.

생애 상황

상식적 현실은 우리의 모든 사회적 행위에 대해서 작동하는 매트릭스라고 할 수 있다. 그럼에도 개인들은 각자 자신만의 방식으로 일상생활 속에서 자기 자신을 자리매김하는데, 슈츠는 이를 생애 상황이라고 일컬었다. 세상에 태어난다는 것은 무엇보다도 다른 사람이 아닌 우리 부모로부터 태어난다는 것을 의미하며, 우리 경험에 중요한 영향을 미칠 어른들에게 양육된다는 것을 의미한다.

더욱이 우리는 각자의 인생을 살아가면서 마주치게 되는 상황들을 자신의 관점, 동기, 욕구와 열정, 그리고 종교적 · 이데올로기적 입장에 입각해서 이해하게 된다. 현실은 보편적 타당성을 띤 역사적 · 문화적 양태를 취하며 우리에게 주어지나, 그것들이 개인의 삶에 착근되는 것은 그가 살아가는 동안 쌓은 경험의 총체성에 기반을 두어서다.

나는 결국 나의 주위 환경에서 두 가지 상이한 요소가 작동하고 있음을 깨닫는다. 하나는 내가 통제하고 있고 통제할 수 있는 것이며, 다른 하나는 나의 통제 밖에 있거나 통제 가능성에서 벗어나 있는 것이다. 나는 세계 안에서 행위하면서 동시에 그 세계에 대해 변화와 수정을 꾀함으로써 내 행위가 속한 상황의 구성에 참여한다. 내가 처한 상황은 내가 무엇을 할 수 있으며 무엇을 할 수 없는지조차 결정한다. 현상학자들이 말한 경험의 침전 구조, 현존의 경험 구조는 새롭게 마주치는 사건이나 행위를 이해하는 조건으로 작동한다. 그 세계는 나의 생애 상황과의 연관성에 따라서 나의 세계에 편입된다. 그리하여 사회 세계에서 살아가는 행위자로서의 개인은 그가 마주치는 상황에 대해 의미를 부여하고 규정짓는다. 슈츠에 따르면 행위자가 경험하게 되는 실제 상황은 그 역사성을 가지고 있으며 그것은 이전의 주관적인 경험이 침전되어 나온 결과물이기도 하다. 그것들은 결코 익명적인 것으로 경험되지 않고 바로 '그'에게, 그리고 '그에게만' 독특하면서 주관적으로 경험된 것으로 받아들여진다.

지식의 전형성과 전형의 실천성

개인은 누구나 살아오면서 나름대로 항상 슈츠의 표현대로 실천적 지식 혹은 처방적 지식을 가지고 있으며, 이것은 곧 생애 상황에서 발견할 수 있는 가장 중요한 속성이 된다. 이 지식은 상식적 세계의 전형(典型, typicality)들로 구성된다. 우리는 우리가 태어날 때부터 그리고 태어나기 오래전부터 이러한 전형들이 존재해 왔으며, 나아가 우리가 죽고 난 미래에도 여전히 그것들이 존재할 것임을 안다. 더욱이 우리가 사는 세계가 물체뿐만 아니라 생명체들로 구성되어 있다는 점을 잘 알고 있다. 이들 물체와 생명체는 애초부터 전형으로 낯익음의 지평 안에서 우리에게 지각된다. 우리가 아는 것으로부터 뭔가 새롭거나 다른 것이 나타난다면 우리는 그것을 평범하지 않은 것으로 간주한다. 왜냐하면 그것은 일상의 기대를 넘어서서 현현한 것이기 때문이다.

세상을 전형으로 받아들이는 우리의 행태는 누구로부터 배운 것이 아니다. 우리가 예측을 가능하게 해 주는 전형성을 받아들이도록 하는 것은 바로 일상적 삶 자체의 속성이기 때문이다. 그리고 이러한 전형들은 우리의 일상생활 전반에 편재하고 있다. 어린 시절부터 개인들은 줄곧 수많은 전형적 지식을 익히며 이를 통해 경험을 해석하기도 하고 통제하기도 한다. 개인이 일상에서 부딪히고 대처해야 하는 수많은 문제 상황은 결국 그가 가지고 있는 지식에 의해 지각되며 말로 표현되기도 한다. 전형에 의해 포착된 경험은 뒤따라 전개되는 행위의 토대 역할을 한다.

한 개인이 가진 전형적 지식이 어떤 상황에는 적절하게 통하지만 다른 상황에서는 잘 통하지 않을 때, 그는 그것을 갱신해야 할 처지에 놓이게 된다. 하지만 이처럼 그가 가진 전형적 지식을 수정해야 하는 때조차 실천적 지식에서 벗어나지 않고 그의 이해의 지평 안에서 변용의 과정을 거치게 된다. 다시 말해, 새로운 변용 가능성조차도 실천적 지식에 기초할 수밖에 없다. 결국 사람들의 지식을 구성하고 있는 전형들은 사회구조에서 생성되는 것이다. 어떠한 상황이든 이들 지식은 사회에 기반을 둘 수밖에 없으며 사회적으로 분산되고 또 사회적으로 그 의미를 갖게 된다. 그럼에도 불구하고 개인이 취한 바로서의 지식은 사회 세계 안에서 각 개인이 처한 독특하고도 개별적인 상황에 의존하지 않을 수 없다.

상식적 지식의 생활세계

슈츠에게는 상호주관성의 문제가 철학적 질문이 아닌 실제적 질문이다. 상호주관성의 문제는 다음과 같은 질문으로 상정할 수 있다. 즉, 사람들은 어떻게 자연 세계 및 사회 세계에 관해 동일한 경험을 공유할 수 있는가, 그리고 그들 사이의 의사소통은 어떻게 가능한가 하는 것이다. 이에 대한 슈츠의 대답은 다음과 같다. 사람들은 어떠한 것에 대해서도 동일한 경험을 가질 수 없지만, 자신들이 서로 동일한 경험을 가질 수 없고 서로 전혀 다른 세계에서 산다고 생각하는 것은 현실에서는 결코 일어나지 않는다. 물론 그러한 생각은 누군가와의 갈등으로 인한 회의감 속에서 혹은 외부로부터 고립된 자아에 대한 철학적 성찰 속에서 흔히 경험하기도 하지만 일상의 상황에서는 그렇지 않다. 왜냐하면 사람들은 자신들의 경험이 서로 유사하다고 믿을 뿐만 아니라 실용적인 동기에서 그것들이 동일하다고 믿기 때문이다. 예컨대, 신호등이 있는 건널목을 건널 때마다 타인들은 신호 체계를 자신과 동일하게 받아들이지 않을 것이라고 생각하는 사람이 있다고 하자. 그에게는 정상적인 일상의 존립이 불가능할 것이다. 또한 수업할 때마다 학생들이 자신의 이야기를 이해할지에 대해 강한 회의를 품고 있는 교사가 있다고 하자. 그의 수업은 정상적으로 이루어지기 어려울 것이다. 유사한 것을 동일하다고 보는 믿음으로 인해서 성립하는 상호주관성은 사실상 암묵적인 정서적 신념에 근거해 있다.

다시 정리하자면, 나와 타자 사이에 상호주관성이 현실적으로 성립 가능한 것은 이러한 태도, 즉 나와 타자 간의 경험이 동일할 것이라고 믿는 암묵적인 믿음 때문이다. 이러한 신념을 바탕으로 소위 상식적 지식(common-sense knowledge)은 존립할 수 있다. 즉, 상식적 지식은 나의 의미와 다른 사람들의 의미 사이에는 교류가 이루어지고 있으며, 현실에 대한 공통된 의미를 공유하고 있다는 사실을 알고 있다는 전제에 입각해 있다. 자연적 태도는 많은 사람에게 공통된 세계가 존재한다고 믿는 신념을 전제로 이루어진 것이기 때문에 상식적 의식의 태도라고 할 수 있다.[1] 상식은 사적인 세계에서 형성되는 지식이 아니라 상호 주관적인 세계 안에서 그것에 관하여 형성되는 지식이다.

예컨대, 재판관이라는 역할 개념이 있다고 하자. 재판관이라 하면 어떠어떠한 일을 하는 사람이고 어떠어떠한 태도와 행위를 해야 한다는 관념이 우리의 일상생활 속에 편재한다. 여기서 우리가 그러한 개념이 갖는 상식적 의미를 일상생활 속에서 언제 어디서든 접한다는 사실은 얼마든지 쉽게 이해할 수 있다. 즉, 우리는 우리가 갖는 재판관의 이미지를 교과서를 통해서 접할 수 있고, 뉴스를 통해서 들을 수 있으며, 소설을 읽다가도 만날 수 있다. 또는 동료들과의 대화 속에서, 심지어 자녀들과의 대화 속에서도 재판관이 하는 일 또는 재판관이라면 갖고 있는 역량이나 속성 등을 접할 수 있다. 이런 식으로 언제 어디서나 접할 수 있는 지식을 상식적 지식이라고 할 수 있으며, 그 범위는 상대적이고 무한히 열려 있다. 여기서 상대적이라는 말은 그러한 상식적 지식이 갖는 의미는 그것을 이해할 수 있는 역량을 가지고 있는 멤버들에게만 접근 가능하다는 것을 의미한다.

물론 상식적 지식은 멤버로서의 대상에 관한 지식에만 국한되어 찾아볼 수 있는 것은 아니다. 상식적인 상황이라는 것도 있을 수 있는바, 그것은 슈츠가 말하는 상황의 전형화된 지식에서 살펴볼 수 있다. 전형화되었다는 것은 다음과 같은 상황을 염두에 두고 하는 말이다. 즉, 내가 어떤 상황에 부딪혔다고 하자. 그런데 그 상황은 내가 전에 경험해 보지 못한 새로운 상황이다. 그런 경우 우리는 어찌할 바를 모르고 당황할 가능성이 많다. 다행히도 우리가 접하는 많은 상황은 대개 우리가 이전에 경험한 상황들과 크게 다름없이 전개된다. 오늘 아침에 집에서 나와 학교 연구실에 도착하기까지 나에게 닥치는 일련의 상황은 어제 그리고 한 달 전에 내가 접한 상황과 크게 다를 바 없이 반복되는 현실이다. 그러한 상황들은 매일 반복되어 나타나 말 그대로 일상이라 할 수 있다. 일상이 되면 우리는 그러한 상황에 대해 습관적으로 대처할 수 있게 된다. 즉, 이러한 일상성으로 인해 우리는 매 상황을 새롭게 경험하고 대처해야 할 긴장성을 느끼지 않고도 아무 생각 없이 편안하게 지낼 수 있다. 그래서 혹자는 일상이 마치 우리의 기억이나 지식을 담고 있는 하드웨어와도 같다고 한다. 말 그대로 우리는 그러한 일상에 우리 몸을 맡기고 자연스럽게 삶을 살아간다.

상식적 지식은 특히 멤버와 연관되어 있는 상황, 행위와 관련해서 그 영향력이 더욱 크다고 볼 수 있다. 예컨대, 골목길에서 한 아이가 쭈그리고 앉아 울고 있는 상황을 떠올려 보자. 여기서 길과 같은 공공장소에서 쭈그리고 앉아 우는 행위는 성인보다는 아이에게 어울린다. 상식적으로 아이들이라면 낯선 사람들이 있는 장소에서 얼마든지 울 수 있다는 것이 매우 자연스럽게 보인다. 만약 그러한 장소에서 그와 같은 행위를 하는 성인이 있다면 그 자신에게든 혹은 그 주변에서든 뭔가 심각한 문제가 발생한 것이다. 여하튼 우리의 상식적 지식이 상황에 관한 추론을 하는 데 있어서 중요한 역할을 한다는 점에는 이견의 여지가 없다.

상식적 지식에 대해서 딱히 어떤 명제로 그 의미를 확정 짓거나 그 외연 범위를 정하지 못한다는 이유로 삶의 형식(forms of life)이라고 이야기하기도 한다. 루드비히 비트겐슈타인(Ludwig Wittgenstein) 등 실천론자들을 비롯하여 실천을 분석 단위로 하고자 하는 경향은 매우 광범위하다(Turner, 1994; Schatzki, Knorr-Cetina, & von Savigny, 2001 참조).

다시 상식적 지식이라는 개념으로 돌아가 그 특징에 관해 정리해 보면, 상식은 우리가 그것을 통해 우리의 실제적인 삶을 관리하는 실용적 관심과 태도에서 나오며, 우리가 일을 진행해 나감에 있어서 타인과 공유하는 부분이 있다는 사실을 믿고 관장하는 실용적 태도에서 비롯된다. 슈츠에 따르면 우리가 살아가는 생활세계는 실용적 동기에 의해 지배되는 세상이다. 그리고 실용적 동기는 일상적인 세상에 대한 전형(typifications of common-sense world)으로 이루어진 실천적 지식(stock of knowledge at hand)의 전개 과정을 통해 발휘된다. 결국 상호주관성은 상식적 지식이 아닌, 그 의미를 일구는 실천적 행위로 인해 성립 가능하다고 볼 수 있다. 이 때문에 슈츠가 말하는 생활세계는 의미로 구성되어 있을 뿐만 아니라 의미를 생성시키는 일련의 실천적 행위의 짜임새(contexture)로 전개된다.

슈츠에 따르면 우리가 의미를 부여하는 현실은 서로 이질적이기 때문에 종교적 현실, 꿈의 현실, 이론의 현실 등과 같이 다양하다. 그럼에도 불구하고 일상의 생활세계는 그 어떤 의미 영역의 세계보다 더 생생한 최고의 현실(paramount reality)로서, 우리가 다른 어떤 세계에 있다고 하더라도 결코 이 세계로부터 벗어날 수는 없다. 그리고 그로부터 벗어날 수 없다는 것은 생활세계가 전개되는 방식, 즉 실제적 동기와 실제적 지식을 초월할 수 없다는 것을 의미한다. 슈츠는 상식적 지식과 실제적 지식을 연구방법의 기반으로 하여 일상적 생활세계의 특징들을 밝혀 나갈 수 있다고 보았다. 그는 생활세계가 상식적 지식의 토대 위에서 성립되고 유지되는 세계임을 보여 주었다. 또한 그는 사회적 현상으로서의 일상생활 세계나 상식적 지식이 사회과학의 연구 대상으로서 중요할 뿐만 아니라 인간과 사회를 이해하는 방법론적 토대로서도 중요하다는 점을 일깨워 주었다. 그리고 민속방법론에서는 현상학적 사회학자 슈츠(1962)나 버거와 러크먼(1967)의 사회 현실의 구성성, 즉 현실이 어떻게 구성되는지에 관련된 논의를 토대로 일상생활에서 우리가 암묵적으로 현실을 일궈 나가는 데 어떻게 참여하고 있는지, 즉 멤버들이 실천지를 활용하는 방법들을 경험적으로 밝힐 수 있다고 보았다.[2)]

전형적 지식의 범위는 특정 대상에만 국한되어 적용되는 것은 아니다. 그러한 전형적 지식을 사용하는 방식 또한 전형적 지식이라 볼 수 있다. 즉, 전형적 지식은 명사형과 더불어 동사형도 포함할 수 있다. 전형적 지식은 목하 행위자의 입장에서 실용적으로 그리고 비성찰적으로 사용된다. 행위자는 자신이 마주친 대상 또는 상황의 개별적 독특성(unique specificity)을 체계적으로 무시하거나 사소한 것으로 지나쳐 버리고 자신이 보고자 하는 전형과 동일시하는 방식으로 접하게 된다. 예컨대, 우리는 어떠한 상황을 접했을 때 '수업' 혹은 '시위' '외과 수술' '실험실 작업' '업무상 미팅'과 같은 상황으로 받아들이는데 이 역시 전형에 의한 지각이다. 그 상황 안에 있는 행위자에게는 그 전형이 결코 인지적인 수준에서 작동하는 것은 아니다. 그것은 지각과 행위의 차원으로서의 전형이다. 도자기를 만드는 도예가에게는 도자기를 빚는 과정에서 접하는 일련의 상황이 전형으로 익숙할 것이다. 그에게는 그 상황이 이해의 지평으로서 전개된다.

여기서 미리 밝히겠지만, 슈츠와 민속방법론 사이에는 미묘하지만 커다란 차이가 있다. 여기서 슈츠가 말하는 지식은 상식적 지식으로 다른 말로는 전형을 가리킨다. 슈츠는 우리가 일상에서 마주치는 대상을 전형화하여 인식(type constructs of objects)한다는 점에 착안하였다. 예컨대, 익명의 어떤 낯선 사람과 이야기를 주고받아야 할 때 우리는 당장 그를 잘 파악하기 위해서 그를 해석할 수 있는 전형을 찾는다. 필자는 슈츠가 말하는 'stock of knowledge at hand'를 실천적 지식으로 해석하였지만, 그의 용법대로라면 우리에게 당장 접근 가능한 지식으로서의 전형들이라는 의미를 담고 있다. 'at hand'라는 표현은 '우리 손에 잡히기 쉬울 정도로 가까운' '목하 하고자 하는 바에 맞게 자유자재로 활용할 수 있는'이라는 의미를 띠고 있다.

사실 슈츠가 언급하고 있는 상식적 지식 또는 지식의 보고를 실천적 지식이라고 볼 만한 구석은 얼마든지 있다. 슈츠는 그의 글에서 사실상 상식적 지식과 그것이 운용되는 방식을 딱히 엄격하게 구분해서 사용하고 있지 않다. 상식적 지식은 사후수정(*ad hoc*) 방식으로 운용되고 실제적으로 그리고 실용적인 관심에서 나온다고 보았다. 예컨대, 도구는 바깥 세계의 객관적인 사물로서 경험되지 않는다. 그것은 동료들에 의해 구안된 목적 그리고 타자들에 의해 가능한 사용처에 따라 경험된다. 의미 있게 지각된 대상이라면 그것은 애초부터 타자들과 공유된 우리 삶과의 연관성 속에서 기획된 것이다.

> 우리는 방법론적인 사유 혹은 수단과 목표라는 관계의 개념적 틀에 따라 행위하는 것이 아니다. 우리의 실천적인 관심은 우리의 구

체적인 삶의 상황 속에서 일어나며 상황의 변화에 따라 변경되는 것이다. 그리고 우리가 갖는 실천적 관심만이 세계가 우리에게 현현하도록 하는 우리의 관점을 형성하는 데 유일하게 작동하는 원칙이다(Schutz, 1962: 72).

행위자의 지식이 전형들로 구성되어 있다면 그것은 그것이 처하게 되는 상황의 특수성과의 차이로 인해서 그 의미에 관한 한 항상 불확정적일 수밖에 없다. 즉, 그것의 의미는 무한히 열려 있다는 것이다. 그것이 어떤 한 의미를 갖게 되는 것은 의미의 운용이라는 행위가 가해질 때 비로소 가능하다.

연관성과 연관성의 구조화

슈츠에 따르면 상식적 세계는 애초부터 선(先)해석된 세계다. 이 세계를 구성하고 있는 모든 요소가 그에 맞는 전형성의 지평을 가지고 있다면, 그리고 나에게 생애적으로 결정된 상황, 실천적 지식이나 상황 정의 등이 우리가 마주친 현실에 대해 해석하는 데 의존할 만한 안내 또는 지침 역할을 하고 있다면, 한 개인이 취하게 되는 결정, 태도 그리고 선택에는 분명히 어떤 구조가 기능할 것이라고 가정할 수 있다. 여기서 말하고자 하는 '연관성(relevance)'이란 한 개인에게 그가 특정 상황 속에서 어떤 행위를 취할 것인가를 안내해 주는 지침 같은 것을 말한다. 나는 목하의 관심이나 신념을 견지하기 위해서 저 방향보다는 이 방향으로 내 행위를 해 나갈 것이라며 내 행위의 향방에 대한 결정을 내린다.

다시 말해, 내가 어떤 상황에 있고 그 안에서 무엇인가를 하고자 할 때, 어떤 것은 내가 처해 있는 상황 또는 내가 하고자 하는 바와 연관성이 있는 것으로 받아들이고 어떤 것은 연관성이 없는 것으로 무시하거나 간과하고 심지어는 부재한 것으로 지각함으로써 그 상황에 맞는 일관된 행위를 견지해 나갈 수 있다. 가령 자동차 수리공으로서 고장 난 엔진을 고쳐야 할 상황이라면 엔진 결함을 보여 주는 어떠한 징후는 내가 해야 할 행위와 연관된 것으로 유의미하게 간주되나 다른 징후, 예컨대 그 자동차의 디자인이나 연식 등은 내 관심 밖으로 밀려 무시되기도 한다. 결국 이런 측면에서 본다면 한 상황에서 나의 행위, 그것도 의미 있는 나의 행위란 끊임없이 그 상황 속에서 무엇이 연관성을 갖고 무엇이 연관성을 갖지 않는지를 암묵적으로 그리고 즉각적으로 판단하면서 다음 행위를 모색하고 취하게 되는 양식으로 펼쳐진다.

또한 나는 내 동료들 대부분과 일반적인 차원에서 연관성의 체계를 공유하고 있다. 그러나 가끔은 다소 다른 이유로 그들과 연관성의 체계를 공유하기도 하는데, 이때 그 이유는 내가 처한 입장에 입각해서만 이해될 수 있다. 마찬가지로 나는 내게 관심을 끄는 것이 남에게는 지루한 것일 수 있다는 점, 그리고 내게 소중한 것이 남에게는 하찮은 것일 수 있다는 점에 대해 잘 알고 있다. 이러한 불일치는 연관성의 체계가 각자에게 다르게 혹은 심지어 상반되는 방향으로 작동하기 때문에 생겨난 현상이다. 그럼에도 불구하고 우리는 나와 남 사이의 불일치가 내가 처한 상황 또는 어떤 이유로 인해 나타날 뿐 그와 나 사이에는 여전히 공유되고 있는 연관성의 체계가 있다고 믿는다. 그와 나 사이의 의견 불일치는 뭔가 다른 이유에서 다른 해석을 하는 데에 있을 뿐 나의 세계와 그의 세계가 서로 다른 세계는 아니라는 믿음이 존재하는 것이다. 사회적 매트릭스라는 절묘한 조화를 통해 세계가 내게 그 자체를 드러내듯이, 가치를 지향하려는 존재로서 나의 중심이며 상황 내 모든 판단의 준거가 되는 영(零) 지점인 나의 '지금 여기'는 삶의 세계에서 연관성을 구조화하는 중심으로 작용한다. 개인의 삶을 이끄는 연관성 체계의 토대는 무엇인가 하는 점은 슈츠가 복합적인 현실(multiple reality)이라는 이론 틀 안에서 탐구해 온 실존론적인 주제다.

상황 속에서 연관성을 찾아 자신이 의도하는 바대로 어떤 일관성을 유지하고자 하는 속성은 우리의 일상적 장면에서 쉽게 찾아볼 수 있다. 뒷장에서 제시할 성전환 여성 아그네스의 사례는 생애사 이야기가 어떻게 연관성을 찾아 구성되는지를 잘 보여 준다. 아그네스는 매 상황 자신의 비밀이 누설되는 것을 회피하기 위해 남성성으로 드러난 특징들은 부재한 것으로 처리함으로써 자신에 대한 상(像)을 추스른다. 아그네스에게 자신은 있는 그대로 여성일 뿐 그 이상도 이하도 아니다. 오히려 아그네스는 자신이 일반 여성보다 더 여성적이라는 것을 보여 주려는 듯이 여성성을 나타내는 과거의 경험만을 부각하는 방식으로 자신의 생애 경험을 털어놓는다. 남성성의 증거로 보일 만한 것들은 드러나는 족족 사소한 것으로 혹은 그 상황에서 자신이 보이고자 하는 것과 아무런 연관성이 없는 것처럼 지나쳐 버린다. 마치 그것들이 그 상황에서 일어나지 않았다는 듯, 그녀가 살아오면서 경험한 어떤 일이나 사건에 관해 이야기할 때에도 남성성을 나타내는 경험들은 철저하게 억압되었다. 상황 내의 어떤 것들은 행위자가 하고자 하는 이야기 또는 행위와 연관된 것으로 다루어지는 반면 어떤 것들은 그러한 이야기나 행위와 연관성이 없는 것으로 치부되기도 한다.

이렇듯 우리는 상황 내 일어나는 것들에 대해 연관성을 찾아가는 방식으로써 우리 자신이 의도한 바대로 일을 해 나갈 수 있다. 그리고 연관성을 찾아가는 우리의 행위는 매우 실제적이다. 왜냐하면 그것은 상황을 초월하여 기획될 수 있는 것이 아니고, 상황이 닥쳐 봐야 그다음 행위를 취할 수 있는 식으로 우리의 행위는 상황과 더불어 일어나고 영위되기 때문이다. 다시 말해, 모든 상황은 그 상황만의 독특성이 존재하고, 따라서 행위자가 자신의 의도와의 연관성(unique adequacy)을 탐색하는 암묵적이고 순간적인 애씀이 뒤따르게 마련이며, 바로 이러한 이유로 우리의 행위는 실행이 아닌 실천의 속성을 띨 수밖에 없다는 것이다. 그래서 실제라는 개념과 실천이라는 개념은 근본적으로 동일하다. 아그네스는 자신이 남성이 아닌 여성이라는 것은 어디까지나 자신의 의도나 인위적인 사건과는 아무런 연관성이 없는 자연이 부여해 준 당연한 사실이라는 점을 매 상황 속에서 자신의 운신을 통해 보여 주었다.

알프레드 슈츠와 생활세계의 의미 구조

알프레드 슈츠
(1899~1959)

알프레드 슈츠는 오스트리아 출신으로 제2차 세계대전 당시 나치의 유대인 압박을 피해 미국으로 망명한 금융기업가다. 그는 유럽에서 배운 현상학적 관점을 가지고 미국으로 건너와 당시 미국 학계를 지배하던 프래그머티즘의 행위론과 접목하여 자신만의 사회과학 방법론을 이루어 냈다. 그는 낮에는 사업을 하고 밤에는 뉴욕 사회과학 스쿨에서 이러한 내용을 가지고 대학원 수업을 이끌었다. 당시 뉴욕의 사회과학 스쿨은 당대의 현상학자들을 비롯하여 듀이(Dewey)나 제임스(James) 등 프래그머티즘 학자들 간에 지적 교류가 활발하게 일어났고, 이해적 전통의 사회학과 맞물려 상징적 상호작용과 민속방법론이라는 하이브리드 사회학을 탄생시키는 데 기여하였다. 생존 당시 그리 큰 명성을 얻지 못했던 슈츠가 훗날 학계에 알려진 것은 가핑클(Garfinkel)과 민속방법론 학자들이 그의 이론을 원용하면서부터다. 가핑클은 다소 정태적인 슈츠의 의미 구조론을 상황적 행위에 의한 의미 생성론으로 뒤집어 봄으로써 사회과학자의 연구방법론이 아닌 민속방법에 관한 연구 영역, 즉 생활세계에 대한 경험적 연구 프로그램으로 발전시킬 수 있었다. 슈츠의 이론은 베버(Weber), 만하임(Mannheim) 등으로 대표되는 유럽의 지식사회학과는 달리 지식의 의미를 일반 사람들의 의미 영역까지 확장시킨 새로운 의미의 지식사회학 영역을 개척했다는 점에서 높이 평가할 만하다. 즉, 지식 생산이 지식인 또는 과학자라는 특정 계층에만 국한된 것이 아니라 일상의 생활세계를 살아가는 일반인의 몫이기도 하다는 점을 일깨웠다는 것이 슈츠의 공헌이라고 할 수 있다.

현상학적 장

여기서는 민속방법론을 본격적으로 소개하기에 앞서 연관성의 구조화에 관해 좀 더 살펴보겠다. 민속방법은 연관성을 탐색하고 구조화해 나가는 실제적인 과정과 다름없기 때문이다.

현상학적 심리학에서는 상황 내 연관성이 구조화되어 우리의 존재 행위에 직접적으로 소여(所與)하는 상태를 현상학적 장(phenomenological field)이라고 한다. 지각의 현상학으로 널리 알려진 현상학자 모리스 메를로 퐁티(Maurice Mearleu-Ponty)는 지각에 대한 해명의 출발점을 자기 앞에 펼쳐지는 체험된 세계에 두고 이를 현상학적 장이라고 일컬었다. 실증과학은 본래적으로 자신의 기원인 이러한 현상의 장, 즉 우리와 세계가 교류하는 마당을 간과하였다. 이러한 교류의 마당은 무엇보다도 세계에 거주하는 방식에서 신체와 세계의 관계로서의 지각의 장인바, 결코 단순한 감각의 집합이 아니라 언제나 이미 포치(configuration), 요컨대 게슈탈트에 의해 분절화되고 구조화되어 있다.

특히 현상학적 장의 실재성에 관해서, 게슈탈트 심리학 덕분에 우리는 일정한 스키마에 의해 대상 세계를 일관적 · 조직적으로 지각한다는 점을 깨달을 수 있었다. 해럴드 가핑클(Harold Garfinkel)이 그의 후기 저작[3]에서 현상학적 장을 구성해 가는 실제적 방법에 대한 연구를 더욱 강조하게 된 것은 현상학자 아론 구르비치(Aron Gurwitsch)에게 받은 영향 때문이다. 게슈탈트 심리학이 우리에게 말해 주는 바는 [그림 1-1]의 예에서 알 수 있듯이 우리는 대상 안에서 모종의 질서를 파악해서 그것을 지각한다는 점이다.

한편 게슈탈트 심리학에서 예로 든 대상들은 매우 단순화된 아이콘이나 형상에 불과하다. 마치 이론적 가정의 진위를 따져 보기 위해 실험 상

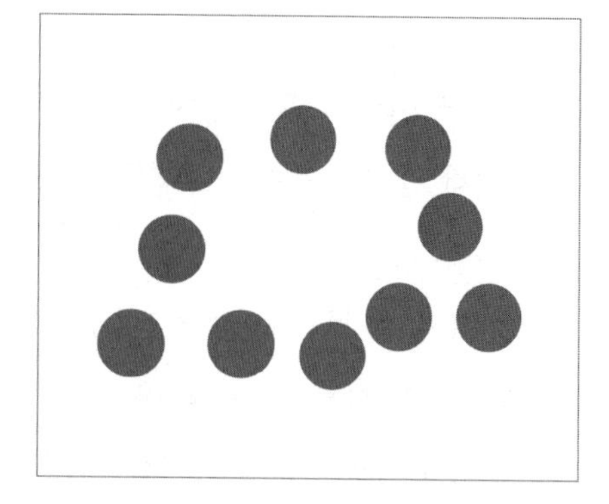

[그림 1-1] 게슈탈트 그림

황을 설정하여 엄격하게 실험하듯이, 그러한 단순화된 형상들에 대해 우리의 지각이 어떻게 작동하는지 설명해 주고 있다. 따라서 현상학적 장 개념을 통해 우리가 삶 속에서 경험하고 지각하는 게슈탈트의 전개 과정을 이해하기란 요원한 과제로 남는다. 단순화된 형상과 그에 대한 무상황적 · 인공적 설명 대신, 보는 사람이 개입되어 있고 실제 시간과 공간에서 전개되는 사회적 상황에 관한 이해에는 상황성에 대한 궁리가 필요하다. 게슈탈트 지각과 관련하여 무상황적 설명은 현상학인 저술에서도 흔히 등장한다. 이러한 접근에서는 게슈탈트적인 지각이 그 무상황적 설명으로 인해 종종 심리학적 관점으로 귀착되는 경향을 보이는데, 마치 심리학적 환원, 마치 인지 기능의 메커니즘에 의해 비롯되는 현상으로 다루어지기도 한다.

예컨대, 현상학적 장에 관한 분석적 논리를 펼친 구르비치의 게슈탈트 이론에 대한 생성론적인 설명은 몇몇 선의 드로잉, 설명, 실험실 시연 등에 크게 의존해 있다. 그러나 대상이 어떻게 하나의 일관성을 취하게 되는가의 문제는 실제 상황에서만 벌어질 수 있는 소위 우리의 상황 내 행위가 갖고 있는 '내재성'과 관련되어 있다. 실제 사례에서 현상학적 장이 어떻게 우리의 지각의 대상으로 현현하는가를 경험적으로 기술하기 위해서는 이러한 한계에 대해 분명히 짚고 넘어가야 할 것이다. 다음 인용문은 어느 현상학자의 글에서 발췌한 것으로, 생활세계 속에서 대상이 우리 지각 안으로 들어오게 되는 과정을 보여 주고 있다.

> 이 이야기를 하기 위해 세계 전체 혹은 이곳 교실 전체를 생각하지 말고 교실에 있는 이 분필 하나만을 생각해 보기로 하자. 여기에서 우리가 이렇게 분필을 지각한다고 할 때, 후설은 그것을 지각하는 의식을 부여하는 직관이라고 부르고 있다……. 문제는 이것 자체가 무엇이냐 하는 것이다. 충전적으로 주어지면서 의미이기도 하고 동시에 대상이기도 한 것들은 이른바 노에마들이다. 이 노에마들은 어디까지나 현상학적인 의식 속에 내재해 있는 것들이다(조광제, 2008: 38-39).

> 예컨대, 하나의 칠판지우개를 지각할 때 지향적인 경험은 이 칠판지우개를 지향하는 데서 성립한다. 그런데 이 칠판지우개 주변에 다른 많은 사물, 예컨대 칠판지우개를 들고 있는 나의 손도 있고, 몸도 있고, 탁자도 있고, 저 뒤의 칠판도 있다. 이 칠판지우개를 지향적으로 체험하기 위해서는 분명히 주변의 다른 것들에 대한 비지향적인 체험이 수반되지 않으면 안 되지만 동시에 그 자체가 지향적인 체험이어서는 안 된다(조광제, 2008: 85).

이상에서 서술된 상황들은 일상의 상황에서 우리의 지각이 특정 대상, 그것도 꽤 정태적인 사물을 중심으로 해서 현상학적 장으로 성립되는 방식을 보여 주고 있다. 다음 내용은 위에서 인용한 내용에 비해 좀 더 역동적인 장면의 상황으로서, 보는 이와의 연관성에 따라 상황의 질서가 재구조화되면서 현상학적 장이 전환되는 상황을 보여 주고 있다.

> 예를 들어, 텔레비전을 시청하고 있을 때는 집 바깥에서 아이들이 노는 소리는 들리지 않는다 할지라도 갑자기 울리는 큰 폭음은 들릴 것이다. 이 경우 처음의 아이들 소리는 대조에 의한 강압성에서 텔레비전 소리에 밀려 들리지 않으나, 폭음은 오히려 그 대조에 의한 강압성에서 텔레비전 소리를 능가하여 순간적으로 텔레비전 소리를 못 듣게 하기조차 할 것이다……(조광제, 2008: 209).

다음의 장면은 글로 기술된 상황 대신 사진으로 재현된 상황을 보여준다. 사진은 찰나의 순간을 포착함으로써 상황을 있는 그대로 재연할 수 있는 길을 열어 주었는데, 여기서 상황이 어떻게 현상학적 장으로 포착되는지 살펴보자.

각 사진에서 나타난 상황이 어떻게 해석되느냐에 따라 프레임 안의 모든 부분은 제 의미를 부여받게 된다. 예컨대, 왼쪽 사진에서 군중의 배경에 잡힌 나무 위의 청년이 그때 거기서 무엇을 하고 있었는가 하는 것은 부여된 의미와의 연관성을 가지고 해석된다. 상황의 전개는 곧 대상에 부여하는 질서, 즉 연관성(relevancy)이 구조화되어 가는 과정이기도 하다.

오른쪽 사진에서 왜 아이 옆에 서 있는 남자는 아빠로 보일까? 경찰관이 들고 있는 가방과 가면은 왜 그 아이의 것으로 보일까? 인접성의 원

출처: Reuters Full Focus.

리, 즉 가까운 것끼리 관련지어 지각하는 우리 지각 방식이 작동하는 원리 때문이다. 방과 후에 실종되었던 아이를 다시 찾은 아빠와 그를 찾아다 준 경찰 간의 대화 상황일까?

다음 사진은 미국의 사진작가 게리 위노그랜드(Garry Winogrand)의 작품으로, 대도시 거리에서 흔히 볼 수 있는 공공장소의 한 광경을 보여 준다. 위노그랜드는 현대의 일상성을 거리의 광경에서 순간적으로 재현한 작품들로 널리 알려져 있다. 특히 그의 작품들은 상황에 대한 초월자로서 의도적인 프레임의 형식을 취하는 대신 도보자의 시각에서 포착한 광경을 재현하고자 하였다.

그의 사진이 전통적인 르포르타주 형식의 스냅 촬영 방식을 따르고 있지만 저널리즘 스타일의 사진과 근본적으로 다르다는 것은 프레임의 자유분방함에서 알 수 있다. 그의 사진은 도무지 파인더를 바라보면서 찍은 것 같지 않은, 마치 어린아이가 실수로 셔터를 누른 듯한 것들이 많다. 그러다 보니 그의 사진은 대단히 우연적인 요소들이 마구잡이로 채집된 양상을 보인다. 이전 작가들에게서 볼 수 있는 프레임의 정교함을 오히려 의도적으로 지우려는 듯한 느낌이 강하게 느껴진다.

출처: Atget Photography.com.

그러나 사진 속 광경을 자세히 들여다보면 나름대로의 정황적 구조를 엿볼 수 있다. 사진 속 광경은 도시의 공공장소라면 어디에서나 전형적으로 목격될 수 있는 것인데, 이 사진에서의 앵글은 그 상황 속에서 사람들의 포즈와 시선이 어떻게 구조화되었는지를 보여 준다. 그리고 각자가 보고 있는 상황이 각자의 행위 과정 속에서 서로 다르다는 것을 보여 준다. 왜냐하면 각자가 가고자 하는, 염두에 두고 있는 목적지와 목적, 관심사가 다 다르기 때문이다. 그러면서도 암묵적인 의도를 가지고 서로를 의식하지 않기 위해서 각자 다른 곳을 응시하는 것을 볼 수 있다. 공공영역에서 사람들의 처신 행위에 관심을 두고 연구해 온 또 다른 현상학적 사회학자 어빙 고프먼(Erving Goffman)은 이를 두고 '시민적 무관심(civil indifference)'이라고 불렀다.

연관성이란 지금 여기서 일어나고 있는 것들 가운데 무엇이 목하 염두에 두고 있는 일과 연관 지어 파악되고 무엇이 간과되는지, 아니 무시되어야 하는지를 파악해 가는 우리 행위의 속성이다. 그것은 곧 구조화된 상황의 전개 과정과 다름없다. 그런데 여기서 문제는 실제 상황에서 행위자가 그 상황을 구조화해서 파악해야 하는데 시간의 흐름에 따라 한순간도 멈추지 않고 계속해서 지나가는 상황 안에 노출되어 있다는 점이다. 어떠한 판단과 행위의 선택과 취함도 정지된 상황 안에서 이루어질 수 없고 동시에 순간적으로 이루어진다.

현상학적 장과 시간성

이제 정태적인 상황에서 좀 더 복잡한 상황으로 넘어가 보기로 하자. 실제 상황들은 바로 일상에서 경험하는 상황들로서, 카메라에 포착된 시간성이 결여된 상황과는 달리 시간의 흐름과 함께 전개되는 시공간적 상황이다. 일상생활에서 현상학적 장은 마치 그림처럼 정지된 상황이 아닌 시간의 흐름을 타고 전개되는 상황 속에서 생겨나기 때문이다. 다음 상황을 예로 들어 보자.

축구 경기 중계방송을 보면 카메라의 앵글은 공을 따라 그리고 그 공을 따라 움직이는 선수들의 움직임을 따라 이동한다. 카메라의 앵글은 상황에 따라 그 프레임을 축소하거나 확대하며 경기 진행 상황을 포착한다. 이때 우리는 공의 움직임과 선수의 위치, 움직임 등 경기 진행 상황으로서 프레임 안에 잡힌 광경을 본다. 프레임 안에 잡힌 어떤 선수가 개인적으로 어떤 행위를 하는지, 어떤 생각을 하고 있는지는 우리 눈에 들어오지 않는다. 경기 진행이라는 프레임으로 그 광경을 보기 때문이다. 그리고 그 프레임 안에서 포착된 어떤 행위도 그 프레임과의 연관성 안에서 보게 된다. 물론 프레임대로 그 광경을 보는 것은 시청자만이 아니다. 행위 당사자인 선수도 마찬가지다. 모든 선수는 공과 다른 선수들의 움직임에 따라 제 위치에서 해야 할 역할을 수행한다. 사실 경기에서도 선수에게 어떤 '역할'이 부여된다는 점은 흥미 있는 사실이다.

사회적 상호작용의 제반 특징은 스포츠 경기에서도 마찬가지로 나타난다. 차례의 교대(turn taking) 현상은 축구 경기에서도 비일비재하다. 다른 팀 선수가 아닌 바로 그 선수가 공을 받기로 되어 있다는 듯 보이기까지 한다. 상대 팀 선수조차도 그 상황에서 그 공의 소유권이 상대편 특정 선수에게 가 있다는 것을 인정한다는 것이다. 어떤 방향으로 나아가길 기다리면서 다음 상황에서 그 공을 차지하게 될 기회를 순간적으로 노린다. 자기 차례는 다음 상황에서 온다는 것을 암묵적으로 인정하고 있는 셈이다. 흥미로운 것은 바로 그 상황, 그때 거기서 순간적으로 공을 선점한 선수에게 우선권이 있다는 것이다. 이것은 '누구의'라는 소유권이 어떻게 성립 가능한가의 견지에서 보면 좀 더 흥미로워 보인다. 반칙이라는 것은 어떻게 성립 가능한가? 가끔은 어떤 선수의 태클이 정당한 플레이였는지가 애매한 상황이 발생하기도 한다. 누구의 소유권이라고 인정되지 않는 상황에서는 더욱 그렇다. 여하튼 이는 현상학적 장이 시간의 계열에 따라 어떻게 구조화(structuring)되어 가는지를 잘 보여 주는 예라 할 수 있다.

또 하나 간단한 예로 수업 시간을 들어 보자. 어떤 공간에 모인 참여자들이 그 상황을 수업이라고 규정한 이상 그 시공간 안에서 지각된 모든 것은 수업이라는 프레임과의 연관성 안에서 판단되고, 참여자들은 그에 따라 행위한다. 예컨대, 수업 시간에 뒤에서 누군가 자기 이야기를 한다면 수업을 방해하는 떠드는 행위로 간주된다. 그리고 누군가 개인적인 볼일을 보러 그 장소를 떠난다면 수업을 거스르는 행위로 여겨져 제지당할 것이다. 다시 말하자면, 그 상황에서 목격된 모든 것은 우리가 목하 보고 있는 것과의 연관성 안에서 파악된다는 것이다. 그렇기에 연관성이 없는 경우 제지되거나 무시되기도 한다. 어떤 일이 일어났다고 보는 것은 곧 동시에 어떤 일은 일어나지 않았다고 보는 것과 함께 성립한다.

요즈음 사람들은 어떤 상황에서 누군가가 다른 이들에게 파묻혀 잘 보이지 않는 경우를 가리켜 존재감이 없다는 농담을 한다. 예컨대, 수업 장면을 찍은 동영상이 있다고 하자. 그 동영상을 보면 누가 보이는가? 당연히 선생님과 학생이 보이는데, 학생은 집단으로서 존재할 뿐 철수, 영희, 지우, 효섭 등 개개인이 드러나 보이지 않는다. 적어도 수업을 참관하러 간 학부모가 아니라면 말이다. 그러면 그 상황의 참여 당사자인 선생님은 어떨까? 선생님 눈에는 학생 개개인이 보일까? 순간적으로 알아챌지는 모르나 대부분의 상황에서 학생은 하나의 상대, 즉 하나의 정체성을 가진 군집의 형태로 보인다. 누군가가 존재한다고 보는 것은 누군가가 부재한다고 보는 것과 동시에 일어난다. 어떤 상황을 파악한다는 것은 당장의 자신의 관심사나 이해의 지평과의 연관성 속에서 선택된 지각의 결과이기 때문이다. 선택된 것은 가시적으로, 선택되지 않은 것은 비가시적으로 비추어지는 것이다.

반면 지금부터 이야기하고자 하는 민속방법론에서는 게슈탈트 심리학에서와 같이 정태적이고 무상황적인 실험적 상황보다는 일상의 상황, 즉 시간의 흐름과 함께 전개되는 상황적 구조성을 찾아보고자 했다. 아니, 정확히 말하자면 상황적 행위의 구조성이라고 하는 것이 더 타당할 듯하다. 여기서 '시간의 흐름과 함께 전개된다'는 말을 주목해 보자. 일상의 현실에서 벌어지는 대부분의 일은 정태적인 상황이 아닌 시간적 흐름의 상황 속에서 제 의미를 갖는다. 왜냐하면 실제 사회적 상황에서 우리 앞에 펼쳐지는 현상학적 장으로서의 게슈탈트는 사물로서의 대상 또는 정지된 상황뿐만 아니라 시간적 흐름 속에서 구조화되어 우리 지각의 대상으로 작용하기 때문이다. 예컨대, 다음의 상황 1과 상황 2는 캠퍼스 건물 복도에서 마주친 두 친구가 인사를 나누는 상황을 보여 주는데, 두 상황에서 인사의 의미는 서로 전혀 다르고 그 의미는 시간 속에서 그리고 시간의 흐름과 함께 결정된다.

상황 1

영재: 안녕!

현영: 안녕!

상황 2

영재: 안녕!

현영: …….

한 행위에 대한 반응으로 뒤따라 나오는 행위는 이전 행위가 띨 수 있는 의미를 결정하는 데 중요한 역할을 한다. 위의 예에서 보듯이 상황 1에서처럼 평상시의 인사 교환으로 상황을 전개할 수도 있고 전혀 다른 방향으로 상황을 몰고 갈 수도 있다. 상황 2에서 분명한 것은 응당 뒤따라 나와야 할 대답으로서의 인사가 '부재'한다는 것이다. 그리고 이를 통해 이 상황 이전에 둘 사이에 뭔가 풀리지 않은 일 혹은 오해가 진행되어 왔음을 짐작할 수 있다. 이때 영재의 인사는 상대방에게 먼저 사과할 뜻을 내비친 것으로 받아들일 수 있는 등 평범한 일상적 의미의 인사는 아닐 것임을 쉽게 추측해 볼 수 있다. 아주 순간적인 상황에서 벌어진 대화이지만 시간의 흐름이 어떻게 그것의 의미에 깊숙이 작용하는지 알 수 있다. 좀 더 상상력을 동원하여 상황을 상정해 보자. 하루가 지난 다음 복도에서 둘이 또 마주쳤고 이번에는 현영이가 영재에게 "안녕!" 하고 말을 건넸다. 이때 인사는 어떤 의미를 갖고 있는가? 어제 영재가 한 인사가 서로에게 유효한 것으로 남아 있다면 다음 날 건넨 현영이의 인사는 어제의 사과에 대한 답변으로 해석될 수 있다. 그것은 사과 요청에 대한 답변, 즉 사과의 수락이라는 의미를 갖는다. 물론 반대로 꽤 많은 시간이 흘러 다시 마주쳤을 때 현영이의 인사는 영재에게는 오래전에 건넨 사과에 대한 답변으로 해석되지 않을 수도 있다. 이렇듯 사과의 요청과 수락의 답변은 오직 당사자들 사이에 일어난 체험된 시간의 흐름(durée) 속에서만 제 의미를 갖는다. 물론 앞의 예는 당사자들 간에 어떤 의미가 교환되고 경험되는 데 있어서 서로에게 경험된 시간의 리듬이 작용하고 있다는 점을 잘 보여 준다.

시간의 흐름 또는 시간성이 어떤 행위나 일의 의미를 결정짓는 데 어떤 역할을 하는지에 관해서는, 『실천론 개요(*Outline of a theory of practice*)』에서 보르듀(Bourdieu, 1977)가 보여 준 레비 스트로스(Levy Strauss)의 구조주의적 관점에 대한 비판 중 원시부족 마을에서 선물을 교환하는 데 있어 타이밍이 중요한 이유에 대한 분석을 보면 더 분명히 이해할 수 있다.

> 답례의 선물이 상대방에게 거절 또는 모욕의 의미로 받아들여지지 않기 위해서는 시간적 간격을 두고 전해져야 할 뿐만 아니라

(defer) 그 물품이 다른(different) 것이어야 한다. 정확하게 동일한 물품을 바로 당장 돌려주는 것은 명백하게 거절의 의도를 내보이는 것이기 때문이다(Bourdieu, 1977: 5).

그것은 모두 스타일에 관한 질문이다. 이 경우에 그것은 타이밍과 사양 선택과 연관되는데, 어떠한 동일한 행위도, 예컨대 선물하기, 답례하기, 서비스 제공하기, 방문하기 등도 어떤 타이밍에 하느냐에 따라 전혀 다른 의미를 내포할 수 있기 때문이다(Bourdieu, 1977: 6).

다시 말하지만, 어떤 선물이 답례로 받아들여질 것인가를 판단함에 있어서는 타이밍이 중요한데, 선물에 대한 너무 이른 답례는 선의에 대한 거절을 의미하고 너무 늦은 답례는 그 연관성의 의미를 상실할 수 있기 때문이다. 보르듀의 역설은 선물 교환이라는 사회적 상호작용—직접적 또는 간접적으로 이루어진 이러한 사회적 상호작용이 곧 우리가 경험하는 사회적 현실(social reality)이기도 하다—이 구체적인 시공간을 초월하는 구조적 기제에 대한 설명으로써 이해될 수 없다는 점을 보여 주었다. 어떤 일과 관련하여 당사자들이 해석하고 경험한 시간성이 그 일의 의미를 확정하면서 그 일을 그 일답게 만드는 데 어떻게 기능하는가는 질적 분석의 중요한 주제 가운데 하나라고 할 수 있다.

실제 상황의 구조는 정지되어 있는 대상으로서의 물체나 상황과는 사뭇 다르다. 왜냐하면 우리가 경험하는 사회적 상황의 구조성은 시간의 흐름과 더불어 제 양태를 갖게 되는 것이기 때문이다. 시간의 흐름은 우리의 상황적 행위와 함께 의미와 실천에 있어서 변용과 변주를 초래하는 바, 우리가 지각하는 장은 아무리 전형화되어 작동한다고 해도 '임할 때마다 나름 새롭게' 끊임없이 유동적일 수밖에 없다.

[그림 1-2]는 별들의 위치에 따라 선상의 돛의 방향을 조정해서 가는

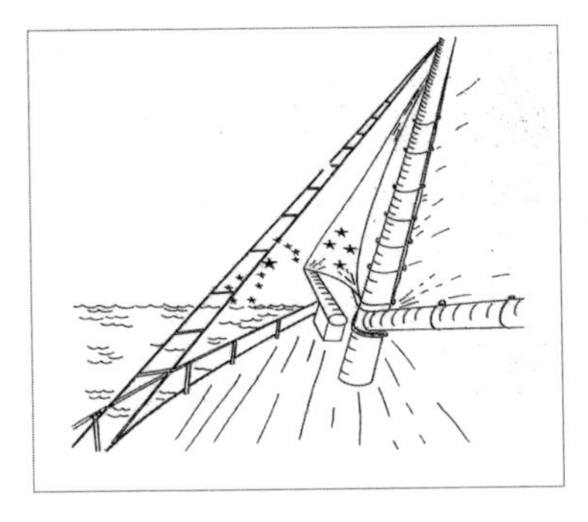

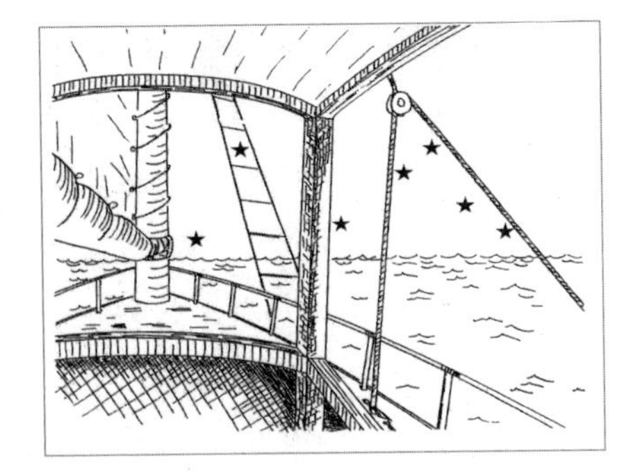

[그림 1-2] 형상과 재현 그리고 현상학적 장의 가시성

출처: Lewis (1972).

구식 배를 운영하는 선원들의 시각에 드리워진, 시간성을 함축하고 있는 현상학적 장을 형상화하여 표현한 것이다. 별들의 위치와 선상의 돛의 방향은 목표 지점이라는 연관성을 가지고 구조화되어 조타수에게 작용하는데, 그것들이 구조화되는 것은 어디까지나 시간의 흐름에 따라 전개되는 조타수의 실천 과정을 통해서다.

봄(seeing)의 정치학

상처, 기계 또는 미세한 조제를 들여다보고 있는 노련한 의사, 기계공, 생리학자는 초보자가 보지 않는 것을 '본다'. 만약 전문가와 일반인 모두가 그들이 보는 것을 정확히 복사하도록 요구받으면 그들의 그림은 완전히 다를 것이다. 핸슨(N. R. Hanson)의 지적에 의하면, 그러한 '본다는 것(seeing)'은 다른 해석들을 '동일한' 지각 표상에 덧붙이는 단순한 문제가 아니다. 오히려 시각적인 곡물이 지적인 방앗간으로 들어가기를 요구하는 문제다. 전문가와 초보자는 다른 물체를 보며, 다른 전문가들도 역시 다르게 본다(Arnheim, 2004: 415).

지적인 이해가 체화된 결과로 나타나는 것이 지각이라면, 지각은 그것이 느끼는 의미에 따라 결정되어 있다는 생각으로 귀결될 수도 있을 것이다. 그러나 메를로 퐁티를 비롯한 많은 현상학자는 우리의 지각이나 행위가 지식의 반영물이라는 해석에 대해 전적으로 부인한다. 즉, 의미가 생성되고 일깨워지는 것은 몸 자체에 의해서라는 것이다. 우리의 지각은 의미에 대한 지각이 아니라 대상에 대한 직접적인 지각이고 대상 세계에 대해 매개됨 없이 투명하다는(transparent) 것이다. 우리의 지각은 어떤 의미가 체화된 결과로 나타난 것이나 그에 따라 결정되어 있는 것은 아니라는 말의 의미는 무엇일까? 이미 체화된 지식은 더 이상 지식이 아니라면 무엇일 수 있는가? 체화되어 있다는 것은 무엇을 뜻하는가? 지식이 몸에 체화되어 있다는 것인가? 그렇다면 지식이 몸에 체화되어 있다는 것은 무엇을 뜻하는가?

생활세계의 시간성과 프래그마타(pragmata)

다음은 2013년 노벨 문학상 수상자로 선정된 캐나다의 단편 작가 앨리스 먼로(Alice Munro)의 대담 내용에서 인용한 것으로, 생활세계의 화용론적 측면에 관한 작가의 영감이 엿보인다. “작품을 쓸 때 특정한 형식을 생각하진 않습니다. 그저 하나의 이야기를 할 뿐이지요. 그것도 누구에게 어떤 일이 일어났는가를 풀어서 쓰는 구닥다리 방식으로요. 그러나 저는 ‘일어난 일’을 조금은 다른 형식으로 이야기하고자 합니다. 어떤 우회로를 거쳐 낯선 느낌을 줄 수 있도록 말이죠. 저는 독자들이 ‘일어난 일’이 아닌 ‘일어나는 방식’에 놀라움을 느끼기를 바랍니다. 이것이 바로 단편소설이 거둘 수 있는 최대한의 성과입니다.” 여기서 그녀가 말하는 ‘일어난 일’이 아닌 ‘일어나는 방식’이란 무엇을 의미한 것일까?

현상학적 장의 시간성(temporality)에 관해 이야기하다 보면 자연스럽게 화용적인 행위의 문제를 거론하지 않을 수 없다. 생활세계는 시간과 공간을 씨줄과 날줄로 엮은 직조물처럼 짜임새 있게 일궈 낸 세계다. 그리고 시간성은 물리적 시간이 아닌 사태의 흐름이고, 그 흐름은 실용적 동기에 따라 작동하는 우리의 행위 안에서 생성되어 우리가 경험하는 사태나 일의 의미의 일부로 작용한다.

생활세계의 문제를 체계적으로 상정한 현상학의 이념에 따라 살펴보면, 생활세계는 주관적 해석이라는 의미론적 측면과 사회적 행위라는 화용론적(pragmatic) 측면으로 구성된다고 할 수 있다(Eberle, 2012; Srubar, 2005). 전자는 사람들이 어떤 일 혹은 상황에 대해 가지고 있는 주관적 의미를, 그리고 후자는 상호주관적 행위 영역을 생활세계의 더 근원적인 것으로 생각하고 그것을 부각하려 한다. 이렇게 나누어 볼 수 있는 것은 사람들이 한편으로는 세계에 대해 자신이 부여한 의미 안에서 보고 듣고 경험하고 살고 있지만, 다른 한편으로는 행위하는 가운데 전개되는 실제 상황 속에서도 살고 있기 때문이다. 물론 이러한 구분은 인위적인 구분일 뿐, 실제 세계는 의미와 행위가 서로 단절된 채 작동하지 않는다. 이 두 세계는 분석에 있어서 연구자가 주목하고자 하는 초점이 어디에 더 있는가에 따라 구분한 것일 뿐이다.

행위자가 상황이나 사건에 대해 부여하는 의미의 내용도 생활세계의 중요한 한 부분이지만, 그가 그러한 의미를 부여하는 방법도 생활세계의 중요한 한 부분이라 할 수 있다. 예컨대, 성전환 여성이 면담에서 늘어놓는 자신의 생애 경험 이야기는 그녀가 다른 사람들과는 다른 경험을 할 수밖에 없었던 이유와 그녀가 자신의 생활세계에서 닥친 일들에 부여한 주관적 의미를 잘 보여 준다. 반면 그녀와의 면담은 그녀가 어떻게 자신의 경험들에 이야기라는 질서를 부여하는지, 어떻게 성전환 여성으로서의 정체성을 일관되게 그리고 암묵적으로 유지하려고 하는지를 보여 주기도 한다.

'무엇을'의 측면이 의미론적 해명의 대상이라면, '어떻게'의 측면은 화용론의 주제라고 할 수 있다. 실제 우리가 살아가고 있는 세계는 이 두 측면이 불가분의 관계로 결코 구분될 수 없는 총체적인 세계이지만, 그것을 파악하는 우리의 이해 방식은 오랫동안 어느 한쪽만을 좀 더 부각하는 입장을 취해 왔다. 이를 좀 더 현상학적인 용어로 표현한다면 생활세계에는 지향적 의식(noesis)의 측면도 있지만 지향적 체험(noema)의 측면도 있다. 다시 말해, 세상사에는 '무엇을(whatness)'의 측면도 있지만 '어떻게 그것이 그것다움을 취하게 되는지(how it is)'의 측면도 있다는 것이다.

의미론과 화용론의 차이에 관해 보다 쉽게 이해하기 위해서 단순한 예 하나를 들어 보자. 말의 의미를 의미론적으로 파악할 수도 있지만 상황적 활용, 즉 화용론적으로 접근하여 본다면 더 잘 이해할 수 있다는 것은 일상의 사례들을 통해 얼마든지 찾아볼 수 있다. 예컨대, 다음 대화에서 갑의 요청과 을의 거절은 말의 의미가 어떻게 결정되는지를 잘 보여 준다. 즉, 을의 답변은 의미론적 차원에서 보면 갑의 요청에 대한 거절이지만, 역설적이게도 화용론적 차원에서 보면 갑의 요청을 충실하게 수용하여 그에 대한 대답을 잘 보여 준 셈이 된다.

> 갑: 남의 부탁을 어떻게 회피할 수 있는지 하나만 예로 들어 주시겠습니까?
>
> 을: 어, 나는 그런 거 잘 모릅니다(Garfinkel & Sacks, 1970).

의미론적 측면과 화용론적 측면 중 어느 쪽을 더 근원적인 우리의 삶의 모습으로 볼 것인가 하는 것은 방법론적인 입장에 따라 현상학적 질적 연구와 현상학적 사회학이라는 탐구 영역으로 갈라진다. 그리고 민속방법론을 통해 보여 주고자 하는 것은 후자로서, 실존적으로든 혹은 방법론적으로든 사회적 행위가 주관의 경험보다 더 근본적이라고 보는 관점이다. 현상학적 질적 연구라 하면 흔히 전자의 입장, 즉 생활세계를 구성하고 있는 주관적 내지는 상호주관적 경험에 대한 탐구로 알려져 왔고, 이미 많은 질적 연구의 결과들이 이를 잘 보여 주고 있다.

반면에 후자인 화용론적 입장에서 사회적 행위를 개인의 주관적 의미 경험보다 더 근원적인 것으로 보고 사회적 행위에 관해 기술하고 분석해 가는 연구방법은 상대적으로 우리에게 낯설다. 물론 후자의 입장, 즉 현상학적 사회학은 현상학의 철학을 뒤집어 철학자의 사유 방식이 아닌 생활세계에서의 일반 사람들의 실천적 사유를 재추론하는 패러다임 전환을 꾀하며, 일반 사람들의 실천적 사유는 사회 현장에서의 경험적 연구로 접근할 수 있다는 것을 수많은 경험 연구를 통해 보여 주었다.

현상학적 사회학은 미국의 프래그머티즘(pragmatism)이라는 독특한 사회과학과 접목되어 소위 상징적 상호작용과 민속방법론으로서 질적 연구에서는 보기 드물게 탄탄한 경험 연구 프로그램으로 발전해 왔다. 우리나라에서도 이미 1970~1980년대에 소개되었고 또 연구방법으로 적지 않게 활용되어 왔다. 프래그머티즘은 사회적 행위가 어떻게 분석될 수 있는지 보여 준 사회과학철학이라고 할 수 있다는 점에서 현상학이 현상학적 사회학 또는 사회적 행위에 대한 질적 연구 프로그램으로 나아가는 데 가교 역할을 하였다. 예컨대, 우리나라에서도 상당히 많이 활용되고 있는 근거이론(grounded theory) 역시 이러한 지적 전통에 기반을 두고 있으며, 일반 연구자들이 보다 쉽게 활용할 수 있도록 가공된 질적 연구방법론이다. 물론 연구 결과는 결국 현장의 질서에 근거할 수밖에 없다는 지상 명령이 무한히 열려 있는 지평에 대한 언급인 만큼, 근거이론은 어떠한 비판에도 불구하고 대중적인 질적 연구방법으로 확산되었다. 그러나 오늘날 우리 주변에서 찾아볼 수 있는 근거이론의 연구들은 현장의 경험들을 수집 조사하고 분류, 정리하는 조사 연구방법 이상의 의미는 갖지 못한다는 인상을 떨쳐 버릴 수 없다.

결론부터 이야기하자면, 의미론적 접근보다 화용론적 접근(물론 다른 지적 전통에서는 이를 탈구조주의적인 기호학적 접근이라고 하겠지만)이 우리의 사고와 행위를 이해하는 데 있어서 더 근원적이라는 것이 다양한 지적 전통에서 지배적인 생각이다. 의미론적 측면보다 화용론적 측면이 우리의 삶에서 그리고 의미의 경험에서 더 근원적이라는 생각은 우리가 의사소통을 함에 있어서 발화 내용보다는 발화 방법이 메시지의 내용을 결정한다는 앞의 예에서도 쉽게 파악할 수 있다. 우리가 세계에 대해 의미를 부여해 얻게 되는 주관적 경험은 이 세계를 이해하는 단초라기보다는 사회적 행위를 단초로 해서 해체하여 해명해야 할 대상이다. 지난 반세기 동안 민속방법론의 수많은 연구는 다양한 연구 분야에서 그 가능성을 극대화해 보여 주었다.

이상에서는 학습의 일상적 속성에 관해 해명하기 위해 상식적 생활세계가 우리의 행위에 어떻게 기능하고 있는지를 살펴보고자 하였다. 우리의 경험 그리고 행위에 있어서 일상성의 문제는 일상적 생활세계의 구조에 관한 현상학적 탐구에 크게 의존하고 있다. 일상성은 상식적 이해와 실천적 행위 그리고 이를 가능하도록 하는 자연적 태도에서 비롯된 것으로, 우리가 하고 있는 일에 대해 시공간적 배경으로 작용할 뿐만 아니라 하고 있는 일 혹은 경험 자체가 성립하는 데 깊숙이 관여한다. 바로 이 문제의식에서 현상학적 탐구가 요청되었는데, 그것은 현상학적 탐구의 제1 과제, 즉 생활세계의 상식적 지식이 우리가 경험하고 하는 일 혹은 다른 말로 의미의 생성에 어떻게 관련되어 있는지에 관해 해명하는 것이다.

Chapter 02

생활세계의 프래그마타와 프래그머티즘

듀이의 프래그머티즘

프래그머티즘과 실천론

생활세계의 프래그마타와 프래그머티즘

> 프래그머티즘에서는…… 선험적(antecedent) 현상 대신 경험적(consequent) 현상, 그리고 규범적인 것들(the precedents) 대신 우리의 행위로 인해 파생될 수 있는 가능성들(the possibilities of action)에 관해 해명하고자 한다(Dewey, 1931: 32-33).

> 프래그머티즘의 독창성이라고 한다면 그것은 그 논의가 시종일관 구체성으로부터 시작하여 구체성으로 끝난다는 데에 있다(James, 1909: 281-282).

슈츠(Schutz)의 현상학이 사회적 행위를 어떻게 탐구할 것인지 구체적인 방법론적 지표를 제공하였다면, 민속방법론이 사회적 행위를 해명하는 데 어떤 방향으로 나아가야 하는지 정향적 좌표를 던져 준 것은 다름 아닌 프래그머티즘(pragmatism)이라고 할 수 있다(Emirbayer & Maynard,

2011). 20세기 초중반까지만 해도 철학은 말할 것도 없고 사회과학의 많은 부분은 거의 유럽 중심의 학풍을 이어 왔다. 그러나 프래그머티즘은 그 뿌리는 비록 유럽의 영향을 받아 성립했지만 이제 막 세계 무대에 등장하고 있던 미국에서 독특하게 꽃을 피우면서 가장 미국스러운 사상으로 자리 잡게 되었다. 그 자생성으로 인해 당대에 미국 사회과학계에 폭넓게 풍미되고 있었던 프래그머티즘은 역시 가장 미국적인 사회과학이라고 할 수 있는 현상학적 사회학이나 상징적 상호작용뿐만 아니라 민속방법론에도 직간접적으로 영향을 미쳤다. 그러한 영향은 프래그머티즘의 화용론적 관심은 일면 생활세계가 생동하는 조건에 관한 탐구라고 할 수 있다는 점에서 서로의 관심사가 맞아떨어지면서 생겨난 결과라고 볼 수 있다.

여기서는 프래그머티즘 가운데 한 사상가인 존 듀이(John Dewey)의 상황적 행위와 실천적 사유(practical reasoning)에 관한 논증이 어떻게 일상 세계의 상황적 행위에 관한 경험적인 연구로 발전될 수 있는지 살펴보고자 한다. 듀이의 프래그머티즘은 다양한 측면에서 재조명 가능하지만, 여기서는 그가 왜 전통적 철학과 단절하고 실천적 사고에 관한 새로운 실제적 논리를 구성하고자 했는가 하는 점에 천착해서 일상 상황 속에서 우리의 실천적 사고가 어떻게 작동하는지에 관해 보다 심화된 이해를 꾀하고자 한다. 이를 위해서 듀이의 논의가 구체적인 상황에 대한 분석과 이해, 즉 질적 연구방법론으로서의 연관성을 갖기 위해서 필요한 방법론적인 이슈들이 무엇인지 살펴보겠다.

특히 여기서는 프래그머티즘이라는 당대의 철학적 담론들이 제기했던 문제의식을 일상의 실천에 대한 질적 연구방법의 문제로 바꾸어 다루어 보고자 한 민속방법론의 관점에 입각해서 전자의 논의와 후자의 분석이 얼마나 유사하면서 평행선을 보이는지, 그리고 프래그머티즘의 문제의식이 어떻게 경험적 연구의 가능성으로 이어질 수 있는지 살펴보겠다.[1)]

듀이의 프래그머티즘

듀이의 프래그머티즘은 그 자신의 생애 동안 전통 철학과의 단절을 분명히 하고자 한 시도라고 할 수 있다. 듀이는 그의 전 생애에 걸쳐 이성과 경험, 지식과 행위 등 이른바 정신과 신체라는 데카르트(Descartes) 식 이원론을 비롯한 이원론적 사고를 반박하면서 일원론적 설명을 통해 경험과 행위의 합리성에 관한 담론을 펼쳐 나갔다. 이러한 설명들은 동시에 당시 주류 심리학인 행동주의적 '행동'과는 어떻게 차별되는지, 즉 조작적 반응과는 다른 이른바 '의미'를 담고 있는 인간의 행위에 관한 그의 논리를 면밀히 세우면서 전개되었다. 데카르트의 이원론은 항상 이성과 행위, 마음과 몸의 관계를 인과론적으로 간주해 온바, 이러한 이원론적인 사유는 전통 철학에 광범위하게 편재하고 있었고 듀이의 프래그머티즘은 바로 그 이원론에 대한 듀이 식의 대안이라고 볼 수 있다. 듀이는 전통적 인식론으로서 경험론과 합리론에 대한 비판에서 다음과 같이 자신의 생각을 개진하고 있다.

> 경험론과 합리론은 공히 우리의 실제적인 활동이 탐구의 과정에서 어떠한 역할도 하지 않는다고 주장한다. 이 주장은 이상하리만큼 합리론에서뿐만 아니라 실재론에서도 그렇고, 경험론뿐만 아니라 총체성을 주장하는 이론에서도 마찬가지로 나타난다. 그들은 마음이 신비로운 내적 작용에 의해 대상에 관한 지식을 구성한다고 보기 때문에, 그러한 탐구 과정이 외현적으로 드러나 보일 리 없고 '시간의 흐름 속에서 진행되면서 질성(quality)을 취하게 되는' 실제적이면서 관찰 가능한 행위가 아닌 것으로 간주해 왔다(Dewey, 1988: 18-19).

듀이는 러셀(Russell)이나 카르나프(Carnap) 등 그와 교류했던 당대 논리학자들과는 전혀 다른 입장을 취했는데, 형식 논리에서 벗어나 우리 사고의 실제적 과정의 구조에 관하여 체계적인 설명을 전개하였다. 『사고하는 방법(*How we think*)』과 같은 저서에서 나타난 듀이의 설명 방식은 당시 논리학의 내용과는 전혀 달라, 사실상 엄격한 기준으로 보면 논리철학의 영역이라고 볼 수도 없을 정도로 우리의 사고가 실제적으로 일어나는 과정을 보다 경험적으로 설명하는 방식을 취하는 '실제적이면서 관찰 가능한 행위'로서의 사고에 관한 심리학이었다고 할 수 있다.

특히 듀이는 자신의 실천적 사고에 관한 관점이 다양한 인식의 상황뿐만 아니라 자연과학적 방법을 설명할 수 있다고 보았다. 실제로 듀이의 실천적 사유(practical reasoning)에 관한 세심한 분석의 상당 부분은 '자연과학자의 실험적 방법'에 관한 논의에 할애되고 있다. 그것은 자연과학적 방법이나 문제 해결의 추론이 듀이가 이상적으로 추구하던 탐구 방식의 전형이기보다는 자신이 말하고자 했던 '형식 논리'에서 탈피한 실천적 사고 과정을 가장 잘 설명할 수 있는 전형적인 상황이자 사례였기 때문이다.

듀이의 문제해결 과정에 관한 다음과 같은 논증은 구체적 사유의 과정이 어떻게 발생하는지를 소위 확실성의 이성에 기대지 않고 해명하고자 하는 평생의 과업의 단면을 보여 준다. 듀이에 따르면 우리의 사고는 항상 기존의 정상적인 채널로 감당하기 어려운 문제시되는 상황에 부딪혔을 때 야기되는 당혹스러움으로부터 시작된다. 이때 문제시되는 상황의 불확실성(uncertainty)과 불확정성(incompleteness)은 우리의 실제적인 추론에 의한 판단이 가해졌을 때 비로소 해소되는데, 행위자들은 상황을 하나하나 뜯어 살펴보고 주의를 집중해서 문제를 야기한 원인에 대해 탐색해야 한다. 바로 그러한 과정이 곧 우리의 사유다.

이러한 논증은 우리가 의식적으로 파악하는 문제해결 과정과 다름없이 별다른 아이디어를 제공해 주지 않는다고 오해될 수 있다. 그러나 여기서 유념해야 할 점은 듀이의 논증은 우리의 행위 속에서 언제 우리의 사고가 발동하기 시작하는가를 해명하는 데 있다는 것이다. 이 점은 듀이뿐만 아니라 민속방법론에서 매우 중요한데 이는 일반적으로 오해되는 경향이 있다. 듀이의 논증은 계획적으로 문제를 해결해 나가는 과정 그리고 그 과정 전반에 걸쳐 우리의 인지적 사유가 관여하고 있다는 선입견과는 다른 차원, 즉 사유가 발생하는 훨씬 미시적이고 화용론적인 조건에 관한 설명을 제시하였다. 듀이는 이러한 문제해결 과정에 관한 치밀한 논증을 통해 결국 인간이 지적 능력을 갖게 되는 것은 확실성의 진리에 기초한 이성의 작용이 아니라 상황이 어떻게 전개될지 그 가능성에 관해 가늠해 보고 그 기대에 맞게 자신의 행위를 조율해 나가는 데 있다고 보았다.

프래그머티즘과 실천론

1970년대 이후 과학철학에서의 제반 논쟁, 예컨대 포퍼(Popper)와 쿤(Kuhn) 사이의 논쟁(발견의 논리인가, 탐구의 심리학인가), 또는 이른바 과학사회학(Social Studies of Scientific Knowledge) 등의 실험실에서의 실천이 어떻게 이루어지는지에 대한 연구 결과를 경험했을 리가 없는 듀이로서는 자신이 새롭게 전개하는 탐구의 논리를 다분히 심리학적인 논조로 전개할 수밖에 없었다. 따라서 현재의 관점에서 회고해 보면 듀이의 탐구방법론은 상당히 뒤떨어진 이해 방식으로 여겨질 수 있지만, 당시로서는 어떠한 선험적 전제를 배제한 채 사고의 과정에 관한 경험적 분석을 지난하게 전개하려고 한 그의 시도는 가히 가혁명적이었는지도 모른다.

듀이로부터 잘 알려진 개념들, 예컨대 이성과 경험의 통합성, 행위와 그에 대한 환경의 반응을 통한 판단과 탐색, 우리의 경험과 행위를 질서화하는 상황의 질성, 반성적 사고 등의 개념들은 시간의 흐름 속에서 진행되면서 질성을 취하게 되는 실제적이면서 관찰 가능한 행위로서의 우리의 사고 과정을 설명하기 위해 동원된 개념들과 논리들이라고 할 수 있다. 그럼에도 불구하고 과연 듀이가 취했던 설명 방식이 그가 의도했던 목적에 맞게 우리 사고의 실제적인 측면을 얼마나 잘 드러냈는지와 관련해서는 다음과 같은 지적이 가능하다. 즉, 연구자가 자신의 사고 과정을 후향적으로(retrospectively) 돌아봄으로써 취하게 되는 설명 방식은 선험적 마음을 대치하는 새로운 심리 영역을 설정해 봄에 따라 실제 상황 속에서 그리고 그와 함께(in and with situ) 시간에 따라 전개되는 실제적인 측면을 파악하는 데 한계에 부딪힐 수밖에 없다는 것이다.

경험과 행위의 합리성에 관해서 그 당시 행동주의 심리학에서 벗어난 인지심리학이라는 새로운 영역 또한 접해 보았을 리 없는 듀이의 논증은 상당 부분이 인지심리학에서 사고 과정에 관한 심리학적 분석으로 귀결될 수밖에 없었다. 그도 그럴 것이 가상의 심리적 영역을 설정함으로써 관찰 가능한 행위에 대한 경험적인 설명을 개진하고자 함과 동시에 조작과 행위, 때로는 경험과 습관이라는 일원론적인 설명을 하고자 했던 의도가 그의 논증 안에 공존하였고, 그 결과 그의 논증은 항상 독자가 모순을 느끼고 오해를 할 수밖에 없는 여지를 남겨 놓을 수밖에 없었기 때문이다.

실천이나 행위를 심리화하는 태도에서 비롯되는 과잉 지성주의(over-intellectualism), 즉 우리의 행위가 지나치게 합리적인 과정인 것처럼 설명하는 오류는 '반성적 사고'에 대한 설명에서도 여실히 드러난다. 예컨대, "주체와 객체 또는 인식자와 인식 대상이 끊임없이 교호작용을 함으로써 의미를 만들어 낸다."는 설명 또는 "우리의 사고는 불확정적인 상황에서의 반성을 통해 비롯된다."는 주장을 살펴보자.

자신의 행위 혹은 자연과학자의 행위에 대해 후향적으로 파악했을 때는 구체적인 상황에서 실제로 우리 행위의 전개 속에서(ongoing actions) 전향적으로(prospectively) 벌어지는 이것들과 저것들이 결과적으로 '의미' 혹은 '목적'을 성취하게 되는 측면은 이미 분석의 관심에서 벗어나 버리고 만다. 그 결과, 듀이의 방법론은 '세상 사람들의 방법', 사회화된 개인이라면 누구나 다 과거, 현재 그리고 미래에도 하고 있을 바로 그 방법에 관한 이론이 아니라 특정 관점을 취한 사람들, 즉 일반인과는 차별되는 전문가, 특히 자신과 같은 '학자', 사회과학자든 자연과학자든 상관없이 '그들만'의 방법에 대한 '이론'으로 탈바꿈된다.

이와 같이 인식의 상황을 시원적 상태(ground zero)라는 가상적인 상황으로 상정하여 다루는 방식에서는 인식의 과정을 체험이나 사고 과정과 같은 심리학적 설명 방식으로 간주하는 관점으로 귀결되기 마련이다. 여기서 문제점은 인식의 과정을 탈맥락화하여, 즉 갑과 을이 어떤 일을 가지고 어떻게 상호작용하는가 하는 구체적인 상황성을 벗겨 버림으로써 자칫 오해할 수 있도록 하는 환원의 위험이 있다는 점이다.

일차적 경험이 반성적 · 질성적 경험을 통해 의미를 획득하게 된다는 식의 과잉 지성주의적 설명은 자칫 일상적 · 실제적 지식을 과학적 지식에 비해 미천한 지식으로 취급하는 결론으로 여겨질 수 있다. 실제로 듀이의 논증의 상당 부분이 일반 사람들의 사고 과정이 아닌 자연과학자의 탐구 과정에 할애되고 있는 이유 또한 여기에서 찾아볼 수 있다. 결국 선험적 확실성을 부정하고자 시작되었던 듀이의 논증은 자신이 비판하고자 했던 자명한 것에 대한 회의에서 출발한다는 데카르트적인 회의주의(skepticism)로 다시 환원되는 오해의 소지를 떨쳐 버리지 못한 것이다.

당대 철학으로 눈을 좀 더 돌려 보면 화용론적 아이디어는 듀이에만 그치지 않았다. 신 프래그머티스트인 로티(Rorty)도 지적했듯이, 듀이 식의 프래그머티즘은 후기 비트겐슈타인(Wittgenstein)의 저작들이나 하이데거(Heidegger)의 논의에서도 잘 찾아볼 수 있다. 또한 현대 사회인류학에서 밝힌바, 합리성은 이론적 · 추상적 · 과학적 지식에서만 볼 수 있는 것이 아니라 어떠한 맥락이나 상황에 맞는 행위라면 어디서든지 발견 가능하다.

듀이를 비롯하여 많은 연구자가 우리의 사고나 행위와 관련해서 해석적 배경으로서 상황성에 관해 언급하고 있는데, 상황성을 어떤 관점에서 보느냐에 따라 그 설명 방식은 다를 수 있다. 상황 또는 맥락을 보는 관점에는 다음의 세 가지 입장이 있을 수 있다.

첫째, 가장 일반적인 입장으로 기능주의 관점이다. 이 관점에서는 우리의 행동과 사고를 산술적인 인과관계로 보고자 한다. 다시 말하면, 상황적 활동이란 사고에 의해 지시되어 나온 행위를 가리키는 것으로, 데카르트적인 이원론적 견해가 전제되어 있다. 여기서 말하는 기능주의적 관점이란 기존의 규범주의 사회학 그리고 심리학과 같이 집단의 인지 사고를 유사 실체화하는 관점을 말하는데, 일단 집단적 사고라는 것을 가정하고 이를 유사 실체화할 경우 개인의 행위는 집단적 사고에 따라 구동되는 기능으로 파악된다는 점에서 그렇다. 그리고 상황이란 우리 사고와 행위의 외연적 관계에 있는 물리적 · 사회적 환경을 뜻한다.

둘째, 의미론적 관점이다. 이 관점에서 보면 개인 주체들이 인지적으로 구성하는 의미의 세계가 곧 실제 세계일 뿐 바깥의 세계란 따로 존재하지 않으며, 이 세계는 사람들 사이의 부단한 협력과 조율 과정의 결과물이다. 여기서 상황성의 개념은 실제 세상의 구체적인 시공간이 아닌 개인의 사고 안에 자리 잡고 있는 해석 틀이나 의미체로서의 맥락이라는 의미로 통용된다.

셋째, 화용론적 관점이다. 의미론적 관점과 마찬가지로 이 관점에서는 개인 주체의 세계 구성, 의미의 사회적 구성, 세계에의 참여와 실천 등을 가정하는데, 개인들이 실제로 관여하게 되는 관계와 상호작용에 주목한다. 화용론적으로 파악되는 상황성 개념이 의미하는 바는, 첫째, 사람들의 사고와 행위가 구체적인 공간과 시간적 계열 안에 배치되어 있다는 점, 둘째, 개인들의 사고나 행위가 타자의 존재와 연관되어 생성된다는 점, 셋째, 사고와 행위가 그것들을 발생시키는 상황에 처해서야 비로소 즉각적으로 그 의미를 발생시킨다는 점으로 정리해 볼 수 있다.

여기서 한 가지 주의해야 할 것은 실천이라는 개념은 다양한 해석 틀 안에서 이론적 의미를 가지고 사용되기도 하지만 무엇보다도 그 속성상 이론화가 불가능하다는 것이다. 그 이유에 관해서는 후반부에서 좀 더 자세히 다루겠지만, 간략히 말하자면 실천은 구체적인 시간이나 공간, 즉 '실제'로 일어나고 있는 상황과 더불어 그리고 그 상황 안에서 계열화되어 생성되면서 항상 불확정적인 양태를 띠고 있기 때문이다. 즉, 실천의 양태는 언제나 무정형적인 양태로 벌어지는 상황의 속성만큼이나 불확정적이기 때문이다. 린치(Lynch, 1995)는 실천을 과잉 이론화 및 과잉 합리화하고자 하는 경향에 관해 다음과 같이 꼬집어 비판한 바 있다.

첫째, 행위 당사자로서는 의식하지 못하거나 의식할 수 없는 것을 불가지(不可知)적인 것 혹은 암묵지 등으로 실체화하고자 한다.

둘째, 실천이나 담론에 대해서 결국 그것들이 특정한 텍스트나 행위, 합의 등으로 드러날 수밖에 없는데도 항상 선험적인(*a priori*) 존재성을 부여한다.

셋째, 지식과 상황적 행위가 서로 인과적인 관계에 있다고 봄으로써 규범주의적 태도를 견지한다.

생각하고 말하고 대답하고 이것저것을 하고 이렇게 저렇게 살아가는 것에 대한 질문은 '저' 세계에 있는 동일성에 대한 파악이나 본질에 대해 제기하는 형이상학적인 질문이 아니라 구체적 삶의 상황에서 일어나고 있는, 따라서 그에 대한 보다 세심한 이해를 통해 대답될 수 있는 생활세계에 관한 질문이다. 실천적 지식이나 사회적 실제에 관해 이야기하는 학자들조차도 여전히 형식적인 논의와 논리로써만 그에 관해 다루는 경우가 많다. 형식적인 설명 방식을 구성하기 위해서 일상 세계의 현상은 그것을 설명하기 위해 소요된다. 즉, 일상의 현상 내지 현실은 학문적 담론을 위한 일회성 재료로 활용되기도 한다. 그리하여 학문적 담론이라는 요리를 만들기 위해 일상의 현실이 재료로 사용되는 동안 그러한 담론은 현상에 대한 이해에 도저히 도달할 수 없는, 여전히 본질 추구라는 사명을 동경하고 이를 목가(idyll)로 표출시키는 아이러니를 재생산해 왔다.

목가풍 담론의 문제는 자칫 일상의 현상이 담론이 이야기하고자 한 바로 그것이라는 점을 자신의 이해에서 놓칠 뿐만 아니라 심지어는 그것들을 자질구레하고 하찮고 덧없는 일로 치부할 가능성이 있다는 것이다. 담론의 전개 안에서 그 담론을 증명하기 위해 일상의 예를 논의의 전면으로 잠깐 등장시키고 곧 논의의 후면으로 숨겨 버림으로써, 결과적으로 일상의 현실을 이해의 대상으로 간주하기보다는 선험적 주장 또는 이론적 가설을 지지하는 재료로 활용하는 행태를 찾아볼 수 있다.

일상의 현실을 일상의 현실로서 접근하지 않고 학문적 담론 속에서 소화해 내기 위해 연구자들은 실제 현상 대신 '모델'과 같은 가상 영역, 예컨대 상황, 교호작용, 암묵지, 사회적 실제 등을 설정한다. 또는 유사 실체화된 개념으로 마음 또는 내면, 심지어는 실천 등의 개념을 설정하여 논의한다. 그 결과, 많은 논의가 심리적인 현상으로 환원되어 치부되기 쉽다. 또는 유사 실체화함으로써 실현치 못한 이상향에 대한 목가를 숨기지 못하는 경우가 있다. 항상 생활세계는 잘못된 것들로 가득 차 있기 때문에 궁극적으로 '이론적 이야기'에 의한 계몽의 대상으로 접근하기 십상이다. 반면 민속방법론에서는 상황적 행위가 의미와 합리성을 갖게 되는 것은 특정하고도 명시적인 문제에 봉착하여 회의적 사유를 하기 시작한 이론가(theorist)다운 반성적 사고를 통해서가 아니라, 특별하거나 일상적인 문제들이 편재되어 있는 상황을 즉각적으로, 듀이의 용어대로 일차적 경험으로 운용해 가는 실천가(practitioner)다운 상황적 행위와 그 안에서 이루어지는 성찰성에 의해서라는 점을 밝히고자 한다.

듀이를 비롯한 퍼스(Peirce), 제임스(James) 등 프래그머티즘 철학자들의 실천적 행위와 사유에 대한 문제의식은 실제로 상황적 행위에 관한 미국 사회과학에 지대한 영향으로 이어져 왔다. 상황적 행위의 합리성과 사회적 상호작용에 관한, 미드(G. H. Mead)와 쿨리(J. Cooley), 고프먼(E. Goffman)으로 이어지는 상징적 상호작용에서의 상황 분석, 슈츠와 가핑클(Garfinkel)로 이어지는 현상학적 사회학과 민속방법론은 듀이의 상황적 행위에 대한 분석을 어떻게 경험적 연구 프로그램으로 응용하는지 잘 보여 준다. 물론 그들 사이에 깊은 골이 있다면, 그것은 듀이의 설명이 질성적 경험, 직관이나 정서와 같은 심미적 경험, 사고 과정 등 다소 심리적인 과정으로 치우친 반면 후자의 경우에는 실제적인 상황의 시간적인 전개 과정과 사회적 상호작용성에 초점이 맞추어져 있다는 점에서 비롯한 것이라고 할 수 있다. 이제부터 소개하게 될 민속방법론에서는 실천적 사유(practical reasoning)[2]가 일상의 구체적인 상황 안에서 어떻게 일어나는지, 그리고 그러한 상황들이 관찰 가능하고 설명 가능하다는 점을 통해 일상과 생활세계가 어떻게 경험적 연구의 접근 방식으로 탐구될 수 있는지를 보여 줄 것이다. 선험주의 철학이 경험과학으로 발전하지 못하는 것에 대한 듀이의 자조 섞인 푸념은 민속방법론에 이르러 비로소 해소되고 그 결실을 맺게 된다고 평가할 수 있다. 우리 행위의 질성적 속성과 행위 내 반성이 어떻게 구체적인 상황 속에서 사회적 질서를 성취해 내는지에 관한 기술 연구가 자기성찰적인 학문적 담론과 어떻게 차별화될 수 있는지 살펴볼 것이다. 나아가 실천적 사유라는 담론이 학문적 담론이라는 틀 안에 갇혀 있을 때의 패러다임과 생활세계가 작동하는 방식에 관한 탐구 양식으로 전환되는 패러다임 간의 차이를 비교하면서, 후자가 우리에게 얼마나 풍부한 연구 프로그램으로 거듭날 수 있는지 그

가능성을 타진해 보아야 한다.

상황, 맥락, 문제 해결, 성찰성, 교호작용, 질성적 사고 등은 과학적인 반성을 통해서 파악된 속성들이 아니라 생활세계, '지금 여기(here & now)'의 일반인들이 관여하는 전이론적인 상황 안에서의 속성이라는 점을 충분히 감안한다면 후설의 충고를 다시 한 번 상기하여 '현상 자체로 돌아가라!'는 정언 명령을 떠올려 보자. 그러한 개념들조차도 이론적 개념이라고 당연시하여 지나쳤을 뿐 일상에서 이미 '그러한' 의미를 갖고 있는 개념이라는 점에 주목해 보자. 이러한 태도를 받아들인다면, 결국 많은 담론은 도덕적 규범이라는 치유적인 해법을 모색하는 강단철학이 아닌 생활세계를 분석하고 이해하는 방법론으로서의 담론의 해법을 모색하게 될 것이다. 즉, 가치론보다는 인식론, 인식론보다는 일상에서 즉각적·상황적으로 전개된 행위에 관한 경험적인 연구로 접근될 필요가 있다.

상징적 상호작용론자인 블루머(Blumer, 1954)는 「사회이론 무엇이 잘못되었나?(What Is Wrong With Social Theory?)」라는 논문에서 개인의 동기, 기존의 사회 규범이나 환경 여건으로 인간의 행위를 설명하고자 하는 사회과학에는 선험적인 정향성만을 강조하는 도덕과학성(moral science)만 존재하지 결코 인간의 행위를 넓은 의미에서 과학적으로 해명하고 이해하고자 하는 사회과학성은 결여되어 있다고 비판하였다. 규범에 의한 선입견과 선험성에 의한 이상성을 모델로 하여 우리의 실존적 행위를 설명하려는 태도를 가리켜 도덕과학이라고 한다면, 이로부터 벗어나서 인간 행위가 보여 줄 수 있는 가능한 양태들과 폭넓게 펼쳐질 수 있는 그 스펙트럼에 관해 해명하고자 하는 태도는 사회과학이라고 할 수 있다. 블루머가 꼬집고자 하는 사회이론 경향에 대한 비판은 생활세계와 일반 사람들에게 제시할 규범적이고 치유적인 궁핍한 설명과 처방책을 모색하기에 앞서 우리 사고와 지식에 대한 생태계로서의 생활세계와

'그들의' 삶의 형식에 대한 '우리의' 이해의 지평을 넓힐 필요가 있다는 점이라고 요약해 볼 수 있다. 그것은 또한 듀이가 왜 학교, 그것도 대학이 아닌 초등학교라는 생활세계가 그 자체로 철학적 탐구의 장일 수 있는지, 교육이라는 '상황'이 왜 철학적 탐구의 대상이자 연구의 주제일 수 있는지를 언급한 이유로 볼 수 있지 않을까?

듀이의 프래그머티즘은 학교교육 담론의 영역에서 진보주의라는 이름으로 한 시대를 풍미하고 스러져 갔다. 그러나 교육 영역에서 듀이는 진보주의 또는 경험 교육이라는 오명과 오해에서 벗어나지 못했고, 지금까지도 망령의 신세로 여기저기에서 떠돌고 있다. 듀이는 교육 영역에서 남긴 큰 공헌에도 불구하고 현실적으로는 손다이크(E. Thorndike)나 타일러(R. Tyler) 등 당대 측정주의 심리학자들에 밀려 그리 큰 빛을 보지 못했다(Lagemann, 2001). 그리고 우리에게도 심히 영향을 미친 미국의 학교교육 체제는 삶과 공동체의 내재적 논리를 희생시킨 채 측정의 기법에 숨겨진 차별 짓기라는 정치사회학적 논리에 점유당해 왔다.

그러나 아이러니하게도 듀이의 망령은 사회과학 여기저기를 돌고 돌아 반세기가 훨씬 지난 오늘날 주류 교육이론 가운데 하나인 사회구성주의 학습이론을 잉태시키는 데 디딤돌 역할을 하였다. 사회구성주의 교육이론은 널리 확산되었고, 새로운 교육개혁의 논리와 평생학습 사회가 나아가야 할 방향을 제시해 주고 있다. 물론 프래그머티즘은 교육이론만이 아니라 상징적 상호작용이나 근거이론 등 질적 연구의 논리와 탐구 방법에도 간접적으로 영향을 미쳤다. 그리고 이 책에서 소개하고자 하는 민속방법론 역시 프래그머티즘의 전통을 발판 삼아 경험적인 사회과학 방법론으로 발전해 왔고, 프래그머티즘은 학습이론으로서의 상황학습론뿐만 아니라 상황성에 관한 질적 연구의 논리에 적지 않은 영향을 미쳤다. 이는 오늘날 교육학 연구자가 앞서 언급한 단기 처방의 논리에 급급한 도덕과학에서 벗어나 사회과학적 태도를 천착해야 하는 이유를 잘 보여 주는 교훈을 던져 준다. 국내의 어느 철학자가 듀이의 프래그머티즘을 화용론이 아닌 실용주의로 성급하고 저급하게 번역 · 소개한 우리나라 1세대 교육학 연구자들을 탓한 것도 우연은 아닐 듯싶다. 듀이의 프래그머티즘을 교육 사상을 탐색하기 위한 성급하고 훈고학적인 태도로서가 아니라 현실을 좀 더 세심하게 해명하고 분석해 보려는 경험적인 사회과학 연구의 프로그램으로 발전시켜야 하는 과제의 화두로 받아들여야 하는 이유가 여기에 있다. 그리고 사회과학적 태도를 견지해 나가기 위해 우리는 모든 선입견과 이념을 떨쳐 버리고 인간의 행위에 대해 하나씩 작은 것부터 접근하여 해명할 수 있는 원점 상태로 되돌아가서 출발해야 한다.

Chapter 03

가핑클과 민속방법론의 탐구 논리

민속방법론: 새로운 연구 프로그램의 출현

상황적 행위의 합리성: 상식의 비가시성과 의미의 가시성에 대한 관심

민속방법론과 문화기술지

민속방법으로서의 상황지표성과 상황반영성

가핑클과 민속방법론의 탐구 논리

1장과 2장에서 우리는 실천적 행위의 합리성에 관해 밝히고자 한 프래그머티즘과 일상의 생활세계의 구조에 관해 해명하고자 한 현상학적 사회학에 관해 간략하게 살펴보았다. 이러한 프래그머티즘과 현상학적 사회학의 이야기는 민속방법론이 어떻게 출현하였는지 그 지적인 배경과 함께 민속방법론이 어떠한 연구방법에 관한 논리를 취하는지 이해하기 위해서 정리할 필요가 있었다.

실천적 행위와 실천적 사유가 경험적 연구 대상으로 다루어지기 시작한 것은 민속방법론이라는 미시사회학의 한 부류의 출현에서부터다. 민속방법론은 어떤 단일한 분석 프로그램을 가리킨다기보다는 이러한 연구 대상을 기술적으로 이해하기 위한 여러 가지 방식의 가족 유사적 방법의 접근들로 나타난다. 민속방법론은 멤버들이 일상적 장면에서 자신들이 하고 있는 일과 그것이 벌어지고 있는 상황을 이해 가능한 것으로 만들기 위해 실천적 행위를 어떻게 사용하는가를 경험적으로 기술하는 질적 연구방법으로, 1960년대 초반 해럴드 가핑클(Harold Garfinkel)의 연구에서 비롯되었다.

민속방법론은 실천적 행위는 언술화가 어렵다는 점에서 암묵지로서 극히 개인적인 것으로 보이지만 그것을 공유한 자, 즉 그 실천을 공유하고 있는 공동체의 멤버에게는 얼마든지 볼 수 있고 들을 수 있기에 접근 가능한 것, 결국 합리성을 띤 행위라는 점에 착안한다.[1] 민속방법론에서는 실천적 행위와 실천적 사유가 어떤 사건이나 일이 성립하는 데 없어선 안 될 부분이라고 보았다. 예를 들어, 자아정체성, 역할 범주, 기능, 합리적 의사결정이나 전문직의 수행 방식 등이 알려진 바로 그 현실로 성립할 수 있는 것은 우리의 실천적 행위와 실천적 사유가 관여하기 때문이다. 따라서 질적 분석 또한 특정 상황에서 사람들이 실천적 행위를 어떻게 전개하는지 그 전개 방식을 기술하는 데 주로 관심을 둔다.

민속방법론: 새로운 연구 프로그램의 출현

민속방법론의 현상학적 원류는 가핑클이 1940년대 하버드 대학교 대학원 시절에 구르비치(Gurwitsch)와 슈츠(Schutz)로부터 현상학적 관점을 접할 수 있었던 것으로 거슬러 올라간다. 1950년대에 구르비치와 슈츠는 제2차 세계대전 당시 나치 정권을 피해 미국으로 망명한 유태인 출신의 철학자들이었다. 가핑클이 그들과 지적 접촉을 한 것은 그가 대학원생 시절을 보낸 1942년부터 1952년까지 이어졌고, 이때 가핑클은 탤컷 파슨스(Talcott Parsons)의 구조기능주의의 약점, 즉 행위자와 행위의 합리성을 이상적인 과학적 모델에 맞추어 생각함으로써 실제 세상에서 이루어지는 합리성의 생생함을 포착하지 못하는 약점으로부터 벗어날 수 있는 실마리를 얻게 된다. 물론 개인들의 행위를 해석함에 있어서 가핑클의 해법은 탐구자 자신을 성찰하면서 의식의 흐름을 좇는 현상학적 관점에 비해 확실히 타자의 행위를 통해 드러나는 의미의 흐름을 탐구하고자 하는 사회학적 설명을 취한다.

가핑클은 1950년대 그의 지도교수인 파슨스의 행위이론을 비판하고 발전시키고자 한 논문인 「타자에의 지각: 사회적 질서에 관한 연구(The perception of the other: A study in social order)」(1952)를 준비하면서 현상학자인 구르비치의 강의를 통해 슈츠의 영향을 상당히 받았고, 이는 훗날 민속방법론이라는 새로운 연구 영역을 개척하는 데 사실상 기초가 되기도 하였다. 앞서 간략하게 살펴본 슈츠의 현상학적 사회학과 프래그머티즘 그리고 앞에서는 다루지 않았지만 비트겐슈타인(Wittgenstein)의 후기 언어철학은 민속방법론의 모태라고 할 수 있다.

가핑클에 따르면 우리가 알고 있는 사람들의 사고나 행위 가운데 많은 부분은 민속방법(ethno-method)에 기반을 두고 있다. 그는 인류학자들의 민속학(ethnoscience)으로부터 아이디어를 얻어 민속방법론(ethnomethodology)이라는 이름을 만들었다. 민속학은 식물민속학(ethnobotany), 민간의학(ethnomedicine), 물리민속학(ethnophysics) 등의 이름이 말해 주듯, 식물이나 동물, 의약, 색깔 등을 현대의 표준화된 과학적 분류 방법이나 활용 방법이 아닌 지역의 토착적인 쓰임새에서 조사하여 현대 과학의 성과와 비교함으로써 해당 지역의 다양한 문화에 관해 연구하는 분야다. 가핑클은 민속학이 현지인들의 이해 방식을 추구한다는 점에 착안하여 일반 사람들의 일상적인 행위와 이해 방식을 탐구한다는 의미에서 자신이 새롭게 제시하고자 한 연구 프로그램을 민속방법론이라고 명명하였다. 앞서 언급한 것처럼 민속학이 현지인들의 분류 체계에 관한 연구라는 점에서 의미론적 측면에 대한 연구라고 한다면, 민속방법론은 우리 삶의 실천적 측면, 즉 화용론적 측면에 대한 연구라 할 수 있다. 민속방법론에 관해 낯선 연구자들, 심지어는 질적 연구방법론을 공부하는 연구자들 사이에서조차 민속방법론은 민속학 또는 문화기술지에 관한 연구 방법론(methodology of ethnography)으로 오해되곤 한다.

상황적 행위의 합리성:
상식의 비가시성과 의미의 가시성에 대한 관심

민속방법론이란 멤버들의 방법, 즉 그들이 취하는 실천적 사유와 실제적 행위에 관한 연구를 말한다. 현실이 그 현실 혹은 그 의미로서 명증성, 설명 가능성 등의 합리성을 띠게 되는 것은 어떠한 선험적 기제, 즉 스키마, 개념, 역할, 정체성 등 어떠한 표식에 의해서가 아니라 상황적 질서를 구성하고 찾아가며 동시에 그에 의해 구속되는 실천적 사유와 실제적 행위를 통해서다. 민속방법론은 상황적 실천의 개입으로 인해, 우리가 의미로 보고 듣고 말하며 행위하는 모든 일은 일상이라는 모습을 띨 수밖에 없을 뿐만 아니라 사실상 일상은 우리가 경험하는 모든 일을 가능하게 하는 토대(routine ground)라는 점에 주목한다.

가핑클의 저서를 보면 그가 민속방법론이 무엇인지 간략하게 요약한 것을 찾아볼 수 있는데 다음과 같다.

> I use the term 'ethnomethodology' to refer to the investigation of the rational properties of indexical expressions and other practical actions as contingent ongoing accomplishments of organized artful practices of everyday life(Garfinkel, 1967: 11).

가핑클의 글은 매우 압축적이면서도 얼핏 보아도 생경한 표현들이 등장하여 우리말로 옮기는 데 매끄럽지 않고 곤혹스러움이 있다. 그래서 이를 좀 더 풀어서 몇 문장으로 나누어 이야기해 보면 다음과 같다.

① 우리의 일상은 정교하게 구조화된 실천의 시간적인 연쇄사슬로 되어 있다.
② 사람들의 상황적 행위 또는 맥락적 표현 등 여타의 모든 실천적 행위에는 나름의 합리성이 내포되어 있다.
③ 그러한 합리성은 일상의 부단한 실천 과정 속에서 성취되는 것이다.
④ 이러한 특징을 갖고 있는 실천적 행위에 대한 탐구를 가리켜 나는 '민속방법론'이라고 일컫고자 한다.

가핑클은 다시 다음과 같이 말한다.

> 사회적 사실이라는 객관적 현실은 일상생활의 정련화된 활동이 부단히 실현하게 되는 성취물인데, 이러한 일상적 활동은 당사자들에게는 이미 익숙한바 당연한 것으로 여겨지는 것으로…… 민속방법론에서는 사회 멤버들이 '목하 의도한 바대로—그러한 활동을 누가 보더라도—바로 그 활동으로 알아볼 수 있으며, 그러한 활동으로 언술할 만하게(visibly-rational-and-reportable-for-all-practical-purposes)' 만드는 방법에 대해 분석한다.

슈츠 등의 현상학적 사회학을 경험 연구 프로그램으로 발전시키는 데에 있어서 가핑클의 전략은 명확하다. 즉, 자기관찰에서 이루어진 슈츠의 설명을 타자의 행위에 관한 관찰로 바꾸는 것이었다. 다시 말해, 슈츠는 개인의 지각이나 행위는 그 자신의 기획, 즉 개념, 신념, 아이디어, 전형 등으로 의도된 프로젝트(project), 사고의 기획에 기반을 두고 있다는 설명을 취하는 반면, 가핑클은 사람들의 지적 행위는 상황 속에서(situated)

훨씬 구체화(embodied)되고 내재화(embedded)되어 있다는 점에 주목하였다. 자신의 행위를 '후향적으로' 돌아본다면, 즉 사후 설명에서는 자신의 행위가 기획된 계획의 수행 과정으로 보이겠지만 진행 중인 타자의 행위에 관한 관찰은 사뭇 다른 모습, 즉 생각보다 훨씬 상황적이라는 것을 보여 주기 때문이다.

그만큼 사람들의 행위는 사회적 상호작용에 따른 것이며 상황 반영적(reflexive)이라는 것이다. 개인 자신의 정체성도 그렇고 그 개인이 취한다고 생각되는 기획도 시간의 흐름 속에서 상호작용적으로 구성된다는 것이다. 민속방법론은 현상학적 장이 시간의 흐름과 함께 구조화되는 과정, 즉 행위의 상황적 배열성에 대한 분석(sequential analysis)이라고 할 수 있다. 모든 행위는 시간의 흐름에 따라 전개되는 상황적 행위이고 그 순서에 따른 만큼 우리는 그러한 행위를 사회적 질서 혹은 순리에 따른 행위라고 파악할 수 있다. 우리에게 낯익은 상황이 일상적으로 평범하게(ordinary) 보이는 까닭은 그러한 상황이 제 상황에 맞게 순리적으로(orderly) 전개되기 때문이다.

즉, 우리의 행위는 행위의 전후 맥락을 끊임없이 살피면서 전개된다. 듀이(Dewey)나 슈츠의 분석에 따르면 우리 행위는 계속해서 전향적으로(prospectively) 그리고 후향적으로(retrospectively) 나아가면서 소위 의미의 지평을 탐색해 나간다. 이는 우리가 실용적 관심을 가지고 무언가 일을 해 나가는 과정에서 지금 여기 어디까지 왔고 어디로 나아가는지를 지속적으로 목하 기대와 관심에 비추어 조율한다는 것을 의미한다. 그리고 이러한 과정은 시간의 흐름과 함께 구체화되고(embodied) 경우화되어(occasioned) 일어난다. 그리고 구체화된 만큼 그 일을 공유하고 있는 동료 또는 다른 멤버들에게 가시적일 수 있다. 그리고 가시적일 수 있는 만큼 그의 행위는 다른 행위자의 반응을 이끌 수 있으며, 다른 사람의 행위를 이끌 수 있는 만큼 그것은 재생산할 수 있다. 어떤 행위가 멤버들의 행위라면 그것은 '상황적으로 재생 가능하고(instructably reproducible)' 그런 만큼 다른 멤버들에게 '설명 가능하다(accountable)'. 그런 점에서 민속방법론의 이러한 전제는 곧 우리의 지식 또는 의미란 결국 이미 '알려짐', 즉 공유 가능성을 전제로 해서 생겨난 것(Knowledge is in the end based on acknowledgement)(1958, Sec 378)이라는 비트겐슈타인의 지적을 상기시키기도 한다. 이는 곧 상호주관성이 우리가 생각하는 것보다 훨씬 깊숙이 한 개인의 사고, 감정 그리고 행위에 암묵적으로 관여되어 있음을 말한다.

보다 근본적인 차원에서 생활세계의 의미 구조가 작동하는 방식을 놓고 볼 때, 애초부터 행위자의 행위의 의미는 이미 일반화된 타자(generalized others)들과 협상된 결과로 윤색되어 현현한 것이다. 멤버들의 행위가 갖는 설명 가능성(accountability of members' method)이란 민속방법론에서 가핑클이 자주 거론하는 개념인데 다소의 난해함으로 인해 종종 오해를 받곤 한다. 여기서 설명 가능하다는 것은 어떠한 행위도 언술화 가능하다는 것보다는 다른 멤버들에게 행위의 의미가 납득 가능하고 그런 만큼 그 행위가 서로에게 가시적일 수 있다는 것으로 이해하는 것이 적절하다.

이와 관련하여 뒤에서도 자세히 다루겠지만, 민속방법론에서는 '가시적으로 드러난' 경험이나 행위에 대해서만 혹은 우리 행위나 경험에 대해서 실증화하는 방식으로만 파악하려고 한다는 해석이나 비판이 종종 제기된다. 멤버들의 방법은 그들이 그 일에 몰두하고 그 상황에 푹 빠져 있는(immersed) 이상 근본적으로 암묵적이고 비가시적일 수밖에 없다. 그럼에도 그것은 다른 멤버들에게 이야기할 수 있거나 비교 또는 비유할 수 있거나 혹은 이미지화하는 등 어떤 방식으로든 표현할 수 있는 사적인 것이 아닌 공적인 속성을 갖는다.

우리 행위가 개입되어 있는 모든 일은 상황에 의해 그리고 상황 속에서 이끌려 전개되는 것들이라는 점에서 우리 행위는 근본적으로 상황 지시적으로(instructed) 발생된 것이다. 우리 행위의 상황 지시적 속성을, 현상학에서 말하는 우리의 의식은 항상 무엇인가로 향해 있다는 의미에서의 '지향적'이라는 속성과 비교해 보자. 우리 의식은 대상에 대해 지향적이지만 우리 행위는 상황을 지향하여 지시되어 있다. 그리고 전자는 정태적이지만 후자는 동태적이다. 지시 또는 가르침이라는 의미의 영어 개념 'instruction'은 지시 또는 가르침을 따르는 행위를 구조화(in-structure)한다는 의미를 함축하고 있다.

그러나 모든 상황이 모든 행위자에게 열려 있지는 않고 여기에는 단서적 조건이 필요하다. 그것은 '행위자에게 그만큼의 역량이 갖춰져 있다면', 즉 그만한 역량을 갖춘 멤버에게만 그 상황이 접근 가능하다는 사실이다. 알려진 모든 상황에는 마치 '길'이 있는 듯하다. 누군가가 만들었는지는 모르지만 길을 따라가게 되는, 아니 갈 수밖에 없는 어떤 순서 같은 것 말이다. 넬슨 굿맨(Nelson Goodman)은 이를 두고 그의 저서 제목과 같이 '세계를 만들어 가는 길(ways of world making)'이라고 표현하기도 하였다. 이는 한 개인이 무엇인가를 경험했다는 것은 애초부터 그것이 타자와의 공유 가능성으로서의 가시성(intelligibility)을 전제로 해서 성립되었다는 점을 시사한다.

민속방법론과 문화기술지

민속방법론은 사람들이 일상적으로 사회적 실재, 즉 현실을 구성하는 데 있어서 사용하는 방법, 즉 실천적 행위에 대한 탐구에 일차적 관심을 둔다는 특징은 자연주의적 탐구(naturalistic inquiry)와의 대비를 통해 보다 분명하게 이해할 수 있다. 자연주의적 탐구에서는 전형적으로 현지

사람들의 시각을 드러내는 데 일차적 관심을 두고 이러한 시각에서 그들이 공통적으로 겪고 있는 경험들이 무엇인가를 드러내고자 한다. 여기서 현지인들의 의식에 떠오르는 경험의 차원은 연구자가 구해야 할 자료의 중요한 원천이기도 하다. 여기에서는 현지인들이 경험하고 있는 '그 무엇'이 곧 사회적 실재, 즉 현실이라고 가정한다. 연구자는 '그 무엇'을 보다 심층적이면서도 기술적으로 밝혀내기 위해 '왜 그럴까?'라는 질문을 가지고 사람들의 시각이나 경험에 접근해 간다. 소위 '에스노그래피(ethnography)'라고 일컫는 문화기술지가 자연주의적 탐구의 대표적인 예라고 할 수 있다. 집단의 공유 문화에 대한 이해라는 문화기술지의 접근은 우리 사회의 일반인에게 생소할 수 있는 문화나 상식에서 벗어나 이해할 수 없는 주변인 집단의 문화를 이해하는 데 유익한 접근으로 알려져 있다.

반면 민속방법론에서 관찰의 주안점은 문화기술지와 다르다. 구성원들이 부여한 의미나 표출된 이야기 자체에 초점을 두지 않는다. 민속방법론에서는 이야기나 의미 자체보다는 그러한 의미를 부여하고 이야기를 하는 방식 자체가 더 생생한 현실이고 문화라고 본다. 즉, 민속방법론은 사람들이 의미를 부여하는 방식과 그 의미가 구체화되고 현상화되어 나타나는 방식이 더 중요한 현실이라고 생각한다. 문화기술지는 멤버들이 서로 공유하는 의미 체계가 문화라고 보는 입장인 데 반해, 민속방법론은 어떤 맥락에서 의미를 부여하면서 일상적인 업무나 일, 생활을 해 나가는 실천 전략들이 문화의 더 중요한 속성이라고 본 것이다.

민속방법론은 사람들의 사회구조에 대한 암묵적 지식, 혹은 상황의 흐름에 대한 지각에서 자연스럽게 당연시한 것들이 '제삼의 연구자'에게 관찰될 수도 있다는 점에 착안한다. 물론 여기서 말하는 관찰자는 제삼자이면서 동시에 그러한 활동을 공유하고 이해할 수 있는 '멤버'로서의 역량을 가진 관찰자를 말한다. 이른바 '보았으되 의식하지 못한' 일상에 대한 이해는 민속방법론에서 일차적 관심사로 추구된다. 이러한 시각에서 보면 행위자 자신이 꼭 의식하지 않았더라도(사실 의식했는가 하지 않았는가를 객관적으로 확인할 방도는 없지만) 그 자신이 하고 있는 일의 성격과 의미는 사회 연구자의 탐구 대상이 될 수 있다는 것이다. 행위 당사자에게 떠오른 의미와 그가 관여하고 있는 실천은 꼭 같지 않을 수 있다. 어떤 실천에 깊숙이 개입되어 있는 이에게 그 실천의 의미는 그의 의식에 의해 고스란히 파악되지 않을 수 있다.

> 누군가 자신의 행위에 관해 서술(formulating)하고 있을 때, 결국 그가 그러한 서술을 통해 보여 주고자 하는 것이 무엇인가 하는 질문은 그에게서 얻은 대답, 즉 그 서술 자체로는 해소될 수 없다. 그 질문에 대한 해답은 그가 어떤 맥락에서 그러한 서술을 하고 있는지, 그가 관여하고 있는 실천을 들여다보아야만 비로소 찾을 수 있다 (Garfinkel & Sacks, 1970: 355).

이와 같이 민속방법론은 연구 대상인 일상적 행위자가 그 자신의 일을 '어떻게' 하고 있는가에 관심을 둔다. 흔히 사회 연구에서 관심을 두는 '왜'라는 문제에 대한 관심은 일단 접어 두고 사람들 행위의 절차, 과정, 방법이 곧 사회적 실재, 우리에게 알려진 현실을 구성한다는 점을 강조함으로써 현실의 기술적 이해에 관하여 보다 철저한 입장을 표명한다.

현장의 질서와 사회과학 논리의 질서

또한 행위자의 행위 안에 담긴 '어떻게'가 다른 사람, 즉 관찰자, 혹은 연구자든 동료든 다른 사람에게 관찰될 수 있는 것은 현장의 사건, 일의 구성이 나타내는 일차적 질서가 바로 그 현장 '그때 거기'에 근거하고 있기 때문이다. 이는 어떤 일이 생기게끔 하는 원인이 다른 때 다른 곳으로부터의 결정에서 온다고 보는 것과 다르다. 모든 사회적 행위는 그것이 다른 사람에 의해 알 만한 것으로 비추어지는 한 일차적으로 현장 타당성을 갖는다고 할 수 있다.

그것은 현장의 행위자가 취하는 지식의 층위, 즉 1차적 논리나 방법과 그것을 반성적으로 접근하는 과학자의 지식의 층위, 즉 2차적 논리나 방법은 서로 다르다고 보는 슈츠의 방법론적 이해와는 다른 방법론적 관점을 취한다. 이 점에 관해서 민속방법론은 그 자체가 연구방법론으로서 크게 의존하고 있는 슈츠의 논리로부터 한발 더 나아간다. 슈츠에 따르면 사회과학적 이해의 목표는 전형, 즉 행위와 결합된 지식의 전형뿐만 아니라 행위의 전형 그리고 상식적 이해의 전형을 발견하는 것이다. 이러한 사회과학적 이해는 상식적 지식에 호소함으로써 달성되는 것이 아니다. 그것은 상식적 지식을 넘어선 초연한 태도인 이론적 태도, 즉 사회적 삶에 있어서 모든 자명한 요소에 대하여도 원칙적으로 의문을 갖는 태도인 방법론적 회의주의를 취해야만 이루어질 수 있다. 결국 사회과학적 이해는 비록 주관적이며 의미 차원의 해석에 의존하지만 원칙적으로 행위자의 상호 주관적 구성물을 제삼자의 입장에서 객관화했다는 점에서 2차 구성물(second degree constructs)이라는 것이다.

일반 행위자의 1차 구성물과 사회과학자의 2차 구성물은 서로 차원이 다르기에 그들 간의 생산 방식 또한 다르다는 맥락에서 다양한 질적 연구방법론의 개론서에서는 흔히 연구자의 연구방법에 관해 제시하는 것을 볼 수 있다. 대부분은 연구방법을 명시화하여 밝히고 있는데, 여기서는 행위자의 방법과 연구자의 방법이 서로 다른 성격의 것임을 전제로 한다.

반면 여기서 민속방법론은 보다 더 현상학적인 입장을 취한다. 즉, 민속방법론에서는 현장의 논리와 방법 이외에 어떠한 논리와 방법도 따로 존재한다고 상정하지 않는다. 예를 들어 보자. 어느 연구자가 과학 공동체가 하는 일을 이해하기 위해 뇌생리학 연구실을 선택하였다고 하자. 그가 뇌생리학 연구실에서 일어나는 일을 이해하기 위해서는 그 상황에서 일하는 사람들의 방법을 배우지 않으면 안 된다. 민속방법론에서는 어떤 영역에서의 실천적 지식을 연구하기 위해서 연구자가 우선적으로 그들의 실천, 예컨대 수학이나 법, 의학이나 무예 등에 관해 배우는 것이 필수적이다.

사회과학자의 2차 구성과 일반 행위자들의 1차 구성은 명확한 구분이 어렵다는 점에 관해서 좀 더 이해하기 위해서 다음 예를 살펴보자. 우리는 어떤 현상을 볼 때 다분히 그 현상을 '전형'이라는 '이상화(idealization)'된 관점에서 본다. 전형은 어떤 사태를 추상화한 모델이라는 점에서 이상화된 상태와 다름없다. 예컨대, 수업 상황을 관찰·분석하는 상황을 떠올려 보자. 이때 연구자는 어느 한편을 당연히 교사의 행위로, 그리고 다른 한편은 당연히 학생의 활동으로 범주화하여 해석할 것이다. 왜 그럴까? 그 시간이 학교 수업이니까? 좀 더 정확히 말하자면 그 현장의 참여자들이 그렇게 받아들이고 있고 그 상황을 보는 제삼자인 연구자도 그들과 관점을 같이하기 때문이라고 할 수 있다. 수도 없이 반복해서 보았지만 그 상황은 당연히 수업이라고 받아들이게끔 해 주는 자연적 태도가 바로 우리로 하여금 전형을 갖도록 한다. 그런데 그 전형은 있는 그대로의 현장의 상황을 재현하지 않는다. 우리는 어떤 사태를 전형성으로 추상화하는 동안 '가장 ○○스러운 장면'이라는 이상화된 상태로서 받아들이는 경향이 있다. 일상의 범주, 예컨대 학교 수업 혹은 교육에 관해 이상화한 관점을 가지고 '지금 여기서' 벌어지고 있는 일들에 대해 분석하려고 하는 것이다. 마찬가지로 의료 문진 상황도, 과학 실험실 상황도 그것과 결부되어 있는 전형성을 통해 그 상황에서 일어난 일들을 해석하고 분석할 것이다. 연구자는 그 사태를 그것의 고유하고 독특한 것으로 보기보다는 이미 일반화하여 보고 있는 것이다. 이러한 전제는 사실상 질적 연구에서 종종 거론되는 분석 결과의 일반화 가능성에 관한 문제에 대하여 도전적인 의문을 제기할 수 있다.

가핑클은 뒤르켐(Durkeim)의 아포리아를 생활세계의 경험 연구를 위한 정언적 명령으로 자리매김하고자 하였다. 즉, 가핑클은 뒤르켐의 정언 명령인 '사회적 사실이라는 객관적 현실이야말로 사회학이 염두에 두어야 할 기본 원칙이다.'를 '사회적 사실이라는 객관적 현실이야말로 사회학이 탐구해야 할 근본적인 현상이다.'로 뒤집어 봄으로써 사람들의 실천적 행위를 통해서 생성되는 사회 현실의 질적인 속성에 대한 경험적인 연구의 초석을 마련하였다.

물론 민속방법론은 연구자가 곧 연구 대상이 되는 행위자 관점을 취하는 행위 연구(action research)와는 다르다. 민속방법론에서는 행위 연구와는 달리 연구자와 피연구자 간의 구분을 명확히 한다. 즉, 행위 연구에서는 시점을 달리하여 연구자가 피연구자의 행위를 분석하도록 하지만, 상황적 행위에 대한 민속방법론적인 분석은 연구자와 피연구자가 다르다는 점을 전제로 한다. 이는 곧 행위자의 암묵적 행위가 '사후' 해당 주체에 의해서 어떻게 반성되는지를 보는 대신 상대방 또는 동료로서의 제삼자에게 어떻게 비추어지는지를 보는 것도 이러한 접근을 취했기 때문에 생기는 분석의 전략이라고 볼 수 있다.

이와 같이 연구 대상도 실제적인 지식에, 그리고 그것을 연구하는 연구방법도 실천적 행위에 기반을 둔다는 것이 민속방법론의 기본 전제다. 즉, 민속방법론에서는 과학적 탐구의 형식적 논리보다는 전문 연구자가 그러한 탐구를 전개해 가는, 실제로 그 현장에서 진행되는 과정에 주목하고 있다. 전문 연구자가 그러한 탐구를 전개해 가는 과정은 또 다른 실천의 영역이다. 그리고 그 실천의 성격은 연구 대상인 행위자가 관여하고 있는 실천의 성격과 근원적으로 다르지 않다. 만약 전문 연구자가 특정 행위에 관해 연구한다고 한다면, 그는 행위자들이 생활세계를 구성하는 방법, 구체적인 실천 상황 안에서 이해하고 정당화하며 평가하는 방법을 관찰함으로써 행위자들의 실천적 추론이 어떻게 작동하는지 알아야만 한다.

설사 전문 연구자가 자신의 탐구 논리에 따라 그러한 사건을 분석하고 새로운 논리를 세움으로써 연구 결과를 산출했다고 하더라도 산출된 결과는 그러한 이해에 기반을 둔다. 그리고 그러한 이해는 상당히 상식적이고 상호 주관적이며 실천적인 방법에 대한 이해다. 많은 연구에서 연구 결과가 나오기까지 관여했던 그러한 맥락적 실천을 교묘히 감추는 것은 또한 전문 연구자들 사이에 통용되는 요령이자 상식이다. 관심의 대상은 행위자의 머릿속에 정리된, 그가 그 사건에 대해 부여하는 의미의 체계가 아닌 실천적 행위가 갖고 있는 생활세계 내에서의 실제적인 감각들로 이루어져 있기 때문이다.

정리해 보면, 사회 연구자의 연구방법이 일상적 행위자들의 실천을 이해하는 방식에 기반을 두고 있다는 민속방법론적인 전제는 다음과 같은 연유에서 멤버들의 실천 전략을 이해하는 데 있어서도 마찬가지로 적용될 수 있다.

첫째, 어떤 전문가나 행위자도 수준의 고하와 상관없이 상호 주관적 인지 전략을 사용하지 않을 수 없다. 여기서 말하는 상호 주관적 인지 전략은 그것을 차용하고 있는 일단의 공동체가 공유하는 지식을 말한다. 물론 여기서 말하는 공동체는 확고한 결속과 유대를 통해 서로의 실천을 공유하는 멤버들의 모임에서부터 다른 공동체와의 경계는 불분명하지만 어떤 실천을 공유한다고 믿는 사람들의 가상적인 군집(群集)을 가리킨다.[2)]

둘째, 이때 그가 차용하는 상호 주관적 전략은 전대(前代)에서부터 내려오고 동시대인들과 함께 공유하고 있는 해석들로 구조화된 생활세계에 그 기반을 두고 있다. 슈츠에 따르면 이러한 상호 주관적인 전략은 사람들이 전형(typification)에 따라 세상을 이해하거나 접하기 때문에 생기는 것이다. 물론 이러한 전형조차도 객관적으로 주어진 것이라기보다는 실제 상황 속에서 구성원들에 의해 구성되는 무정형적인 것이다.

셋째, 전문가나 행위자가 어떻게 그들의 실천을 전개해 가는지 이해하기 위해서 연구자는 그가 가지고 있는 상호 주관적 전략을 통해 접근할 수밖에 없고, 이는 그가 관여하는 일이나 실천 상황을 자세하게 관찰함으로써 가능하다.

넷째, 연구자가 전문가 또는 행위자의 실천에 관해 이해 가능한 것은 그의 실천에 대해 그의 동료가 이해하는 것이 가능한 것과 본질적으로 전혀 다를 바 없다.[3]

민속방법론에서는 어떠한 세계도, 어떠한 실천도 상식적 지식(common-sense knowledge)과 실천적 행위와 함께 전개됨으로써 생기는 일상성(ordinariness)으로부터 벗어나는 법이 없다는 점에 주목한다. 첨단 인공지능 연구소에서 이루어지는 고차원적인 활동이나 사고도, 속세에서 벗어난 수도승들의 수도 과정도, 자신들만의 비법을 은밀히 전수하고 공유하는 도제식 생산 과정도 생활세계의 일상성을 토대로 존립 가능하다는 점을 보여 준다(Hester & Francis, 2007). 어떠한 고차원적인 사유 과정이나 활동도 이미 멤버들 간의 공유 가능성을 전제로 성립 가능한 이상 유아(唯我)적이거나 초월적일 수 없다는 것이다.

민속방법론자들은 마음이나 해석과 같은 개념에 의존해서 소통 행위 등의 사태를 기술하는 것에 대해 경계하지만, 그렇다고 해서 그들이 전적으로 그러한 개념을 추방하고자 한 것은 아니다. 다만 고전 철학과 같이 선험적 설명 방식에서 즐겨 사용하는 말과 세계, 기표와 기의, 사고와 대상과 같은 데카르트 이원론의 잔재를 현상의 분석에서 차용하는 것을 지양하기 위한 노력의 일환이다.

그 명칭이 시사하듯이 민속방법론에서는 일상에서 일반 사람들이 하는 바로 그 행위가 연구자에게는 연구 대상이기도 하고 연구방법으로 의존해야 할 실제적 근거가 되기도 한다. 민속방법론은 사람들이 사회적 행위를 취하고 그에 의미를 부여하는 방법을 (재)추론하는 방식을 따른다는 점에서 전문 사회과학자들이 그들의 연구 대상인 일상적 생활세계를 바라보는 어떤 전문적 체계나 연구방법론과는 거리가 멀다. 이런 의미에서 일반 사람들 역시 전문 사회과학자와 더불어 민속방법론자라고 할 수 있다.

슈츠의 말을 빌려 설명한다면, 이러한 실용적 동기에 의해 지배된 일상적 세계는 어떠한 현실 중에서도 최고의 현실, 즉 가장 생생한 현실(paramount reality)이라고 할 수 있다. 당사자 또는 멤버들의 입장에서 보면 어떠한 수준 높은 지적 행위도 즉각적이고 일상적이며 그들의 실천 공간은 그들에게 생활세계로 자리 잡는다. 그리고 이러한 일상성 때문에 민속방법론에서는 실천적 행위와 같은 연구 대상에 대해 연구자의 접근이 가능하다는 입장을 고수한다.

민속방법으로서의 상황지표성과 상황반영성

실천적 행위에 대한 분석을 위해 민속방법론에서 주목하는 실천적 행위의 중요한 속성으로 상황지표성과 상황반영성을 들 수 있다. 즉, 민속방법론에서는 실천적 행위가 관찰 등의 질적 탐구 방법으로 접근 가능한 것은 실천적 행위가 가지고 있는 중요한 두 속성인 상황지표성과 상황반영성 때문이라는 점에 주목한다. 상황지표성과 상황반영성이 왜 실천적 행위의 중요한 속성인지, 그리고 왜 그러한 속성들로 인해 실천적 행위가 관찰로 접근 가능한지는 이하 내용과 같이 정리해 볼 수 있다.[4)]

민속방법으로서의 상황지표성

상황지표성(indexicality)은 민속방법론을 이해하기 위해 거쳐 가야 할 첫 관문이라고 할 수 있을 만큼 민속방법론 연구 전략을 이해하는 데 중요한 핵심 개념이다. 민속방법론에서 상황이나 맥락이 일이나 사건과 동일한 의미로 통용되기도 하고 현장(setting)을 의미하는 공간과 동일한 의미로 파악되기도 하는 이유는 사람들이 지각하는 현상학적 장이 온통 상황 지표적(indexical) 표현과 행위들로 구성되어 있기 때문이다. 어떤 일이나 상황에 관해 그 배경적 실천을 공유한 멤버들 사이에서는 그들 각자에게 있어 현상학적 장이 객관적인 표현이나 행위보다는 내재화된 표현과 행위에 의해서 별 탈 없이 전개되고, 따라서 목하 하고자 하는 일은 순조롭게 처리되고 치러질 수 있다.

우리 발화가 상황 지표적 속성, 즉 상황에 내재화되어 있는 것은 어떠한 발화든지 그 의미는 발화 주체의 개인적인 의도 내지는 그의 마음속에서만 확인 가능하다고 보기 어렵고 그 발화가 일어난 상황 자체에 있다는 것을 지적하기 위해서 일찍이 언어학자들에 의해 제기되었다. 우리의 말이나 표현이 상황 의존적이라는 것은 굳이 어려운 용어를 사용하여 설명하지 않아도 누구나 어렵지 않게 이해할 수 있을 것이다. 예컨대, 우리는 누군가가 한 말이 문제시되었을 때 화자가 그 당시 어떤 상황에서 그러한 말을 했는지 되짚어 봄으로써 그 말을 통해 그가 전달하고자 한 의미나 의도를 파악하고자 한다. 우리 행위나 말, 표현이 상황에 내재화되어 상황 내 지표 역할을 한다는 점에서 'indexicality'를 우리말로는 상황지표성이라고 하겠다.

상황지표성은 우리의 사고와 행위가 얼마나 상황이나 맥락에 몰입(immersion)되어 그와 구분하기 어렵게 전개되는지를 잘 나타내 주는 개념이라고 할 수 있다. 상황지표성은 논리철학에서는 사용 의미가 그 사용

맥락 혹은 구체적인 사용 시공간에 의존하는 낱말을 가리킨다. 이러한 맥락 지시적인 표현에는 그, 그녀와 같은 대명사와 여기, 저기, 지금, 어제, 이것, 저것 등의 지시적 표현들이 있는데, 이들은 모두 그 사용 맥락과 별개로는 이해할 수 없다. 상황 지표적 표현들은 형식 논리의 분석에서는 가능한 한 다루고 싶지 않은 군더더기 골칫거리에 불과하였다. 왜냐하면 이러한 표현이 나와 있는 문장들의 경우 형식 논리가 통하지 않기 때문이다. 상황 지표적 표현으로 인해 어떤 표현은 그것의 시점과 상황에 따라 그 의미가 달라질 수밖에 없기 때문이다.

가핑클과 삭스(Garfinkel & Sacks, 1970)는 이러한 상황지표성이 현실의 상당 부분을 구성하고 있다는 점에 초점을 맞추어, 이러한 특성을 모든 표상, 말, 발화, 진술문, 사회적 의미 활동 등에 확장 적용한다. 즉, 상황 지표성은 우리의 모든 행위에서 그리고 말에서 찾아볼 수 있는 중요한 속성이라는 것이다. 이는 모든 말, 심지어 어떤 상태나 사건을 진술하는 말조차도 그 정확한 뜻이나 지시 내용은 그것이 사용되는 국지적 상황에서만 이해 가능하다는 것을 말한다.

화학 실험실의 한 상황에서 연구자가 조교에게 "이제 그 물 충분히 끓었어."라고 말한 경우를 생각해 보자. 이 말을 객관적인 표현으로 바꾸면 "한국 표준 시각 13시 57분 H_2O가 섭씨 97.7도로 가열되었다."라고 할 수도 있다. 그러나 사람들은 그들의 생활공간에서 혹은 일을 해 나가는 과정에서 대개 그러한 객관적인 용어를 사용하지는 않는다. 사람들은 구체적인 상황 안에 있는 사람들은 이미 상황 지표적인 표현으로 충분히 의미를 통용할 수 있다는 점을 알고 있다.

예컨대, 3시에 만나기로 한 친구가 3시 9분에 나타났다고 하자. 약속한 시간을 크게 벗어나지 않게 온 이상 우리는 그가 약속을 지킨 것, 즉 3시까지 이 장소에 온 것으로 간주한다. 그리고 그 친구가 장래가 걸려 있는 중대한 취업 면접을 마치고 한 시간이나 늦게 약속 장소에 달려온 상황이라면 그가 약속을 지킨 것으로 간주한다. 이처럼 우리의 판단과 지각의 기준은 경우화된 상황에 내재화되어 있다.

즉, 멤버들의 행위들은 상황 지표적인 표현들의 사용으로부터 벗어나는 법이 없이 항상 '경우화(occasioned)' 되어 있다. 여기서 경우화되었다는 개념을 쓴 것은 우리의 지적 행위들은 특정한 상황에서 화자 또는 행위자가 어떤 실용적인 동기를 가지고 그러한 표현을 사용한다는 것을 의미한다. "이제 그 물 충분히 끓었어."라는 표현은 객관적인 상태에 관한 진술이라기보다는, 예컨대 실험의 다음 단계로 넘어가라고 종용하는 고참의 지시로 해석될 수 있다. 그리고 그러한 표현은 항상 상황적합성(unique adequacy)에 따라 제 의미를 부여받게 된다. 상황적합성이란 곧 상황이 다르다면 그 안에서 발생한 모든 것은 다 다르고, 따라서 상황이 달라지면 항상 거기에는 새로움과 낯섦이 있기 마련이라는 의미를 나타낸다. 오늘의 수업과 내일의 수업은 항상 다르다. 어제 동료들과 수다를 떨며 보낸 점심시간과 오늘 겪은 점심시간은 매번 다르게 느껴진다. '이' 유전공학 연구실에서 연구를 수행해 나가는 것과 '저' 유전공학 연구실에서 연구를 수행해 나가는 것에는 차이가 있다.

또한 "너, 여기서 뭐해?"라는 말에서 '여기서'라는 표현은 문자 그대로 공간의 소재지를 의미하기보다는 상대방이 적절치 않은 상황에 있음을 가리키거나 뜻밖의 장소에서 마주침을 의미하는 등 발화 상황과 화자의 의도에 따라 다양하게 사용될 수 있다. 모든 표현이 상황 지표적 속성을 띤다면 우리는 어떻게 서로의 표현에 대해 접근하고 이해할 수 있을까? 이에 대한 가핑클의 해명은 화용론적 방법을 살펴보는 데 있다. 서로의 상식적 지식과 맥락을 서술적 표현 등 무한정한 자원들을 동원하여 서로에게 접근 가능하게 만듦으로써 적합하고 확정된 의미를 찾아가게 하는 방법에 있다고 본 것이다. 서로의 맥락은 서로의 방법에 의해, 방법 속에서, 그리고 방법으로 그 합일점을 찾는다는 것이다. 여기서 말하는 방법이란 민속방법, 즉 온갖 실천적 추론과 실제적 행위 등을 망라한 용어라고 할 수 있다.

상황지표성은 발화의 의미 소재에만 그치지 않고 좀 더 적극적으로 보면 상황이 그 안에 있는 행위자로 하여금 모종의 지시적 역할을 한다는 의미도 담고 있다. 물론 여기서 말하는 상황은 행위자에게 영향을 미치는 물리적 환경이 아닌 행위자가 관여하고 있는 일이나 사건의 흐름으로서의 상황을 의미한다.

면담에서 종종 그러한 예를 찾아볼 수 있는데, 면담은 공적인 상호작용일 수 있기 때문에 피면담자는 멤버의 한 사람으로서 자신이 동일시하고 있는 집단이나 공동체의 멤버들이 공히 겪고 있다고 생각되는 경험, 즉 멤버십 범주에 연관된 경험을 노출하기 마련이다. 면담 상황이 피면담자로 하여금 어떤 대답을 해야 할지 알려 주는 지침(index) 역할을 한다. 물론 그러한 지침은 상황 이전에 정해진 기준이라기보다는 상황의 전개에 따라서 계속적으로 변용되는 생성적 속성을 띤다.

상황 지표적 표현들은 실제 상황에서 정확하고 객관적인 표현의 사용보다 오히려 대화의 안정성과 실용성을 담보해 준다. 예컨대, 사람들은 일의 진행을 잠시 멈추고 상황 지표적 표현들에 대해 객관적으로 풀어 설명하거나 이것이 상대방에게 전달되었는지 확인하고 다시 진행되던 일로 돌아오는 방식을 취하지 않는다. 만약 사람들이 그런 방식으로 말을 해야 한다면 매 상황 당장 하고자 하는 일이나 나누고자 하는 대화는 매끄럽게 전개되지 못할 것이다.

다소 은유적으로 표현하자면, 일상적 생활세계는 상황 지표적인 의미들로 매우 정교하게 가득 차 있는 상황의 연속이다. 물론 그러한 지식은 상황이 전개되는 전후 사정을 감안해서, 그리고 당사자의 실용적 동기가 관여함으로써 제 의미를 부여받게 된다. 이런 점에서 한 개인이 그를 둘러싼 환경에 대해 어떻게 해석하고 어떤 의미를 부여하는지, 그리고 외현화된 대상 세계에 어떻게 영향을 받는지 등의 지식을 어떻게 사용하느냐 하는 문제는 다른 말로 하면 사회적 질서와 이를 받아들이는 우리 행위 간의 관계의 문제이기도 하다. 어떠한 지적 행위도 경우화되어 나타나는 만큼, 실천적 행위는 관찰로 접근 가능한 대상일 수 있다. 민속방법론은 행위자가 상황 지표적 지식을 관리하고 운영하는 방식으로서의 실천적 행위의 활용 방식에 관해 기술하고자 한다.

민속방법으로서의 상황반영성

탈근대성 사회과학에서 일관되게 발견할 수 있는 특징이 있다면 그것은 세계에 대한 일반인들의 성찰을 세심하게 포착해 내고 있다는 점일 것이다. 질적 연구에서 성찰성에 관한 관심은 포스트모더니즘이나 페미니즘에서와 같이 기존의 객관적 타당성에 대한 대안적인 전략으로 환영받아 왔다. 여기서 성찰성(reflexivity)은 연구자가 현재 연구 대상으로서 주목하고 있는 상황이나 맥락을 그 자체로만 다루지 않고 더 나아가 연구 대상이 연구되는 바로 그 상황, 즉 관찰 대상과 관찰자의 관계, 보인 것과 본 것 사이의 관계, 혹은 피면담자의 상황반영성(reflexivity)과 나아가 연구자 자신의 개인적 상황까지도 탐구 대상으로 한다. 연구자의 성찰성과 진정성이 분석된 내용에 대한 타당성을 담보할 수 있다는 논리다. 이는 선험적 현상학에서 말하는 해석학적 순환 또한 성찰성에 관한 이러한 이해와 그 맥을 같이한다.

반면 민속방법론은 연구방법론으로서의 성찰성과 학자적인 성찰성보다는 우리 생활세계에 철저하게 스며든 감시와 관리 방식 그리고 일반인들의 행위에 문득 '보았으되 눈치채지 못하게(seen but unnoticed)' 투영되어 있는 상황반영성에 주목한다. 예컨대, 상황과 행위는 어느 한쪽이 다른 한쪽을 결정짓는다는 점에서 서로 떼어서 볼 수 없는 반영적 관계에 있다. 질문과 대답은 서로의 말이 반영되어 있다는 점에서 민속방법으로서의 상황반영성을 잘 보여 주는 단순한 예라고 할 수 있다. 민속방법론에서는 상황반영성이 구성원들의 행위에 스며들어 그들의 행위나 사고의 토대로 작용한다는 점에 착안하였다.

규범주의 사회학에서는 규범이 상황은 늘 이미 결정되어 있다는 점을 전제로 하여 우리 행위를 이끄는 지표로 상정된다. 여기서 상황의 변이성은 무시되고 상황의 동일성만이 전제된다. 그리고 상황은 연기자의 행위에 의해 영향을 받지 않는 탄탄한 무대다. 시간의 역할 또한 여기서는 무시될 수밖에 없다. 왜냐하면 상황은 행위자의 '지금 여기'의 행위에 따라 생성되고 전개되는 시간적 환경이라고 보지 않기 때문이다. 그러나 시간성은 가핑클의 표현대로 그저 지나가는 것이 아니라 우리 행위 안에서 우리 행위와 함께 양태 짓는 '두툼한 순간(fat moment)'이다.

가핑클에 따르면 다음과 같다.

> 조직된 일상 사태의 상황을 생산하고 운용하는 데 동원된 멤버들의 활동은 그 상황을 '설명 가능하게(accountable)' 만드는 멤버들의 절차와 동일하다. 설명 실천들의 '상황 반영적(reflexive)'이며 '육화된(incarnate)' 속성은 민속방법론의 핵심이다(Garfinkel, 1967: 1).

행위자는 자신이 지금 어떤 상황에 놓여 있는지, 그리고 무엇을 하고 있는지 잘 알고 있다. 상황반영성은 타자로서의 상황적 행위에 육화된 성찰성이라 할 수 있다. 민속방법론이 규범주의 사회과학이나 이론과 다른 점은 연구자의 성찰성을 멤버들의 상황반영성으로 뒤바꾸어 봄으로써 타자의 행위를 그것답게 내재적으로 관찰하고 분석할 수 있는 길을 터 주었다는 점이다. 여기서 타자라 함은 글자 그대로 타인(the others)만을 가리키지 않고 연구자의 행위 및 멤버로서의 행위이고 그것을 외현화해 본다면 그 또한 가시화되고 설명 가능한 타자화된 행위라고 할 수 있다.

행위자가 상황 성찰적으로 의미를 생성해 간다는 의미에서의 상황반영성이 사람들의 행위로 어떻게 나타나는지를 이해하기 위해 가핑클의 연구 가운데 아그네스라는 성전환 여성과의 면담 예를 들어 보자. 아그네스는 19세 백인 독신 여성으로 17세까지만 해도 평범한 소년으로 살아왔다. 그러나 2차 성징이 드러나는 사춘기를 거치면서 아그네스는 여성성을 보이기 시작했고 결국 성전환 수술을 거쳐 생물학적으로도 여성성을 가지게 되었다. 여기서 가핑클이 주목하는 점은 면담을 통해 나타나는 아그네스의 이야기 내용 자체보다는 아그네스가 자기 자신을 나타내는 방식이다. 즉, 아그네스가 생애를 살아오는 동안 겪어 온 경험에 담겨 있는 주관적인 의미 이전에 그녀가 자신의 여성성이라는 정체성을 드러내고 유지하기 위해 동원하는 운신의 전략이 더 흥미로운 분석의 대상이 되었다. 아그네스는 면담에서 자신은 정상적인 여성이며 다만 신체적인 이상으로 남성으로 오해되었을 뿐이라는 식으로 자신의 여성성을 과장하면서, 남성적 경험의 흔적에 대해서는 떠올리지 않으려고 하거나 그에 대해 이유를 대거나 은근슬쩍 넘어가는 등의 모습을 보였다. 그녀는 사춘기 시절부터 미용과 다이어트에 관심을 가졌고 17세가 넘어서는 남자 친구와 동거했다고 하였다. 아그네스는 이러한 자신의 행위나 경험이 상식적으로는 도저히 남성이라고 할 수 없었다고 토로하였다. 그녀는 자신의 경험 가운데 어떤 것은 자신과 관련된 의미를 갖는 것으로, 그리고 다른 어떤 것은 그렇지 않은 것으로 지나쳐 버리는 식으로 자신의 정체성을 표출하고자 하였다.

여기서 가핑클은 아그네스가 생물학적인 성 개념과 규범적인 성 개념을 교묘히 섞어 가며 자신의 경험과 행위를 '설명할 수 있는 것', 즉 공동체가 수용할 만한 것으로 재구성하고 있는 것에 주목하였다. 남성과 여성이라는 범주, 그것이 공동체가 인정하는 규범이 되었든 혹은 생물학적인 성 개념이 되었든 상관없이 아그네스의 이야기에서는 결코 그러한 규범이나 개념에 따라 결정된 부분을 찾아보기 어렵다는 것이다. 오히려 아그네스는 이 사회에서 '정상적인 여성이 된다는 것'이 무엇을 의미하는지 너무나 잘 알고 있었고 자신의 이야기를 해 나가는 동안 여성으로서의 자신의 정체성을 보여 주려고 하였다. 결국 민속방법론에서 다루고자 하는 상황반영성은 사회과학자의 방법이 아닌 멤버들의 실천적 행위의 근원적인 속성이다. 행위자는 규범이나 지식을 수동적으로 따르는 사람이 아니라 오히려 그것을 자신의 행위를 설명하기 위해 전략적으로 활용하는 사람이다. 가핑클의 표현대로 멤버들은 어느 경우에도 '규범에 따라 움직이는 허수아비(cultural dope)'가 아니기 때문이다.

민속방법으로서의 상황반영성이 의미하는 바는 자신에게 부과된 어떠한 규범에 대해서도 뒤돌아볼 수 있도록 하는 상황에만 국한되지 않는다. 상황반영성은 대상과의 관계 양상에도 적용되는데 대상을 자신 또는 자신의 의도와 맞추어 나간다는 의미를 갖고 있기도 하다. 이러한 속성은 듀이의 개념으로 알려진 '행위 안에서의 반성(reflection-in-action)'이 의미하는 바와 일맥상통한다. 대상이나 상대와의 협상[5]이나 조율은 구성원들의 실천적 행위로서의 상황반영성 또는 행위 안에서의 반성의 전형적인 예를 나타낸다.

이러한 맥락에서 민속방법론에서는 어떠한 경우도 멤버들은 '그 내면 어딘가에' 규범이나 지식을 축적하고 그에 따라 자신의 행위를 결정하거나 그것을 적용하는 사람이 아니라는 점을 중요하게 부각한다. 멤버들은 어느 경우에도 상황 안에서 투명하고(transparent) 열린 존재다. 좀 더 쉽게 이해하기 위해 이를 형상화하여 말한다면, 규범이나 지식은 상황 안에 있고 멤버들은 그것을 자신의 목적에 맞게 활용한다. 이처럼 행위의 동기와 목적을 결코 행위자 내부가 아닌 지향 대상과의 관계 안에서 찾으려고 한다는 점, 즉 실천적 행위가 띠게 되는 내재성에 관해서 이해하려고 한다는 점에서 민속방법론은 현상학에서 말하는 '현상 자체로 회귀하라'는 정언 명령을 집요하게 고수한다.[6] 물론 민속방법론은 멤버들이 크게 의식하지 못한 그들의 행위에 반영된 상황반영성을 '의도적으로' 드러내려고 한다는 점에서 다른 의미에서의 성찰주의적인 연구방법론의 입장을 취한다고 볼 수 있다.

매개된 구조화와 내재적 구조화

앤서니 기든스(Anthony Giddens)는 소위 구조화(structurality) 이론으로 유명한 사회학자다. 그는 모든 사회적 사실은 구조화 가운데 있다는 명제로 기존의 인식의 형식으로서의 구조와 개인, 그리고 주관과 객관, 의식과 무의식이라는 이원론의 한계를 극복할 수 있다고 보았다. 구조화 이론에 따르면 구조는 실천의 재생산의 산물이며 또 재생산의 매개물이기도 하다. 구조는 행위자와 사회적 실천을 동시적으로 구성하며, 또 이러한 구성이 발생되는 가운데 존재한다. 이러한 기든스의 구조화 이론은 민속방법론과 유사하면서도 평행한 차이를 보인다.

우선 양자 간에 유사한 점으로는 구조화의 과정을 멤버들의 실천 행위가 띠게 되는 내재성으로 확인하고자 했다는 점을 들 수 있다. 기든스의 구조화 이론은 기존 사회학의 큰 골격을 형성해 온 구조주의와 기능주의의 논리가 안고 있던 치명적인 약점, 즉 모든 사회 행위자는 구조적 규범에 따라 기능한다는 가정에 맞서서 "모든 사회 행위자는 자신이 성원이 되어 있는 사회의 재생산 조건에 대해 많은 것을 알고 있다."(Giddens, 1991: 14)라면서 상황반영성을 방법론적 핵심 명제로 받아들였다.

그럼에도 불구하고 행위에 있어서 구조의 매개 가능성에 관해서는 상정하고 있다는 점에서 민속방법론의 구조화 논리와 차이가 있다. 즉, 민속방법론에서는 행위자의 실천 행위를 어떠한 구조적인 매개도 전제하지 않고 불확정적인 것으로 열어 둔다. 이러한 차이의 평행은 사회과학 연구 논리에서 끊임없이 등장하는 방법론적인 이슈다. 예컨대, 비고츠키(Vygotsky)의 활동이론이나 고프먼 식의 상징적 상호작용에서는 구조의 매개 가능성에 관해서 기든스의 구조화 이론과 상응된 입장을 취한다. 그리고 이러한 차이는 민속방법론처럼 현상에 대한 탐구가 생활세계의 상식과 실천의 디테일에 관한 이해를 지향하는지, 아니면 상황적 행위의 사회구조와의 연관성에 대한 설명을 지향하는지라는 분석 관점의 차이로 귀결된다. 민속방법론에서는 모든 상황적 행위와 실천은 그 어느 구조에 의해 매개됨 없이 그 자체로 성립 가능한 이른바 내재성을 가지고 있다고 보았다. 민속방법론의 시각에서 보면 사회적 질서는 우리가 실용적인 동기를 가지고 전개해 나가는 실천적 행위 속에서 끊임없이 생성하는 가운데 있다. 이러한 시각은 곧 영어식 표현에서 '~을 하기 위하여', 즉 'in order to'는 '~을 함에 있어서 질서화되어 가는', 즉 'in order in doing ~'이라는 의미로 볼 수 있다는 것을 뜻한다.

매개된 구조화(mediated structurality) 이론과 내재적 구조화(immanent structurality) 연구의 차이는 거시-미시의 접점에 관한 탐구와 미시적 탐구라는 서로 팽팽하게 평행적인 연구 논리와 결과로 이어질 수 있다. 예컨대, 그러한 차이는 상징적 상호작용과 민속방법론의 미묘한 차이로 나타나기도 한다. 상징적 상호작용의 영향을 받은 사회학자 하워드 베커(Howard Becker)의 연구가 어떻게 민속방법론 연구와 다를 수 있는지 살펴보면 쉽게 이해할 수 있다. 베커의 많은 질적 연구에는 유난히 예술가의 세계, 재즈 뮤지션의 세계, 의대생의 세계, 마리화나 중독자의 세계 등의 행위자 경험을 서술하면서 매개 집단에 관해 분석한 내용들을 찾아볼 수 있다. 그들이 하는 일이나 경험은 항상 매개 집단 내 상호작용과의 연관성을 통해 의미를 갖는다. 예컨대, 마리화나 중독자가 중독자로서의 정체성을 획득할 수 있는 데에는 동료나 고참 중독자와의 상호작용 속에서 경험하는 학습이 관여한다. 마지막 장에서 다루게 될 다양한 상황학습론 가운데 한 사회인류학적 이론(Lave & Wenger, 1991)에서는 이러한 매개 집단으로 실천 공동체(communities of practice)라는 개념이 등장한다. 이들 연구자는 이러한 개념을 통해 우리의 상황적 경험과 실천에 작용하는 매개적 구조, 그것이 공동체와 같은 사회적 구조일 수도 있고 지식의 구조나 인지 구조 등이 될 수도 있는 구조성을 상정함으로써 우리의 상황적 실천이 구조적으로 어떤 의미를 갖게 되는지 해명하고 사회적 행위에 대해 정향성을 부여하는 하나의 설명 기제로 다루었다.

이에 반해 민속방법론의 미시적인 연구들은 베커류의 연구에 대해 지속적으로 문제 제기를 해 왔는데, 그것은 곧 해당 실천의 사회적 연관성 또는 의미를 찾는 데 주력한 나머지 실천 자체의 내재적 과정에 관한 보다 상세한 분석에는 소홀했다는 비판에 관한 것들이다. 무엇이 그 일을 그 일답게 만드는지 상황적 행위의 내재성에 관한 해명은 민속방법론의 내재적 구조화에 관한 연구 전략에서 비롯되었다.

정 리

민속방법론의 독특한 논법과 낯선 용어는 상황적 행위에 따른 일원론적 어법에서 오는 생소함에서 비롯된다. 민속방법론은 우리 상식에 편재되어 있는 이원론적인 어법을 탈피하여 일원론적 해명을 보여 주기를 기대하였다. 그러나 민속방법론의 해명은 철학적 해명도 아니고 과학적 해명도 아닌 멤버들의 상식적이고 실천적인 행위에서 찾고자 하였다. 아이러니하게도 민속방법론은 상식에서 탈피하면서 상식의 제 의미와 작용을 드러내는 작업으로 출발하였다. 다소 길고 독해하는 데 쉽지 않지만, 민속방법론적인 사유를 위해서 취해야 할 방법론적 권고로 제시된 가핑클(1967: 32-34)의 글을 인용해 보겠다.

① 어떤 상황도 행위자의 행위가 그 상황이 어떤 현실로 나타날 것인지, 어떤 사실성과 객관성을 부여받게 될 것인지, 어떤 일상적인 모습을 띠게 될 것이며 어떻게 지각될지, 그 향방을 가르는 선택에 어떻게 영향을 미쳤는지를 드러내는 방식으로 분석될 수 있다. 물론 이러한 속성들은 오직 상황에 내재화되어서만 나타난다. 왜냐하면 그것들은 그 상황 내에서 생산된 행위의 산물이기 때문이다. '그 상황이 어떤 상황인가'가 수많은 방식을 통해 지속적으로 생성되는 것은 특정하고도 상황에 내재화된 일 때문이고, 다시 그러한 일을 성립시키는 것은 이러한 행위를 기반으로 해서다.

② 상황의 지각적 속성은 다시 그에 기반을 두고 일어나고 이를 통해서만 표현되는 실천적 행위와 추론에 의해 그때그때 당면하여 생성된다. 따라서 행위자가 어떻게 자신들이 처해 있는 상황을 의미화하는지를 설명해 주는 일반화된 규칙을, 상황의 개별성들이 제 의미를 갖기 위해서 그러한 규칙이 어떻게 적용되고 해석되며 사용되는지를 무시하면서 상정하는 것만으로는 충분치 않다.

③ 마찬가지로 해당 상황에 관여하고 있는 멤버들이 그 상황의 의미를 지각하고 활용하며 생산하고 이야기하는 방식과 동떨어진 외재적인 규칙이나 규범에 의해서 그 상황을 기술하거나 해석하는 것은 온당치 않다.

④ 그 대신 어떠한 상황도 그 외양이 보여 주는 그대로 자조적(self-organized)이다……. 즉, 상황은 그 안에서 전개되는 활동들을 조직화함으로써 그 상황에 속한 제반 요인을 실천적 활동의 환경으로 만들어 낸다……. 설명 가능하도록 말이다.

⑤ 한 상황의 멤버들은 그 상황을 어떻게 지각하는지, 그리고 상황 내

재적인 행위를 결국에는 어떤 결과에 이를 수밖에 없으며 진지하고 도 실제적으로 해내야 하는 일로서 생산하고 해석하고 '꾸며 낸다 (making out)'.

1950년대와 1960년대의 사회과학계에서는 사회적 행위를 어떻게 분석할 것인가를 두고 새로운 패러다임을 요구하고 있었다. 그것은 당대 주류 관점이었던 파슨스의 구조기능주의가 갖고 있던 한계를 어떻게 넘어설 수 있는가, 그리고 새로운 관점은 사람들의 일상 경험에 착근하여야 한다는 문제의식에서 비롯되었다. 이는 또한 행위와 사고를 분리해 보는 오랜 전통을 어떻게 극복할 것인가 하는 문제의식과 맞닿아 있다. 규범적 결정론자들은 현상과 사태를 해명하는 데 있어서 늘 사람들을 전통적인 사유 없는 행위자로 보았기 때문이다. 앞서 살펴본 현상학적 심리학에서 나온 현상학적 장이라는 개념이나 인지심리학의 발달에서 나온 개인의 인지 구조라는 개념은 개인들의 경험 차원을 초월하지 않고도, 그리고 개개인을 사회구조가 시키는 대로 작동하는 꼭두각시 취급하지 않고도 개개인의 행위 속에서 구조화되는 사회구조에 관해 이야기할 수 있는 새로운 패러다임이 무르익도록 하는 데 일조하였다.

가핑클은 우리의 행위는 상황 반영적으로 설명 가능한 채 온전히 시간의 흐름 안에서 전개되는 양태라고 봄으로써 우리 행위와 사고를 분리시키는 문제를 해소하고자 하였다. 개인은 언제나 상황 속에 거주할 수밖에 없다. 그리고 그가 거주하고 있는 상황은 행위의 시간적 연쇄 작용, 즉 시계열적(moment-by-moment)으로 펼쳐진다. 행위의 계열화된 순서에 따라 시간적으로 배치되는 각각의 '다음(next)' 행위는 그것이 발생하는 현존의 상황에 대해 가해지는 평정이자 개입이다. 상황을 만들어 내는 행위와 동시에 행위를 만들어 내는 상황은 행위자들이 수많은 방법을 하나씩 닥치는 대로 통찰해 내고 구사하여 계속해서 풀어 나가야 하는 우리가 경험하는 일의 양태라는 동전의 양면과도 같다. '실용적 목적(practical considerations)'을 염두에 두고 수많은 방법을 닥치는 대로 구사하는 실천적이고 실제적인 추론과 행위에 의해 풀려 나가는 우리 행위의 시간적인 연쇄 작용이 곧 사회적 행위의 모든 것을 설명 가능한 것으로 만드는 기제라고 할 수 있다. 상황적 요구에 대해 우리가 적절하게 부응할 수 있는 것은 우리가 내면화된 규범의 행사에 따라서가 아니라 내가 혹은 나의 행위가 어떻게 해석될 것인가를 상황 반영적으로 알아차리고 상황 즉각적으로 추론하고 행위를 취함에 따라서다. 민속방법론 연구들을 보면 상황 내 행위가 어떻게 질서를 생성해 가는지 시계열적인 방식으로, 즉 미시적으로 분석한 것들을 쉽게 찾아볼 수 있는 것도 바로 이러한 연유에서다.

민속방법론이 우리에게 보여 준 통찰과 영감은 방법들의 수많은 조합이 만들어 내는 역동성과 다양성, 차이와 반복, 생성과 재생에 대한 사회과학적 연구의 가능성을 촉발시켰다는 점에서 찾아볼 수 있다. 4장에서는 멤버라는 개념의 아이디어가 뜻하는 바가 무엇인지, 그리고 민속방법론에서는 왜 방법론적 개체주의 대신에 방법론적 상황주의의 관점을 취하고자 하였는지에 관해 살펴볼 것이다. 그리고 이어서 5장에서는 상황 내 행위에 관한 구체적인 시계열적(temporal sequential) 분석에 관해서 우리 삶 속에 가장 편재하고 있는 행위적 현상, 즉 말이라는 행위와 관련해서 어떻게 분석할 것인지를 살펴보고, 6장에서는 우리 삶 가운데 가장 보편적으로 자리 잡고 있는 행위라 할 수 있는 탐구 또는 문제 해결이라는 행위와 관련해서 민속방법론이 어떠한 분석을 보여 주는지를 살펴보겠다.

참고

- 민속방법론은 1960년대 출간된 가핑클의 저서에서 처음 제시되었다.

  Garfinkel, H. (1967). *Studies in ethnomethodology*. Cambridge: Polity Press.

- 가핑클이 초기에 당시의 프래그머티즘과 현상학을 접하면서 이들에서 나온 행위에 관한 분석을 어떻게 사회학적 연구 프로그램으로 발전시키게 되는지는 미출간된 그의 노트에 잘 나와 있는데, 이는 한참 후에 저서로 출간되었다.

  Garfinkel, H. (2006). *Seeing sociologically: The routine grounds of social action*. Boulder, London: Paradigm Publishers.

- 민속방법론이 출현하게 된 실제적 및 지적 배경에 관해서는 다음 저서들에서 잘 살펴볼 수 있으며, 이들 저서는 각각 이론사회학 영역에서 그리고 지식사회학 영역에서 사실상 민속방법론 입문서로 활용된다.

  Heritage, J. (1984). *Garfinkel and ethnomethodology*. Cambridge: Polity Press.

  Lynch, M. (1993). *Scientific practice and ordinary action: Ethnomethodology and social studies of science*. Cambridge: Cambridge University Press.

- 민속방법론은 난해하고 독특한 어법과 용어들, 그리고 일반적인 설명식 논리를 피하고 매우 미시적인 경험 연구에만 매진해 온 까닭에 질적 연구자들 사이에서 대중적인 주목을 받지 못했다. 그러나 최근에는 대중화하고자 하는 관심에 따라 질적 연구자들이 보다 용이하게 민속방법론에 접근할 수 있도록 저술된 책들이 나오고 있다. 몇 권의 책을 소개하면 다음과 같다.

  David, F., & Hester, S. (2004). *An invitation to ethnomethodology: Language, society and social interaction*. London: Sage.

  Paul ten Have. (2004). *Understanding qualitative research and ethnomethodology*. London: Sage.

Chapter 04

방법론적 상황주의와 멤버십 범주 분석

방법론적 상황주의

멤버십 범주의 활용에 관한 분석

방법론적 상황주의와 멤버십 범주 분석

방법론적 상황주의

> 주관(egological)의 관점에서 분석할 것인가? 멤버(member)의 관점에서 분석할 것인가?
>
> 세속적 세계는 우리가 생각하는 것만큼 비종교적이지 않다. 수많은 신이 소임을 다하고 사라졌지만, 개인 자신의 신성은 엄청나게 중요해졌고 견고하게 남아 있다(Goffman, 1957: 95).

민속방법론자들과 같은 많은 사회과학자가 결국 어떤 현상의 의미에 관해 탐구하면서 주관적 경험에 대한 분석보다는 상황적 행위에 대한 분석을 중요시한 까닭은 주관성보다는 상호주관성을 우선시해서 생각했기 때문이다. 즉, 사회적 현실뿐만 아니라 우리 개인 자신을 더 잘 이해하기 위해서 주관보다 상호 주관적인 측면을 우선시해야만 한다는 생각에서다. 마치 달걀이 먼저냐 혹은 닭이 먼저냐 하는 논쟁과 같이, 개인이 우선인가 혹은 사회가 우선인가 하는 논쟁에서 상호작용주의자들이 취하는 입장은 양쪽 주장 모두 적절치 못하다는 것이다. 만약 상호작용주의자들에게 그 답변을 요구한다면 그들은 태초에 두 개인이 있었고 그들 사이에 상호작용이 있었다고 대답할 것이다. 상호작용주의의 관점을 취하는 연구자들 사이에서는 오랫동안 개인 간 상호작용이 개인 내면보다 더 근본적이라는 생각이 지배적이었다.

후설(Husserl) 이후 많은 철학자의 생활세계에 대한 담론과 분석이 주는 매력이자 한계는 의도성을 가지고 자신의 행위와 사고를 뒤돌아보면서 그것들이 갖는 속성이 무엇인지를 드러내려고 했다는 점이다. 예컨대, 후설은 현상의 소여성을 지향적 의식(noesis)의 측면과 지향적 체험(noema)의 측면으로 구분하여 분석하고 있는데, 여기서 그가 취한 분석의 방법은 주관 의식의 지향성, 즉 자아-의식작용-지향 대상(ego-cogito-cogitatum)이다. 그는 주관 의식의 시간적 흐름에 따라 현상의 의미가 생겨난다고 보았다.

그러나 앞서 언급했듯이 슈츠(Schutz)의 생각은 좀 달랐다. 그는 주관에 의한 선험적 방법보다는 생활세계의 의미 구조를 해명하는 것이 보다 근원적이라고 생각하였다. 그는 주관의 선험성보다는 상호주관성이 포착할 수 있는 사회성 내지는 상황성 또는 구체성이 근원적이라고 보았다. 주관보다는 상호주관이 우선적이라고 파악한 점은 우리의 경험을 해명하는 데에도 그리고 연구방법론적으로도 더 매력적일 수 있다. 바로 이런 전회를 통해 현상학은 선험적 주관주의와 같은 유아론에 빠지지 않고 생활세계에 관해 탐구할 수 있는 단초를 마련한다. 슈츠와 같은 현상학적 사회학자들은 타자들의 행위를 사회적 행위로 간주함으로써 실제 세계로서의 생활세계에 대한 탐구의 논리가 어떻게 성립 가능한지 보여 주었다. 다시 말해, 현상학적 사회학이라는 중간 건널목이 없었다면 현상학은 생활세계에 대한 경험적 탐구의 논리로 발전할 수 없었을 것이다.

지금도 현상학적 질적 연구방법을 선호하는 이들은 생활세계를 주체의 주관적 의미 체계와 동일시하여 보기 때문에 피연구자의 주관적 체험에 관하여 탐색해 보고자 한다. 반면 생활세계를 주관적 의미라기보다는 나와 우리가 거쳐 가는 실제 상황의 어떤 체계라고 생각하는 현상학적 사회학자들은 생활세계가 주관적 의미들로 구성되어 있는데도 어떻게 서로 공유되는지에 관심을 표명하였다. 아니, 더 정확하게 말하면, 소위 사회적 상호작용주의라는 시각을 기본 관점으로 취하는 연구자들은 서로 다른 주관적 의미에도 불구하고 그러한 주관이 성립하기 이전의 상태, 즉 이미 공유된 상태인 상식적 지식(common-sense knowledge) 또는 실천적 행위라는 차원이 있다는 점에 주목하고자 하였다. 나의 생활세계와 너의 생활세계가 서로 다름에도 불구하고 어떻게 공유 가능한지, 그래서 그 둘 사이에 상호작용이 어떻게 일어나는지를 보여 주고자 하였다. 이러한 관점에서 상호작용주의자들은 나 혹은 지금 여기서의 상황이 다르고 너 혹은 그때 거기서의 상황이 다른데, 나에게 닥친 일들과 내가 놓여 있는 환경, 내가 지금 하고자 하는 일들에 대해 주관적 의미가 다 다르다면 어떻게 서로 공유되는 부분이 존재하는가 하는 질문에 대해 답하고자 하였다.

상식적 지식과 실천적 행위로 구성된 생활세계에 관한 탐구는 민속방법론에서 멤버십 범주의 활용에 관한 분석과 실천적 행위의 시간성에 관한 분석(sequential analysis)으로 이어지게 된다. 멤버십이라는 개념이 민속방법론에서 왜 중요한지, 그리고 멤버십 범주를 활용하여 어떤 의미를 만들어 내고 일을 해 나가는 사람들의 방법에 관한 분석이 무엇인지에 관해서는 이 장에서 살펴보고, 오늘날 널리 알려져 있는 대화 분석에서 특히 발전된 실천적 행위의 시간성에 관한 분석은 5장에서 살펴보겠다.

멤버라는 개념의 아이디어

민속방법론은 그 명칭에서 암시하듯이 멤버들의 행위를 분석 대상으로 한다. 민속방법론에서 말하는 멤버(member)라는 개념이 의미하는 바는 무엇일까? 예컨대, 그것은 개인(individual)이나 사람(person) 혹은 에이전트(agent) 개념과는 어떻게 다른가? 동시에 왜 멤버일까 하는 의문이 든다. 우선 멤버라는 개념을 통해 상정될 수 있는 전제 가운데 하나는 멤버는 한 개인과 그가 속해 있는 집단에의 소속감을 나타내는 개념이라는 것이다. 멤버라는 개념이 의도한 바는 개인의 경험이나 행위는 그가 속한 집단과의 연관성 속에서 그 의미를 찾아볼 수 있다는 점에서 볼 수 있다. '재즈 뮤지션' '대학 건물의 수위' '재판관' '아빠', 심지어는 '우리 시대 한국 사회에서 살고 있는 '아줌마'도 하나의 공동체를 이루는 것을 전제로 형성된 범주적 집단이다. 물론 여기서 말하는 공동체란 내부자와 타자 간 경계가 분명하고 제도화되어 있는 집단이라기보다는 다분히 무형적이며 상상에 의한 공동체다. 공동체는 핵심적인 실체를 기반으로 하여 존재하기보다는 마치 성좌(constellation), 즉 별자리와 같이 별들 사이에 서로 위상적으로 성립되는 관계적 양상이다. 예컨대, '아빠'라면 어떠어떠한 사람을 가리킨다는 상식적 태도가 구성해 낸 상상의 산물이자 상호 주관적 의미체다. 그것은 마치 비트겐슈타인(Wittgenstein)이 말한 가족유사성(family resemblance), 가령 형제가 서로 닮은 것은 어떤 동일자가 전제되어 있기 때문이 아니라는 이치와도 같다. 가족유사성을 보이면서 서로 행위와 경험에 있어서 유사성을 보이는 것은 멤버십이라고 할 수 있다.

예컨대, 연구실 밖의 건물 복도에 나갈 경우 수위 아저씨와 마주칠 수 있다. 우리가 마주친 사람은 다름 아닌 수위 아저씨다. 그리고 그가 복도를 걸어가는 것을 보고 우리는 그가 아마도 건물 순찰 또는 관리라는 업무 성격의 행위를 하고 있다고 해석한다. 우리는 설사 그가 개인적인 용무를 보러 가는 길이라도 그것을 업무적 성격으로 생각할 가능성이 많다. 그가 60대이고, 이전에 어떤 일을 하던 사람이고, 어떤 자격증을 가지고 있는지는 지금 여기서의 그의 행위와는 크게 상관이 없다. 일련의 행위는 적어도 '이 상황'에서만큼은 그와 연관된 멤버라는 범주에 의해 그 의미가 파악되기 마련이다. 그의 행위를 멤버로서의 행위로 파악하는 우리의 이해 방식은 일상생활에 편재하고 있는 우리 행위의 근본적인 속성이다. 마치 우리가 이미 일반화된 타자와의 연관성 속에서 나로서 존재하는 것처럼 말이다.

그런데 여기서 주의해야 할 점은 '멤버스러운' 행위라는 현상은 실체적 개인으로서의 바로 그 멤버 자신에 제한되지 않는다는 점이다. 예컨대, 아줌마적인 행위는 말 그대로 '아줌마'만이 구사해 낼 수 있는 행위양식은 아니다. 피타고라스 정리를 푸는 사람은 어떤 멤버인가? 그러한 사람은 수학 공동체의 한 일원, 즉 수학자 또는 수학도로 제한되는가? 엉뚱하지만 어느 '회사원'이 점심식사를 한 후에 심심한 나머지 신문 교양면에 나온 수학 문제를 푸는 상황을 생각해 보라! 수학 문제를 푸는 행위에 있어서 반드시 그 행위자가 수학 공동체에 속해 있느냐 아니냐 또는 어떤 연관성에서 그러한 행위를 하고 있는가 하는 것은 그리 큰 의미를 갖지 않을 수 있다. 재즈 뮤지션들과 어울리지 않지만 취미로 재즈 피아노를 연주하며 즐기는 사람이 있을 수 있다. 그가 간접적으로라도 재즈 뮤지션 공동체와 관계를 맺고 있다는 설명은 그 상황을 이해하거나 설명하는 데 별다른 시사점을 주지 못한다.

방법론적 상황주의

위의 사례와 관련하여 한 개인을 상황과 독립적으로 하나의 통합적인 개체로 보고 그의 행위를 이해하기보다는 해당 역량을 발휘하는 행위들에 대해 동일성을 상정하는 것이 더 적절할 수 있다. 여가 생활로 재즈 피아노를 즐기는 보험회사 직원은 그 상황만큼은 '보험회사 직원으로서' 연주하는 것이 아니고, 방과 후 동아리 방에서 재즈 피아노를 배우는 고등학생과 더 동질적인 사람이라고 판단할 수 있기 때문이다. 이런 점에서 민속방법론에서 말하고자 하는 멤버라는 개념은 신체라는 형상을 중심으로 한 한 개체보다는 어떤 역량(competence)이 발휘되는 양태(mode)를 가리킨다고 보는 것이 더 이해가 빠를 것이다. 그것은 멤버라는 개념에는 유사한 상황 경험을 갖는 이들과 공유된 역량이라는 전제가 함축되어 있기 때문이다. 물론 여기서 말하는 역량이 무엇인지는 또 다른 긴 해명을 요구한다. 개인 자체(whole person)가 아니라 멤버로서의 역량이 기능하는 양상의 상황이 분석의 대상이라는 점에서 민속방법론이 소위 방법론적 개인주의(methodological individualism)보다는 일면 방법론적 상황주의(methodological situationalism)에 따른 분석적 관점을 견지하는 것도 바로 이런 연유에서다.[1] 방법론적 상황주의란 훗날 노어-세티나(Knorr-Cetina, 1981)라는 과학사회학자가 명명한 것으로, 우리의 행위는 개인의 동기나 사회규범에 의해서가 아니라 개인의 사고 틀을 사회적 형태로 경우화하는 상황의 구조에 의해서 이루어진다고 보는 관점을 말한다. 민속방법론은 바로 이 점을 통해 소위 본질을 형상에서 찾고자 했던 오랜 서양 철학의 습속으로부터 벗어나고자 하였다. 이상의 설명을 정리하여 민속방법론의 질문으로 표명해 보면 다음과 같다.

① 한 개인은 통합된 자아(unified self identity)를 가지고 있다고 가정해야 하는가?
② 일상적인 생활세계 속에서 벌어지는 우리의 경험이나 행위 등 많은 현상은 결국 멤버들의 현상(members' phenomena)이라고 할 수 있

는가? 여기서 말하는 멤버란 무엇인가? 개인을 멤버라고 표현하는 방식은 사람들의 어떤 행위 또는 사태를 이해하는 데 어떻게 도움이 되는가?

③ 사람들의 행위나 그 자신의 정체성은 멤버로서의 범주에 따라 결정되어 있는가?

④ 멤버들의 행위가 어떤 규범, 규칙에 따라 결정되어 있다고 보는 것은 과연 합당한가?

기든스(Giddens, 2001)가 시사한 바대로, 현대사회에서 정체성(identity)은 실체(명사)성으로 존재하기보다는 행위(동사)성으로 존재한다는 국면이 부각되고 있다. 기든스에 따르면 현대 세계에서 자아는 개인이 책임을 져야 하는 성찰적 기획이다. 우리에게 자아정체성은 이른바 '일생 주기' 지속(the durée of life cycle)에 걸쳐 현대의 상이한 제도적 환경들을 가로지르는 궤도를 형성한다. 우리 각자는 가능한 생활 방식들에 대한 사회적 · 심리학적 정보의 흐름에 의해 성찰적으로 조직된 전기(傳記)를 '가지고' 있을 뿐만 아니라 그에 따라 '살고' 있기도 하다. 현대성은 탈전통적인 질서인데, 여기에서 '어떻게 살 것인가?' 하는 질문은 자아정체성의 시간적 전개 속에서 해석되어야 할 뿐만 아니라 어떻게 행동할까, 무엇을 입을까, 무엇을 먹을까에 대한 일상적인 결정 속에서도 대답이 주어져야 한다. 정체성은 탈맥락화된 상황 속에서 이루어지는 지식 · 개념들의 획득 과정이 아니라, 선택지가 무수히 열려 있는 상황 속에서 끊임없는 성찰을 통해 재구조화해 나가는 양태로 간주할 수 있다. 정체성은 규범 · 역할 · 모델 · 타자 그리고 그것들이 속한 집단 등과 자신을 동일시(identification)하려는 가운데 창출되는 항상성을 띠는 우리의 성향과 행위다.

예를 들면, 아이를 낳아 아버지가 된 후에 자신의 행동과 생각을 아버지라는 전형에 동일시함으로써 아버지라는 정체성을 형성하게 된다. 아버지라는 범주에 속한 개인들은 말 그대로의 동질성을 담보로 한 특정 집단에 소속된 멤버들이라기보다는 상식 안에서 자연스럽게 받아들인 상상의 공동체의 일원이다. '정상적인 아빠라면' '학생이라면' '의사라면' 그리고 '한국 사람 또는 남자라면'이라는 말을 일상생활 안에서 반복해서 듣고 읽고 접하는 만큼, 그러한 범주 개념들은 사회구조에 관한 상식으로 동시대인들 사이에서 받아들여진 것들이다. 우리의 상식이 되어 자연스럽게 받아들이고 있는 이들 규범과 일상생활 속에서 끊임없이 자신의 행위를 견주어 보면서 자신의 행동에 대해 설명하거나 이유를 찾는 등 사람들은 사회생활 속에서 처신해 나간다. 이런 점에서 한 개인으로서의 전인적인 사람(whole person)보다는 행위자, 즉 에이전트(agent)라고 보는 것이 우리가 살아가고 있는 모습을 설명하기에 더 적절할 것이다.

특정 상황에서 관찰 가능한 행위들을 한 개인으로부터 나온 행위로 기술할 것인가, 아니면 상황적 행위로 기술할 것인가 하는 문제가 남는다. 전자와 같이 접근할 경우, 해당 행위에 대한 기술은 개인 당사자가 행위에 대해 부여하는 의미의 문제로 여겨지거나 당사자 자신의 동기 문제로 이해될 가능성이 많다. 민속방법론의 관점은 개인의 지각, 반성적 사고, 동기가 우리의 행위의 의미를 구성할 것이라고 보는 관점과 정확히 반대된다. 왜냐하면 '실제로' 그것들은 우리의 상황적인 행위 속에서 결정된다고 보는 것이 더 타당하기 때문이다.

우리의 상호작용의 전제가 되는 것이 바로 이러한 '멤버십 범주'라는 것인데, 이는 그 대상과 가까워질수록 전형에서 개별화된 존재, 반전형화된 개인으로 파악하게 된다. 여기에서는 전형화에 따른 판단을 익명성이라고 표현하였다. 다시 말해서, 행위를 관찰하는 사람은 대면 상황에서의 거리가 멀수록 그것을 그 사람의 행위나 태도에 의해서가 아닌 상식적 범주에 의해서 파악하게 되고, 그 거리가 가까워지고 그 상황을 깊이 이해하게 되면 범주는 사라지고 상황을 그 자체로 파악하게 된다는 것이다.

본인이 보통이 아닌 사람이 되고 싶다고 하여서 그렇게 되는 것도 아니고, 보통 사람처럼 행한다고 하여도 그 상황에 깊게 개입된 사람들 눈에는 상식적 범주화를 벗어나 개별화된 존재로 보이도록 하는 것이 아닐까 생각할 수 있다. 행위를 관찰하는 사람은 대면 상황에서의 거리가 멀수록 그것을 그 사람의 행위나 태도에 의해서가 아닌 상식적 범주에 의해서 파악하게 되고, 그 거리가 가까워지고 그 상황을 깊이 이해하게 되면 범주는 사라지고 상황을 그 자체로 파악하게 된다. 타자를 어떻게 파악하느냐는 '타자에의 근접 정도'에 따라 결정된다는 의미다.

상징적 상호작용에서는 정체성을 역할이라는 개념을 통해 설명하였고, 민속방법론에서는 보다 상황적인 정체성 개념, 즉 멤버십 범주로 간주해서 기술하고자 하였다. 아마 전자보다 후자의 쓰임새가 훨씬 보편적이고 자연스러울 것이다. 여하튼 사회적 역할 범주든 멤버십 범주든 그것은 그 사람에게 뼛속 깊이 붙박여 있지 않는다. 멤버라는 범주는 상황적으로 결정되는 것으로 보는 것이 더 합당할 것이다. 또는 뼛속 깊이 붙박인 범주이기에는, 그래서 그 범주가 규정짓는 대로 보고 듣고 행위하기에는 사람들은 스스로 그러한 범주가 자신에게 무엇을 의미하는지 너무 잘 자각하고 있다. 이는 거리를 둠에 따라서 그 범주는 행위자 자신의 전면에 가시적으로 등장하기도 하고 다시 후면으로 사라지기도 한다는 의미다. '그 상황을 깊이 이해하게 되면'을 문맥에 맞게 다른 말로 하면 참여관찰인데 이것이 질적 연구에서 강조하는 연구방법이다. 그리고 그것을 하는 이유는 상황을 범주의 작용이라고 보는 편견 대신 상황 자체로 파악하기 위함이다. 그것이 현상학적 탐구의 지상 명령이 아니던가? 사람들의 행위가 멤버십 범주의 작용으로 보이는 대신 상황적 행위로 보이기 시작하는 것이다.

이 점에서 민속방법론은 보다 엄격한 의미에서 질적 연구방법을 구현해 보고자 한다. 그래서 많은 사회학자는 민속방법론이 제시해 놓은 방법론적 과제, 즉 사회과학에 관한 한 어떠한 전문적인 연구방법조차 민속방법으로서의 속성에서 자유로울 수 없다는 알레고리를 넘어야만 비로소 거시와 미시를 아우르는 현대 사회학의 탐구로 나아갈 수 있다고 푸념을 하기도 한다. 물론 주류 사회과학인 거시사회학에서는 이런 문제에 대해 거의 민감하지 않고 사회과학 논쟁, 엄격한 해석적 탐구의 논리를 취하는 입장에서 더욱더 그렇다.

개인이란 결국 일련의 상황적 행위가 기반이 되어 구성된 현상으로 볼 필요가 있다. 개인이란 존재하지 않는다거나 이데올로기와 같은 허위의식의 산물이라는 것이 아니라 행위나 상황을 이해하는 데 분석과 논의의 출발점으로 삼아선 안 된다는 것이다. 궁극적으로 이해해야 할 대상이지 이해의 단초는 아니라는 이야기다. 물화(reification)해 보고자 하는 관점을 피하기 위해 역할이나 규칙 또는 동기 차원으로 이해하거나 설명하는 방법을 지양하고자 한 것이다. 개인을 물화하지 않는다면 훨씬 더 진전된 이해를 할 수 있을 것이다.

예를 들어 보자. 우리는 수업 상황을 기술할 때 당연히 이 상황은 '수업'이고, 당연히 교실 앞쪽에서 말을 계속해서 이어 가는 사람은 교사이며 그것을 듣는 상대방은 학생이라고 생각한다. 예컨대, 한 방에서 31명의 사람이 모여 함께 이야기를 나누기도 하고 다른 사람의 말을 열심히 경청하기도 한다. 때때로 각자의 테이블에서 뭔가를 열심히 적기도 하고 함께 어떤 기구를 조작하기도 하면서 일을 해 나간다. 그런데 이 상황에서 웅성거리며 매우 떠들썩할 것 같지만 유난히 한 사람이 주도권을 갖고 이야기를 해 나가며 그동안 다른 사람들은 그를 골똘히 응시하며 경청하고 있다. 31명이 모여 있지만 몇몇이 군집을 이루어 떠들썩하게 자신들의 지엽적인 대화를 해 나가는 경우는 드물다. 질문은 다음과 같다. '교사'이기 때문에 그런 행동을 보이는가, 아니면 그런 행동을 통해서 자신의 역할을 끊임없이 수행해 가고 있는 것인가?

행위자(actor)나 정체성의 문제는 상황과 결부되어 이야기할 대상 또는 주제로서 개인에게 부과된 것으로 보기는 어렵다. 상황에 맞게 처신하는 것, 심지어 어떤 상황에서 '평범한 사람답게 처신하고 있는 것(doing being ordinary)'조차도 그것이 자연스럽게 이루어지는 '~임'의 상태가 아니라 암묵적인 행위와 애씀이 결부되어 도달되는 '~됨'의 상태다.[2] 영어에서 평범함을 의미하는 ordinariness는 곧 상황의 순리(order)를 따른다는 것과 다름없다. 마찬가지로 아빠가 된다는 것은 자연스러운 일이지만 어떤 상황에서 아빠로서 처신한다는 것은 아빠로서의 행위를 통해 도달되는 역할이라는 점에서 사회적 행위이며, 따라서 사회학적인 해명이 요청된다고 보았다.

물론 한 개인이 어떤 한 상황에서 당연히 하나의 정체성으로서 행위할 것이라는 가정은 타당하다. 그러나 다수의 층위가 다른 상황은 그로 하여금 다중의 정체성으로 운신하게끔 할 것이다. 다만 자아가 파편화되어 있고 그들 사이가 분절적이라고 말하는 것은 '지금 여기서' 그가 하고 있는 일이나 행위를 기술하고 이해하는 데 도움이 되지 못한다. 왜냐하면 결국 연구자 내지는 관찰자는 어떤 상황 속에서의 총체적 자아가 아닌 상황적 '행위자'로서의 그 사람을 관찰하고 분석할 것이기 때문이다.

물론 여기서 '어떤'이라는 형용사가 중요하다. 연구자는 그 어떤 상황을 확인한 다음에는 그 상황 속에서 완전히 행위하는 사람으로서 그가 보여 준 행위와 일에 대해서 자료를 구하고 분석할 것이다. 그때 거기서의 그를 파편화된 자아라고 하겠는가? 사람들의 행위는 상황에 따라 분절화되어 구분된 상황 내 행위로 관찰될 수밖에 없다. 물론 한 개인이 담보하고 있는 역할은 어떤 때에는 서로 조화를 이루기도 하고 어떤 때에는 서로 경쟁 관계에 있으면서 갈등하는 다수의 역할이다. 여기에는 서로 분절된 다수의 역할의 집합체로서 한 개인을 다루는 동시에 한 개인의 상황적 실천에 대해서는 그 자체를 온전히 하나의 역할이 수행되는 과정으로 해석하는 모순된 입장이 발견된다.

그럼에도 불구하고 우리가 관찰하는 개인은 실제로는 상황적 실천을 해 나가는 사람이다. 가핑클의 지적대로라면 우리는 온전히 구체적인 한 개인을 본다기보다는 특정 행위가 연쇄되어 일어나는 일련의 상황을 보고 있는 것이다. 결국 이런 관점에서 보면 멤버에게 더 근원적인 차원은 그 상황성이나 현장성에 있는 것이지 한 개인의 속성에 있다고 보기는 어렵다. 민속방법론적인 분석에서 행위자는 몸을 요소로 한 하나의 형상으로서의 구체적인 개인을 가리킨다기보다는 상황에서 충전된 흐름, 그리고 '명제의 계열체(a series of propositions)'를 가리킨다고 보는 것이 더 합당할 것이다. 어떤 행위에 대한 동기는 순수히 개인 당사자의 '것'으로 보이기보다는 그때 그 상황에서 납득할 만한 행위의 질서를 창출하도록 되어 있는 상황적 요구의 것으로 보는 것이 합당하기 때문이다. 상황적 행위가 최우선의 생생한 현실이고 정체성은 그다음의 현실로서, 어떤 의미를 구성하는 것은 상황적 행위라는 것이다. 몸은 분명 개인을 구성하는 요소이자 경계일 수 있지만, 개인은 단순히 몸으로만 존재하지 않는다. 이러한 관점은 개인주의, 즉 개인성은 결정되어 있다는 생각 또는 개인이 분석 대상이 아닌 분석의 단위가 된다는 환원주의에 빠지지 않고 상황을 이해하고자 할 때 필요하다.[3]

멤버십 범주의 활용에 관한 분석

우리가 보고 듣는 많은 사회적 행위는 멤버로서의 행위와 연관되어 있다(category-bounded)는 점에서 민속방법론 연구에서는 '멤버십'이라는 의미가 등장한다. 삭스(H. Sacks)는 "아이가 울고 있다. 엄마가 그를 들었다(A baby cries. Mommy picks it up.)."라는 문구를 통해 우리의 현상학적 장에 대한 지각 안에서 멤버십 범주가 어떻게 사용되는지를 매우 상세하게 분석하여 보여 주었다. '상식적으로' 우는 것은 아이라는 멤버십과 연관된 행위이고 아이를 안는 것은 엄마라는 멤버십과 연관된 행위라는 것을 누구나 다 안다. 따라서 우리는 그 문장에 대해 아이와 아주머니는 모자지간이며 아이가 울어서 엄마가 그를 달래기 위해 안았다고 해석한다. 문법상으로 그 문장에서는 그 엄마가 그 아이의 엄마라고 밝혀져 있지 않지만 우리는 정황상 그렇게 해석한다. 그리고 이를 읽는 보통 사람들은 원문에 나오는 it이 당연히 그 아이를 가리킨다고 생각한다. 그러나 그 역시 의미를 확정하기 어렵다. 왜냐하면 it은 만약 그녀가 그 아이의 엄마라면 아이를 달래기 위해 집어든 장난감일 수도 있기 때문이다. 게다가 그녀가 그 아이의 엄마가 아니라면 it이 지시하는 대상의 범위는 훨씬 넓어질 수 있기 때문이다. 다만 구조화된 상황으로 보는 우리로서는 두 문장이 인접해 있고 엄마-아기라는 하나의 쌍을 이루는 범주의 의미로 인해 위와 같이 해석한 것이다.

민속방법론은 어떤 상황적 행위들은 멤버십 범주와의 연관성을 통해 구조화된다는 점에 주목하였다. 1장에서 예로 든 사진(1장 37쪽 참조)에 관해 좀 더 이야기해 보자. 그 사진에서 포착된 상황을 이해하고자 할 때 우리는 사람들에게 부여된 역할 범주에 의존한다. '아이' '아빠' '경찰' 등은 사회적 역할 범주에 속한다. 아이 옆에 서 있는 성인 남자를 아빠라고 해석할 가능성이 많다. 그리고 그 상황에서 그는 '아빠'로서 경찰과 뭔가 대화를 나누고 있는 중이다. 이때 우리는 이미 역할 범주를 활용해서 그 상황을 해석하고 있다. 아이 옆에 서 있는 남자는 다름 아닌 '아빠'로서 이야기하고 있을 것이라는 짐작 때문이다. 그 남자의 행위를 아빠로서의 행위, 따라서 옆에 있는 아이와 관련된 행위, 예컨대 아이를 돌보거나 아이의 행위에 대해 책임을 져야 하는 아빠의 행위일 것이라고 생각한다는 점은 우리가 어떤 상황을 바라볼 때 얼마나 역할 범주에 얽매여 있는지를 잘 보여 준다. 그리고 그 대화의 주제는 다름 아닌 아이일 가능성이 많다. 왜냐하면 그것은 경찰이 들고 있는 가방과 가면에서 추론 가능하기 때문이다. 물론 여기에는 가방과 가면을 아이의 것으로 파악한다는 전제가 있어야 한다.

여기서 다양한 해석이 가능하지만 양극단의 두 가지 시나리오로 정리해 보자.

- 시나리오 1: 방과 후에 집에 돌아오지 않은 아이를 찾아 헤매던 아버지가 마침내 그 아이를 찾은 경찰에 의해 인도받고 있는 상황
- 시나리오 2: 시위대에 참여한 아이가 경찰에 의해 아버지에게 인도되고 있는 상황

어쨌든 어떤 해석의 시나리오도 일반적으로 사람들은 사진 속 상황을 여기에 등장하는 사람들에게 부여된 역할 범주에 따라 해석하게 된다. 우리는 왜 그 가방이 아이의 것이라고 단정 지어 파악하는 것일까? 상황을 구조화해서 보는 데 있어서 실제적 추론은 멤버십 범주를 활용하기 때문이다. 즉, 당연히 책가방은 학교에 다닐 만한 아이의 것이지 경찰의 것일 리는 없다고 생각하기 때문이다.

민속방법론 연구자인 헤스터와 에글린(Hester & Eglin, 1997)은 멤버라는 범주가 갖는 특성을 이용하여 사람들이 만들어 내는 다양한 의미와 일에 주목하여 멤버십 범주 활용에 관한 질적 분석의 가능성을 제시하였다. 사실 민속방법론의 한 연구 프로그램으로서 멤버십 범주에 관한 분석 연구는 이전 세대의 민속방법론 연구자인 삭스의 연구로 거슬러 올라

간다. 삭스는 사회구조에 관한 상식적 지식이라는 문제에 관해 집요하게 파고든 사회학자로, 대화 분석이라는 또 다른 민속방법론 연구 프로그램의 기초를 제공하여 경험적인 연구 프로그램으로서의 활용 가능성을 크게 확산시켰다. 젊은 시절 갑작스러운 유고로 인해 학계에는 그리 잘 알려져 있지 않으나, 수많은 영감과 통찰을 줄 수 있는 일상 상황에 대한 분석으로 가득 찬 그의 강의는 훗날 강의 노트로 기록되어 민속방법론 연구자들 사이에서는 가핑클의 저서인 『민속방법론(*Studies in ethnomethodology*)』 만큼 중요하게 공유되고 있다.

뒷부분에서 언급하겠지만, 대화 분석은 상황적 행위와 실천적 사유가 말을 통해서 시맥락적 행위, 즉 시간성을 통해 맥락을 형성하기도 하고 맥락에 영향을 받기도 하면서 전개되는 과정(sequential analysis)에 분석의 초점을 두고 있다면, 멤버십 범주에 대한 분석은 말 그대로 사회적 상호작용에서 사람들이 멤버십 범주를 이용해서 어떻게 서로에게 경험되는 의미에 영향을 미치는지를 분석하고자 하였다. 발화 내용은 한편으로는 앞뒤 상황의 전개에 따라 중요하게 영향을 받기도 하지만, 다른 한편으로는 서로 이야기하고 있는 사람들의 상황적 역할로서의 멤버십 범주에 의해서도 영향을 받게 되어 있다.

대화 분석에서 보면 일반적으로 사람들은 가급적이면 상대방의 입장을 고려해서 상대방이 수긍할 수 있는 방향으로 자신이 건넬 말을 선택한다(recipient designed). 이때 대화 가운데 전에 나온 말을 돌아보고 후에 나올 말을 예상하면서 상대방의 입장에 맞춰 자신의 말의 수위나 뉘앙스 등을 조절해 간다. 여기서 멤버십 범주 또한 발화자가 무슨 말을 해야 할지, 그리고 어떻게 말을 이어 가야 하는지에 영향을 미치게 된다.

예컨대, 전화를 건 사람은 어떤 경우든 용건을 이야기해야 할 책임을 안고 말을 이어 가는 반면, 전화를 받은 사람은 상대방이 용건을 끝낼 때까지 기다려 주어야 한다. 그리고 전화를 받은 사람이 먼저 대화를 종료

하는 경우는 드물다. 통상 통화 중 대화를 종료할 수 있는 책임과 권한은 전화를 건 사람에게 우선적으로 있다. 물론 이러한 가정들은 자연스러운 상황에서의 통화를 전제로 해서 상정한 것이다. 교실 수업에서는 교사보다 학생이 먼저 말을 꺼내는 것이 부자연스러운 것으로 간주될 수 있는데, 예컨대 학생들이 교사가 어떤 단원 내용을 설명하고 있는 중에 끼어들어 질문을 하는 것이 허용되지 않는 분위기는 학교 수업에서 흔하게 볼 수 있다. 통상 학생들의 질문은 교사의 설명이 끝나고 나서 학생에게 발언권을 허용한다는 교사의 발언 또는 신호가 있을 때 비로소 가능하다.

마찬가지로 교사와 학부모 사이에 오가는 면담이나 의사와 환자 사이에 오가는 문진은 대화 분석의 시맥락적인 분석만으로는 온전히 이해할 수 없다. 그래서 그들 사이에 어떻게 대화가 전개되며 의미가 형성되는지를 이해하기 위해서는 멤버십 범주와의 연관성을 따지지 않을 수 없다.

간략히 설명하면, 멤버십 범주의 활용에는 다음과 같은 특징이 있다.

첫째, 많은 멤버십 범주 가운데에는 서로 짝을 이루며 성립하는 이항 범주들이 있다. 예컨대, 교사라는 범주는 학생과의 대비 속에서 성립한다. 마찬가지로 변호사–의뢰인, 의사–환자, 남편–부인, 피해자–가해자, 친구–친구, 부모–자녀, 경찰–피의자, 윗사람–아랫사람 등이 이에 해당한다. 각 범주에서의 상황적 행위는 서로 대립된 정체성 범주와의 연관성 속에서 성립한다.

둘째, 멤버로서의 예는 문화를 공유하는 특정 집단의 일원에만 적용되지 않고 상황적 행위에 가담된 역할체에도 적용된다. 이러한 예는 주변에서 얼마든지 찾아볼 수 있다. 즉, 한국인과 같이 본연의 정체성을 나타내는 멤버십 범주에서부터 시작해서 재즈 연주자, 노숙자, 흡연자뿐만 아니라 행인, 구매자, 승객, 구경꾼, 줄을 서서 기다리는 사람, 시청자, 전화를 건 사람과 받은 사람 등 상황적 역할 범주에 이르기까지 멤버십 범주의 종류와 수준은 다양하다.

화자와 청자의 예를 들어 보자. 우리는 화자의 공동체 또는 청자의 공동체를 상정하지 않고도 화자 또는 청자로서의 역할이나 역량에 관해 말할 수 있다. 상대방에게 말을 건네거나 시작하는 행위나 그 말을 듣고 어떻게 대답하고 처리해야 하는지에 있어서는 분명 그에 걸맞은 역량이 요구된다. 예컨대, 그들의 대화 행동은 '먼저 말을 꺼낸 사람으로서의 행동'과 '그 말을 받는 사람으로서의 행동'으로 전개된다. 마찬가지로 문맥의 의미를 파악해 가면서 소설을 읽는 사람도 그 역량을 무한한 일반화된 타자들(the generalized others)과 공유했다는 의미에서 멤버라고 할 수 있다. 결국 다른 누군가와 그 역량에 따라서 파생되는 정체성을 공유했지만 그 누군가는 반드시 특정 문화를 공유한 집단에 합법적으로 인정되어 소속된 일원일 필요는 없다.

셋째, 멤버십 범주는 사람에게만 적용되지 않고 비인간 또는 심지어 추상적 개념의 범주에까지 확장될 수 있다. 예컨대, 은행, 강아지, 팔과 다리, 집, 따뜻함과 차가움, 실제와 이론, 근대 국가, 관료, 사회보장제도 등이 해당될 수 있다.

이상에서 열거한 멤버십 범주의 특징을 고려하면서 멤버십 범주 분석에서 중요하게 살펴볼 필요가 있는 것은 어떤 행위나 상태를 나타내는 많은 개념은 상식적으로 '범주와의 연관성(category boundedness)'을 전제로 성립한다는 점이다. 예컨대, '울다'라는 개념은 어른보다는 아이에게 어울린다. 살림을 한다는 것은 남자보다는 여자 그리고 미혼녀보다는 기혼녀에게 어울린다. 물론 어떤 행위는 특정 멤버에게도 해당되고 일반 사람들에게도 연관되어 있다. 예컨대, 가르치는 행위는 교사에게, 그리고 배우는 행위는 학생에게 더 연관되어 있어 보이지만 일반인에게도 해당할 수 있다. 그러나 민속방법론에서는 어떤 행위가 그에 어울리는 멤버십 범주와 연관성을 갖는 것은 당연히 생기는 현상이 아니라 어디까지나 상황적 행위에 따라 일어나는 현상이라는 점에 주목한다.

또한 사람들이 멤버십 범주를 사용하는 데에는 경제성이라는 특징이 나타난다. 낯선 대상이나 인물을 접했을 때 우리는 하나의 범주로 그 혹은 그것을 보고 판단하려고 하는데, 이는 우리 행위에 있어서 경제성의 특성이라 할 수 있다. 예컨대, 우리는 누군가 낯선 사람에 관해 서술할 때 하나의 범주를 사용함으로써 그의 전반적인 면모에 관해 효과적으로 파악하려는 경향이 있다. 또한 어떤 한 인물을 놓고 그 주변의 인물이나 대상은 그 범주와 연관성 있는 인물 또는 대상으로 파악하려는 경향이 있는데, 이는 우리 행위에 있어서 일관성의 특성이라 할 수 있다. 예컨대, 수석 바이올린 연주자 옆에 서 있는 사람은 다른 오케스트라 단원으로 보일 가능성이 많다. 그리고 앞서 예로 든 사진에서 생각해 볼 수 있듯이 어린아이 옆에 서 있는 어른은 그 아이의 아빠로 비춰질 가능성이 많다.

사람들이 자신의 의도대로 멤버십 범주를 어떻게 활용하는지 가장 손쉽게 분석해 볼 수 있는 예는 한눈에 쉽게 글쓴이의 의도를 파악하게 해야 하는 뉴스 기사의 헤드라인에서 찾아볼 수 있다. 예를 들면 다음과 같다.

'동네 편의점을 턴 흑인'

여기서 왜 하필 흑인일까? 그 혹은 그녀는 도시 빈민일 수도 있고 일탈 청소년일 수도 있지 않을까? 편집자는 흑인이라는 범주와 절도 행위를 서로 연관시켜 양자가 서로 불가분의 관계라는 판단을 보여 주기 위한 의도에서 멤버십 범주를 활용하였다고 볼 수 있다. 멤버십 범주를 활용해 작성한 이런 종류의 뉴스 기사는 주변에서 흔히 찾아볼 수 있다.

민속방법론에서 멤버로서의 행위를 분석한다고 해서 이를 인간의 행위는 멤버로서의 범주에 따라 결정된다고 보면 오해다. 오히려 정반대다. 실제 상황을 보다 세세히 들여다보면 사람들은 멤버로서의 범주에 따라 결정되어 있다기보다는 그러한 범주를 지속적으로 이용하여 자신들이 하고자 하는 행위 또는 의도를 전개해 나간다. 혹은 우리 행위를 결정짓는 것이 멤버십 범주라기보다, 우리는 멤버십 범주를 활용해서 우리가 의도한 바를 관철시킨다. 즉, 멤버십 범주의 상황지시성과 멤버십 범주의 의미는 맥락적으로 결정된다.

멤버십 범주와 연관되어 있지만 개인들 자신은 그에 따라 결정된다기보다는 그것을 활용해서 자신의 의도를 실현한다. 예를 들어, 다큐멘터리 방송 인터뷰는 그 다큐멘터리가 보여 주고자 하는 상황을 더욱 극대화하는 식으로 이루어지는 경우를 종종 볼 수 있다. 전통 한옥에서 한껏 한복을 차려입고 정성스레 제를 올리는 종손의 정체성은 그에게 다른 정체성이 있을까 의구심이 들 정도로 우리와는 너무 다른 시대에 살고 있는 낯선 '뼛속까지 종손'으로 비춰진다.

대안학교에 다니는 학생과의 인터뷰도 그러한 예를 잘 보여 준다. 그리고 방송이 그러한 효과를 극대화하기 위해서 의도적으로 인터뷰 대상자를 선별하거나 사전에 각본을 공유한다는 것은 오해다. 그러한 효과를 극대화해 주는 것은 방송 이전에 인터뷰 대상자의 상황적 행위다. 그 다큐멘터리에서 취재하고자 하는 내용이 무엇인지를 이미 알고 있는 인터뷰 대상자로서는 최대한 그 상황에 맞게 자신의 답변과 설명을 충분히 윤색한다. 대안학교 다큐멘터리가 대안학교에 대한 보도에 목적이 있다는 점을 알고 있는 대안학교 학생은 정말로 자신이 경험한 바로 그 학교에서의 '대안적인' 교육 체험에 초점을 맞추어 이야기한다. 멤버로서 타자에게 보고하는 답변인 것이다. 마찬가지로 동양의 유교 전통의 한 사례로 집안 제사를 취재하러 온 서양 기자에게 한옥마을 종손과의 인터뷰는 더 극적일 수 있다. 여느 인터뷰와 마찬가지로 무엇이 답변되느냐 하는 것은 그 상황의 목적에 비추어 경험에 대한 이야기가 재구성되기 마련이기 때문이다.

물론 이는 인터뷰 대상자가 자신의 경험에 대해 충분히 객관적으로 이야기하지 못한다는 지적이 아니다. 대안학교 학생은 인터뷰 맥락상 그 학교의 대안성의 장점만을 부각하여 이야기할 것이며, 한옥마을의 종손은 우리 예법의 미에 대해 설명할 것이다. 그보다는 인터뷰 대상자는 인터뷰 속에서 상대방의 요구가 무엇인지 잘 알고 있으며, 따라서 그에 대해 자신의 경험을 어떻게 표현해야 하는지, 자신에게 부여된 멤버십 범주와 어떻게 연관 지어 말해야 하는지 잘 알고 있다는 점에 주목해 볼 수 있다. 그가 인터뷰를 통해 이야기하는 내용도 의미 있는 질적 연구 분석의 주제가 될 수 있지만 이야기의 구사 방법 또한 연구 분석의 주제가 될 수 있으며, 민속방법론은 바로 여기에 관심을 둔다.

여기서 다시 우리의 상황적 행위가 더 근본적인 것인지, 아니면 멤버십 범주가 더 근본적인 것인지 따져 볼 필요가 있다. 이런 점에서 민속방법론은 매우 포스트휴머니즘(post-humanism) 차원의 분석 전략을 취한다. 포스트휴머니즘은 인간에게 이성적 주체라는 특권의 지위를 부여하지 않을뿐더러 상황적 행위에 관한 한 인간과 비인간의 경계조차 상정할 수 없다는 입장을 가리킨다. 그리하여 민속방법론은 사람이나 정체성 자체에 존재론적인 지위를 부여하는 것을 경계하였다. 기계와 다른 종과의 종적인 경계와 차이보다는 그들과의 상황적 상호작용에 의해 엮이는 혼종적 현상이 우리가 경험하는 현실 세계이기 때문이다. 이렇게 볼 때 계획과 동기를 가진 개인이 상황적 행위를 만들어 내지 않고 반대로 상황적 행위의 연쇄사슬이 계획과 동기를 가진 개인을 만들어 낸다는 말이 무슨 의미인지 잘 이해할 수 있을 것이다.

멤버십 범주의 분석과 아이덴티티 노동[4)]

로비는 사람들이 출근길과 퇴근길에 반드시 통과하게 되는 일상의 공간이다. 그곳에서 사람들의 일상을 안전하게 보호해 주는 경비원 혹은 보안 요원은 생활세계에서 작든 크든 그 존재감을 드러낸다.

로비는 첫 번째로 맞이하는 내부 공간으로 외부와 내부를 연결하는 역할을 한다. 이 공간은 공공장소로 개방성이 강하고 사람들이 원활하게 움직이는 공간이자 우편함, 택배함, 안내 데스크 등이 있는 기능성 공간이다. 또한 입주민이 진 · 출입을 하는 공간으로 편의성과 안전성의 기능을 한다. 최근의 주상복합 아파트의 경우는 보안 카드를 대야만 로비에 진입할 수 있다. 이 공간은 방어적인 공간이며 안전과 방범 및 프라이버시의 기능도 충족한다.

산업사회의 필연적 결과로서 도시화는 아파트촌을 중심으로 한 집단 거주의 양상 아래 새로운 경비 수요를 낳았다. 우리 사회의 근대화 과정 및 그 결과들과 밀접한 관련을 맺으면서 우리나라 민간 경비는 발전해 왔다. 산업화와 도시화는 민간 경비의 수요를 창출한다. 새로운 공간의 성장과 전통적인 공간의 분화에 따라 범죄 기회가 증가하였고, 경제 발전이 본격화된 1960년대 이후로는 다중 이용 상업시설이 점점 더 늘어났다. 범죄율의 증가는 다중 이용 상업시설과 같은 공간이나 전통적인 생활세계 영역에서의 보안 수요를 자극하였다. 감소 추세를 보이던 침입절도와 강도 사건이 1990년대 중반을 기점으로 급격하게 증가하였고, 대중매체는 범죄 사실에 대한 정보와 그에 대한 두려움을 증폭하였다. 우리나라 민간 경비가 1990년대 중반을 거치면서 생활세계의 주거 공간으로까지 급속하게 시장 영역을 넓힐 수 있었던 것은 근대화 과정을 거치면서 형성되어 온 사회적 · 개인적 범죄에 대한 두려움을 극복하기 위해 민간 경비에 의존했기 때문이다. 경비원 혹은 보안 요원은 외부의 침입으로부터 개인의 안전과 유 · 무형의 재산 등을 보호해 주는 사람으로서 보안(security) 산업에서 매우 중요한 역할을 담당하는 핵심 주체라 할 수 있다.

1960년대 말부터 5층 아파트가 등장하기 시작하였으며, 1970년대 이후부터는 층수도 높아지고 대규모 아파트 단지가 건설되었다. 1980년대와 1990년대에는 다양한 아파트 구조가 등장하였고, 2000년 이후로는 초고층 주상복합 아파트 건설이 본격화되었다. 주상복합 아파트는 편의성과 높은 삶의 질을 강조하며 호텔과 같은 공간과 서비스 방향으로 나아가고 있다. 이러한 주상복합 아파트는 어느 아파트 주거 공간보다도 철저한 보안 서비스를 제공한다. 아파트 입구, 내부, 주차장, 엘리베이터, 편의 공간 등에 설치되어 있는 CCTV를 전문 보안 업체가 관리하고 있고 전문화된 보안 요원이 24시간 주민들의 보안을 담당한다. 그렇다면 전문성으로 무장한 보안 요원들의 일은 어떻게 구성되고 있을까? 주민들의 생활세계이자 보안 요원들의 직업 공간으로서의 일상은 어떻게 상호작용하고 있을까?

이러한 전제를 바탕으로 최근 주상복합 아파트에서의 보안 요원들의 일에 접근해 보겠다. 최근의 보안(security) 업무는 과거의 경비 일과 극적인 차이를 보인다. 최근에 나타나는 현상은 보안 업무 영역이 세분화되어 간다는 것이다. 과거에 한 아파트 동을 한두 명의 경비원이 교대로 지키며 총괄적으로 해 왔던 업무가 세분화되었다. 개인 재산과 거주 공간의 경비와 보호, 지적 재산의 보호, 위기 관리 활동에의 참여, 정보 분석과 처리, 전자 수단을 이용한 감시, 사인의 공간 또는 직원에 의해 저질러진 범죄에 대한 수사, 범죄 예방, 위기 관리, 손실 감소, 폭력 예방, 자산의 호송과 보호 등이 그것이다.

다음은 한 주상복합 아파트의 로비에서 이루어진 보안 요원과 주민의 대화 상황이다.

대화 1

(주민이 엘리베이터에서 나와 아파트 출입구를 향해 걸어간다.)

보안 요원: 안녕하세요.

주민: 안녕하세요.

대화 2

(주민이 엘리베이터에서 나와 아파트 출입구를 향해 걸어간다.)

보안 요원: 안녕하세요.

주민: 수고하세요.

대화 3

(주민이 엘리베이터에서 나와 아파트 출입구를 향해 걸어간다.)

보안 요원: 안녕하세요.

주민: 안녕하세요.

보안 요원: 바닥 조심하세요.

주민: 네.

대화 4

(주민이 현관 앞에서 아파트로 들어가려 한다.)

주민: 문 좀 열어 주세요.

(보안 요원이 문 앞에 서자 문이 열린다.)

보안 요원: 주민이세요?

주민: 네.

보안 요원: 몇 호 사세요?

주민: 801호요.

(보안 요원이 기록한다.)

대화 5

(주민이 보안 카드를 대어 문을 열고 로비로 진입한다.)

보안 요원: 안녕하세요.

주민: 안녕하세요.

이상의 대화는 주상복합 아파트의 보안 요원과 아파트 주민 간에 이루어진 상호작용 과정이다. 대화 1, 2, 3은 주민이 로비를 지나 외부로 나갈 때 보안 요원과 나누는 대화이고, 대화 4, 5는 주민이 외부 공간으로부터 로비로 진입할 때 보안 요원과 나누는 대화다.

대화 1에서 보안 요원은 엘리베이터에서 걸어 나오는 주민에게 "안녕하세요."라고 인사를 하고, 주민은 로비에 서서 인사를 건네는 보안 요원에게 "안녕하세요."라고 반응한다. 대화 2에서 보안 요원은 엘리베이터에서 걸어 나오는 주민에게 "안녕하세요."라고 발화하고, 주민은 보안 요원에게 "수고하세요."라고 반응한다. 대화 3에서 보안 요원은 엘리베이터에서 나오는 주민에게 "안녕하세요."라고 인사를 하고, 주민은 보안 요원에게 "안녕하세요."라고 인사를 한다. 보안 요원은 "바닥 조심하세요."라며 바닥이 미끄러울 수도 있다는 사실을 고지하고, 주민은 이해했다는 표현으로 "네."라고 대답한다.

대화 4에서는 보안 카드를 가지고 나가지 않은 주민이 출입문을 열 수 없게 되자 로비에 있는 보안 요원에게 "문 좀 열어 주세요."라고 말한다. 보안 요원은 출입구 앞으로 가서 자동문이 열리도록 한 뒤 로비에 들어온 사람에게 "주민이세요?"라고 묻는다. 주민이 "네."라고 대답하자 보안 요원은 "몇 호 사세요?"라고 묻고, 주민은 "801호요."라고 대답한다. 대화 5에서는 보안 카드를 대어 문을 열고 들어오는 주민에게 보안 요원이 "안녕하세요."라고 인사를 건네고 주민도 보안 요원에게 "안녕하세요."라고 대답하는 상황이다.

▸어떻게 보안 요원인가

대화 1, 2, 3, 5에서는 모두 보안 요원이 먼저 주민에게 "안녕하세요." 라고 인사를 건네고 있다. 로비에서 이루어지는 주민과 주민의 인사와는 분명 다른 측면이 있다. 주민들이 공동의 공간에서 마주했을 때는 더 구체적으로 서로 눈이 마주쳤을 때와 같은 상황에서 "안녕하세요."라는 인사를 나누기도 하는데, 그때에는 내가 먼저 인사를 건네야 할까에 대한 망설임과 상대의 인사가 나를 향한 것이 맞는가에 대한 확인 등이 함께 발생한다. 보안 요원의 "안녕하세요."는 준비된 발화이며 주로 먼저 발화된다. 또한 보안 요원의 "안녕하세요."는 또렷하고 몸짓 언어로 대체되지 않는다. 반면 주민의 경우는 보안 요원의 인사에 대해 목례나 눈인사 등의 몸짓 언어로 반응하기도 한다. 즉, 발화의 시작이 보안 요원에게 있다는 측면과 안녕한지에 대한 궁금함 혹은 반가운 감정 등을 드러내지 않는 공식적인 절차라는 측면에서 주상복합 아파트의 보안 요원은 인사를 하고 있지만 인사가 아닌 보안 업무를 하고 있는 것이다.

이러한 측면을 잘 드러내는 것이 대화 2다. "안녕하세요."라는 인사를 하는 보안 요원에게 한 주민은 "수고하세요."라고 대답한다. 이 상황에서 주민은 보안 요원의 인사를 이해하고 그에 어울리는 노련한 행위를 한 것으로 보인다. 로비에서 보안 요원과 주민이 마주치는 맥락에서 보안 요원은 먼저 인사하는 것을 통해 자신의 정체성, 즉 보안 서비스를 제공하는 자로서의 정체성을 극대화한다.

또한 보안 요원은 서비스를 제공하는 자로서의 스타일을 만들어 자신이 보안 요원임을 보여 준다. 비교적 젊은 남성이라는 것과 그들의 의상과 도구(무전기 등), 자세, 말투, 시선 등이 로비에 서 있는 이 사람이 보안 요원이라는 것을 드러낸다.

▶제지인가, 가드인가

대화 4는 보안 요원에게 예기치 못한 어떤 긴장을 유발하는 상황이다. 보안 요원은 주민 외의 외부인의 출입을 통제해야 하기 때문에 주민인가 아닌가를 판단해야 하는 긴장된 상황에 놓인다. 특히 주민이라는 정체성을 드러내는 보안 카드를 가지고 있지 않은 사람을 어떻게 다루어야 하는지에 대해 나름의 전략을 가지고 있다. 보안 요원은 상황과 맥락에 따라 행위한다. 대화 4는 로비로 진입하는 사람이 주민인지에 대한 판단을 하는 보안 요원의 추론을 잘 드러낸다. 대화 4의 상황은 주민에게 제지의 의미로 받아들여지기도 한다. 내 집에 내 마음대로 들어갈 수 없을 것 같은 인상을 심어 준다. 실제로 보안 요원 제도의 시행 초기에 주민을 제지하는 보안 요원과 주민의 마찰이 생기기도 했다. 보안 요원은 주민인지를 확인하는 절차를 공식적으로 보이게 하는 행위(반복적인 질문과 일지에의 기록)를 함으로써 주민들과의 마찰을 줄인다. 자신의 행위가 제지라기보다는 가드의 측면이라는 점을 드러낸다.

유사한 상황에서 보안 요원의 행위는 제지가 아닌 가드로 끊임없이 변주한다.

대화 6

(종량제 쓰레기 봉투를 들고 엘리베이터에서 주민이 나온다.)

보안 요원: 안녕하세요.

주민: 네, 안녕하세요.

(주민이 밖에 있는 쓰레기 처리장에 쓰레기를 버리고 아파트 출입문으로 향한다.)

(보안 요원은 주민이 보안 카드를 대지 않고 들어올 수 있게 출입문 앞으로 다가와 문이 열리도록 한다.)

주민: 고맙습니다.

대화 7

(주민이 보안 카드가 없어 보안 요원에게 문을 열어 달라고 쳐다본다.)

(보안 요원이 출입문 앞으로 다가와 문이 열리도록 한다.)

보안 요원: 안녕하세요.

주민: 안녕하세요.

대화 6은 보안 요원이 주민이라는 정체성을 확실하게 보여 주는 주민에게 서비스를 제공하면서 가드한다. 또한 대화 7과 같은 경우도 있는데, 앞의 대화 4와는 다른 양상이 나타난다. 두 주민 모두 보안 카드가 없었지만 대화 4에서와 달리 대화 7에서는 보안 요원이 주민인지 확인하는 절차를 생략한 채 주민에게 "안녕하세요."라고 인사를 건네고 주민도 보안 요원에게 "안녕하세요."라고 대답한다. 심지어 대화 7에서는 적극적으로 문을 열어 달라는 의사 표시를 하지 않았음에도 보안 요원이 주민들이 받는 서비스를 제공한다. 그 주민과 안면이 있었을 수도 있고 그 사람이 매우 주민 같았을 수도 있다. 이러한 보안 요원과 주민의 상호작용을 통해 보안 요원의 일이 상황적이고 맥락적이며 상황적 추론으로 해결하는 과정이라는 것을 볼 수 있다. 주민들도 보안 요원의 일에 대한 대응으로 주민같이 보이는 것을 통해 그들로부터 서비스를 제공받고 가드받는다. 즉, 주상복합 아파트 보안 요원의 업무는 전문적인 일처럼 보이지만 실제 애매모호함을 어떻게 가드할 것인가에 관한 업무다.

Chapter 05

사회적 상호작용과 대화의 분석

상호 반영체로서의 말과 상황

공동 이해는 어떻게 가능한가

사회적 행위와 대화의 구조

사회적 상호작용과 대화의 분석

우리의 현존은 서로에 대해 환경으로 작용한다(McDermott, 1976: 27).

민속방법론의 상황적 추론과 실제적 행위에 대한 관심은 일상의 대화와 같은 사회적 상호작용에 대한 분석으로 이어진다. 이러한 연구 방식에는 전통적인 문화기술지가 활용되기도 하고 텍스트를 분석하거나 각종 녹음 또는 녹화 기록 자료가 동원되기도 한다. 오늘날 민속방법론의 연구에서 가장 널리 쓰이는 방법 가운데 하나로는 일상의 장면에서 일어난 대화 상황을 분석하는 방법을 들 수 있다. 사람들의 일상적 경험과 일상의 실천 가운데 많은 부분은 말을 주고받는 행위가 차지하고 있을 뿐만 아니라 말은 일단 그것이 관찰 기록되면 누구든 반복해서 검토할 수 있는 매력적인 연구 자료이기 때문이다.

민속방법론은 상황적 실천을 관찰하고 기술하는 한 가지 전략으로 대화 분석이라는 연구 프로그램을 제시하였다. 애초에 민속방법론이 언어학이나 사회언어학과 같은 관심사에서 대화 분석이라는 분석 방법을 착안해 낸 것은 아니었다. 발화 행위의 구조 또는 대화나 상호작용의 구조 자체를 밝히는 것이 가핑클(Garfinkel)의 초기 관심은 아니었기 때문이다. 이미 언급했듯이, 민속방법론에서 줄곧 관심을 두었던 주제는 실천적 행위의 합리성에 대한 해명이었다. 그러나 말의 행위를 빼놓고서 사람들의 상황적이고 실천적인 행위에 관해 충분히 해명하기란 불가능하다. 다른 유기체가 아닌 사람의 경우 실천적 행위의 대부분은 '몸의 방법', 예컨대 도자를 빚는 손 기술, 발레의 몸짓, 와인 감별인의 미각과 같은 감각 등을 통해서 이루어질 뿐만 아니라, 특히 상황을 구성하고 다시 바로 그 상황에 구속받는 우리의 말을 통해, 말에 의해, 그리고 말과 함께 이루어지기 때문이다. 예컨대, 학생들을 통제하면서 동시에 교과 지식을 가르쳐야 하는 교사는 그의 주된 업무가 말의 구사에 의존해 있으며, 따라서 교사의 실천지는 말이라는 행위의 활용과 관련된다.

이에 민속방법론에서는 일상에 대한 관찰 연구(natural observational science)를 지향하며 일상의 상황적 행위에 대해 상세한 기술과 해석을 요구한다. 1960년대에 때마침 널리 보급되던 테크놀로지는 실시간으로 일어나는 일과 그것이 일어난 상황을 매우 상세하게 재생산 가능한 방식으로 연구하도록 해 주는 좋은 매체였고, 민속방법론자들은 이를 상황적 행위의 분석에 활용하기 시작하였다. 그것은 원자료의 녹취록만 있다면 연구자 누구라도 녹취된 일상 언어를 되풀이해서 보고 들으며 이전의 해석을 검증하고 재해석해 볼 수 있는 등 반복 가능한 데이터를 기반으로 해석과 분석을 얼마든지 수정·보완할 수 있는 그야말로 탄탄하고 매력적인 방법론적 전략이었다. 그러나 이후에 대화 분석 연구자들은 민속방법론적인 관심을 벗어나 대화의 구조 자체에 관한 탐색에 몰두함으로써 민속방법론과는 거리를 두게 되었고, 대화 분석이라는 연구 프로그램에는 그에 합당한 별도의 분석 방법이 있다고 생각하는 경향이 더욱 강해졌다. 오늘날 많은 대화 분석 연구는 언어 활용에 있어서 형식적 구조의 규칙을 해명해 가는 언어학에서의 화용론적 연구에 근접해 있는 반면 통상적인 사회과학에서의 질적 연구와는 거리가 멀어져 왔다.

이하에서 소개하는 대화 분석에서는 대화의 구조 자체보다는 실천적 행위와 추론이 어떻게 일상의 대화나 상호작용 속에서 작동하는지 민속방법론적 관심에서의 그 기본적인 전제에 관해 살펴보고자 한다. 대화 분석은 민속방법 연구를 위해서 상황적 실천 행위, 즉 일상의 실천의 시계열적(moment by momnet) 구성 과정의 생생함을 기술하고 분석하는 데 보다 접근이 용이하도록 자료를 기록하고 전사하여 활용할 수 있는 최소한의 도구일 뿐, 여기서의 분석 주제나 해석 방법 등은 앞서 소개한 민속방법론적인 관심과 다르지 않다.

상호 반영체로서의 말과 상황

대화 분석을 이해하기에 앞서 말의 기능에 관해 잠깐 되짚어 볼 필요가 있다. 일반적으로 언어는 무엇인가를 표현하는 표상적 기능이라고 보는 관점이 널리 공유되어 있다. 이 관점에서는 언어가 무엇인가를 지칭하고 표현해 준다는 점에서 언어의 사용을 정보의 전달과 공유라는 소통 기능을 갖는 것으로 보고자 한다. 이와 달리 언어의 사용은 다른 무엇을 표상하기 이전에 그 자체로 하나의 행위이며 상대방에 대해 수행되는 행위 지시적 기능을 담고 있다. 말의 속성을 이렇게 파악하고자 하는 관점을 이미 언급한 바 있는 화용론이라고 하는데, 화용론에서는 말의 의미가 문법적 구조에서 나오는 것이 아니라 곧 상황적 용법에서 나온다고 본다. 언어철학을 비롯한 많은 현대 사회과학에서는 언어 행위에 관한 한 화용론적인 관점이 언어의 속성에 있어 지배적인 생각으로 자리 잡아 왔다. 예컨대, 탈구조주의자 질 들뢰즈(Gilles Deleuz)는 언어의 표상적 기능보다는 용법적 기능에 관해 다음과 같이 서술하고 있다.

> 표현이나 표현자가 내용에 끼어들며 개입하는 것은 내용을 표상하기 위해서가 아니라 그것을 예견하기 위해서, 철회하기 위해서, 지연시키거나 촉진시키기 위해서, 분리하거나 결합하기 위해서, 혹은 다른 방식으로 재단하기 위해서란 사실……(Deleuz & Guattari: 이진경, 2002: 285에서 재인용).

민속방법론의 생활세계의 프래그마타에 대한 관심에서 엿볼 수 있듯이, 민속방법론은 상황 지표적 행위가 어떻게 합리성을 갖게 되는지에 관한 해명에서 출발하였다. 앞서 언급한 바 있는 상황지표성은 우리의 말과 상황이 서로를 반영해 준다는 점을 나타내는 개념이다. 즉, 상황은 우리의 행위나 언술을 통해 그 의미를 부여받기도 하고 동시에 다시 우리의 행위나 언술은 그 상황에 의해 제 의미를 확정하기도 한다는 점에서 서로가 서로를 반영한다고 말할 수 있다. 말은 발화 맥락에 속해 있는 동시에 상황적 맥락에 따라 그 의미를 제약받게 되며, 다른 한편으로 상황적 맥락을 구성하기도 한다는 점에서 발화 행위와 상황적 맥락은 서로 반영적 관계에 있다고 할 수 있다. 즉, 발화 행위는 그 행위가 조성하게 되는 상황적 맥락을 구성하는 한 부분이라고 할 수 있다. 다음은 건설 현장에서 벽돌공과 조수 사이에 주고받는 말이 어떻게 서로에게 일이 수행되는 상황을 조장하는지를 엿볼 수 있는 간단한 예다.

> 벽돌공: 슬라브.
>
> 조　수: (블록을 들어 벽돌장이에게 넘겨준다.)

벽돌공: 슬라브! (머리를 저으며 더미를 다시 가리킨다.)

조　수: 슬라브? (블록을 던져 버리고 다른 모양의 돌을 집어 든다.)

벽돌공: 슬라브. (조수로부터 슬라브를 건네받으며 고개를 끄덕이고 웃는다.)[1)]

여기서 벽돌공의 이전의 말은 조수에게는 자신의 다음 번 행위를 예측할 수 있는 일종의 시간적 환경을 마련해 준다(말의 순서가 갖고 있는 행위적 성격에 관해서는 Schegloff, 1996 참조). 조수의 다음 번 행위는 바로 이전의 상대방의 행위의 맥락을 통해 구체화된다. 쌍방 간의 이러한 행위는 서로가 서로의 행위를 보고 그것을 바탕으로 구성되어 간다. 여기에서 흥미로운 사실은 서로의 다음 번 행위는 즉각적으로 구성된 환경에 대해 역시 즉각적으로 반응되어 나온다는 점이다.[2)] 즉각적인 반응을 통해 구성된 행위는 심사숙고를 거쳐 나온 행위가 아니다. 그렇다고 해서 그 반응은 행동주의 심리학에서 이야기하는 조건적 반사 작용과는 거리가 멀다. 즉각적인 반사이지만 그 행위를 둘러싼 맥락 안에서 구조화되어 있다. 그 행위의 의미는 다른 데 있는 것이 아니라 이미 즉각적인 반응 행위로 구체화되어 드러난다. 좀 더 정확하게 말하면, 의미란 결코 다른 데 있지 않고 즉각적이지만 구조화된 행위로서만 드러나는 그 어떤 것이다. 우리는 그 구체화된 행위가 결과적으로 알려진 것을 의미라고 일컫기도 하지만, 반대로 의미가 그 행위를 결정한 것이 아니다.

앞의 예에서 벽돌공의 말 '슬라브'는 슬라브를 표현하는 표상이 아니라 자신의 조수에게 뭔가 지시를 하는 말이다. 즉, 조수의 행위를 지시하는 말이다. 그 둘은 그 상황에서 무언가를 미리 머릿속으로 공유하고 있지 않다. 그다음에 나오는 각각의 행위가 이를 말해 준다. 벽돌공의 요청과 그에 대한 조수의 반응은 서로 일치하지 않는다. 다음에 나오는 벽돌공의 몸동작과 첫 대화에서 나온 말의 되풀이는 조수의 다음 행위를 수정하게 하는 환경을 제공한다. 조수가 실패한 것은 단순히 그가 슬라브를 구별해 내지 못했다는 것 이상이다. 즉, 조수의 실패는 벽돌공의 지시를 따르지 못한 데에 있다. 이처럼 똑같은 단어의 쓰임새가 발화 당시의 국지적 상황에 따라 어떻게 그 의미가 확연히 달라질 수 있는지 알 수 있다. 한쪽 행위(물론 말을 포함한)의 결과가 즉각적인 반응으로 나타나 다시 한쪽 행위를 이끌어 나가는 과정은 일상적 장면에서 볼 수 있는 상황적 행위의 전개다.

언어가 그 단어와 결부된 어떤 표상을 일으키는 것이 아니라 행위를 지시하는 기능을 한다는 생각은 좀 더 복잡한 상황에서도 살펴볼 수 있다. 다음은 비트겐슈타인(Wittgenstein)이 철학적 탐구에서 들고 있는 예다.

> 벽돌공은 건축용 석재들을 가지고 어떤 하나의 건물을 짓는다. 벽돌, 기둥, 석판, 들보 등이 있다. 조수는 그에게 그 석재를 건네주어야 한다. 더구나 벽돌공이 그것을 필요로 하는 순서에 따라, 그들은 그 목적을 위해서 벽돌, 기둥, 석판, 들보란 낱말들로 이루어져 있는 어떤 하나의 언어를 사용한다. 벽돌공이 그 낱말들을 외친다. 이렇게 외치면 조수는 가져오도록 배운 석재를 가져간다. 이것을 완전히 원초적인 언어라고 생각하자(Wittgenstein, 1994: 20).

여기서 원초적인 언어라 함은 상대방의 행위를 지시하고 이끄는 행위를 말한다. 다음 전사한 내용은 비트겐슈타인의 설명을 실제 상황으로 재연하여 옮겨 본 것이다.

벽돌공: 좋아. 자아.
　　　　들어!
조　수: (네.)

벽돌공: 괜찮아?
　　　　이제 그쪽 들어 봐!
조　수: (어디요?)
벽돌공: (들어?)
조　수: 예.
벽돌공: 좋아.
　　　　(자, 간다.)
　　　　잘한다, 잘해.
　　　　잘하고 있어.
조　수: (음음.)
벽돌공: 자, 이제.
　　　　다시 놓아.
조　수: 이걸 들어요?
벽돌공: 그래 여기다, 자, 놓고.
　　　　(자!)
　　　　조금만 위로.
　　　　그거야, 좋아.
　　　　자!
　　　　똑같이 한 번만 더.

이상은 건축 자재를 들어 올리고 옮기는 과정에서 이루어진 벽돌공과 조수 사이의 대화다. 여기서 대화는 무언가를 표현한다기보다는 일을 어떻게 처리해 나갈 것인가에 관한 지시가 담긴 일종의 행위로서 전개된다. 발화 행위는 들어 올리는 물건, 따라 올라가야 하는 계단, 협소한 양벽, 그리고 그런 것들에 의해 그때그때 닥쳐오는 상황에 대처하여 전개되어 가는 방식 등 객관적 대상의 속성들과 아주 밀접하게 맞물려 있다.

이 경우 서로 주고받는 말들은 물건을 올리고 내리는 연속 과정을 시기 적절하게 조절하는 순간의 기능으로 작용한다. 서로 주고받는 말은 계단의 모양과 함께 어울려 서로의 행위를 조절하며 호흡을 맞추도록 해 주는 페이스와 리듬의 역할을 한다. 이상의 예를 통해 비트겐슈타인은 말이 무언가 다른 것을 표상함으로써 이루게 되는 소통이 아니라 그 자체로 실천이고 삶의 형식이라는 점을 일깨워 주었다.

> 언어가 없으면 우리는 서로 의사소통할 수 없을 것이다가 아니라, 언어가 없다면 우리는 다른 사람에게 이러이러하게 영향을 줄 수 없다, 도로와 기계들을 건설할 수 없다 등이다(Wittgenstein, 1994: 208).

여기서 두 상대 간에 오가는 대화는 상호작용으로서의 상황적 행위가 펼쳐져 가는 전형을 보여 준다. 서로의 발화 행위는 그때그때 상대방에게 다음의 행위를 내다보며 즉각적으로 반응하게 하는 환경으로 작용한다. 다시 말해, 이전의 행위는 다음 행위의 투사 조건으로 작용하고 다음 행위는 이전 행위의 기대(슈츠의 용어로 'background expectancy')로 작용한다.[3] 즉각적으로 구성된 이 환경은 단순히 물질적인 것도 아니며 단순히 의미적인 것도 아니다. 양자는 항상 분리되지 않고 일종의 짝을 이루어 현재라는 실제 시간에 사실을 구성해 내는 것이다. 다음 행위의 객관적 조건은 그 상황을 초월한 다른 데서 오는 것이기보다는 바로 이전의 행위들이다. 이러한 반응은 한참 동안의 계산적 사고를 거쳐 나오기보다는 그때그때 임시방편으로 대처해 가는 비매개적(un-mediated) 행위라는 점에서 인지주의에서 상정하는 우리 행위의 속성과는 거리가 있다. 이는 인지심리학자들이 간과해 설명하지 못한 측면을 드러내어 준다. 서로가 서로에게 그때그때 즉각적으로 환경을 구성하여 서로의 행위를 이끌어 준다는 점에서 이는 사회적 교섭 행위라고 할 수 있다. 여기서 사회적이란 말은 의미의 구체성을 가리키는 말로서, 세계가 우리의 머릿속에서 의미화된다거나 개념이 주는 의미의 작용에 의해 매개되어 나온다기보다는 반대로 우리의 행위가 세계 안에서 그 세계에 대해 즉각적으로 반응한다는 것을 의미한다.

공동 이해는 어떻게 가능한가

사회적 상호작용 현상에 대한 탐구에서 객관주의적 시각과의 차별성은 민속방법론의 근원적인 질서에 대한 관심에서 엿보인다. 가핑클은 사회 세계가 안정성을 유지할 수 있는 것은 사람들 사이에 공유되는 의미의 합치로 인해서가 아니라, 일관성을 유지해 나가고자 끊임없이 서로의 의도와 해석을 탐색하고 조율하는 암묵적인 활용의 방식에서 비롯된다고 보았다.

일반적으로 규범주의 사회 연구에서는 한 공동체 안에 속하는 개인들이라면 누구나 공통적으로 가지고 있는 의미 같은 것들이 있어서 그에 의거하여 서로에 대한 상호작용 및 이해가 가능하다고 본다. 즉, 개인들 간의 공동 이해(common understanding) 가능성은 의미의 집단적 공유라는 전제를 요구한다는 것이다. 반면 민속방법론에서는 공동 이해란 주관들의 이해가 합치되는 부분을 가리키지 않는다. 그보다는 공동 이해의 가능성을 말하는 행위에 있어서 상호 질서화된 과정의 순서에서 찾는다. 이는 '의미의 상호 일치성'이 아닌 '행위의 공동 생산'에서 공동 이해를 가능케 하는 구성적 측면을 발견한다는 것을 말해 준다.

가령 갑과 을이 대화를 해 나가는 과정 가운데 어느 시점에서 공동 이해에 도달했다고 가정해 보자. 적어도 두 사람이 서로 공동 이해에 도달했다고 생각하고 또 그에 대해 의견 일치를 보았다고 해 보자. 그러나 여기에는 어디까지나 개연성이 결부되지 않을 수 없다. 어느 하나 혹은 둘 다 서로를 속이는 상황을 생각해 보라. 비록 그 둘은 서로에게 공동 이해에 도달했음을 알렸지만 '사실은' 그렇지 않다. 이때 이 '사실'은 사실로 드러날 수 없다. 왜냐하면 우리가 가정한 위 상황은 어디까지나 필자와 같은 제3의 누군가가 있다는 가정하에 가능한 상황이고, 현실에서는 그러한 상황이 있을 수 없기 때문이다. 다시 말해, 어느 현실에서든 대화 당사자들의 속마음을 꿰뚫어 볼 수 있는 제3의 초월자란 존재할 수 없기 때문이다. 이런 식으로 생각하면 결국 의사소통에서 의미의 합치를 가정하는 것은 오직 이론적 가정 혹은 지나친 외부자적 관점의 편견일 뿐이다. 의미의 합치가 이루어졌다고 보아야 하는 상황이 있다면 민속방법론은 그것이 어떻게 이루어졌는가에 관해 탐구하는데, 이는 사람들이 대화에 임할 때 이미 합치된 의미를 가지고서 그 대화를 출발한다고 보는 규범주의 관점과는 여전히 거리가 멀다.

의사소통은 화자와 청자 간의 상호작용 과정을 말한다. 의사소통은 화자가 전달하고자 하는 내용이 있고 청자가 그것을 알고자 할 때 일어난다. 의사소통이 가능한 것은 각 상황마다 의미를 확정하지 않고 다음 말로 넘어가기 때문이다. 대화는 의미를 애매모호하게, 재해석할 여지를 남겨 놓고 그 의미가 무엇인지에 관해 확정 지을 시점을 매 상황 지연시키면서 진행된다. 만약 그때그때 화자가 말하는 바의 의미가 무엇인지 꼬치꼬치 캐묻는다면 의사소통의 전개가 자칫 어려워질 수도 있다. 가장 쉬운 예로, 수업 시간에 집요하게 꼬리를 문 질문의 포화를 계속해서 쏟아내는 학생은 그날 수업을 망칠 수도 있다. 가핑클이 대학생들에게 제시한, 일상을 혼란시키는 위반 실험 과제 또한 애매모호함 또는 불확정성(incompleteness)을 전제로 한 한없이 열려 있는(open-ended) 당연시된 일상의 생활세계의 존재에 대한 인지적 위협은 도덕적 비난이라는 반응을 불러온다는 점을 잘 보여 주고 있다. 예를 들면 다음과 같다.

친 구: 오늘 내 차 펑크 났어.

실험자: 펑크라니 그게 무슨 말이야?

친 구: (잠시 당황하면서 얼굴을 붉히며 대답한다.) 무슨 말이냐니
그게 무슨 말이야?
펑크가 펑크지. 펑크가 났다고. 다른 뜻은 없어.
그런 바보 같은 질문이 어디 있어!(Garfinkel, 1967: 42)

가핑클은 사람들이 일상의 대화에서 의미의 애매모호함을 서로 매끄럽게 처리하는 방식으로 서로 '동일한' 의미를 공유한다는 암묵적인 합의에 기반을 두고 있으며, 만약 그러한 합의가 깨진다면 도덕적 상황에 부딪히게 될 것이라는 점을 지적하였다. 그의 과제는 개인들의 인지적 질서에 대한 논의가 부재한 여타의 기존 사회학과는 달리 사회의 도덕적 질서가 인지적 질서와 어떻게 서로 맞물려 있는지를 매우 효과적으로 보여 주고 있다.

예컨대, 컴퓨터와 인간의 상호작용은 사람들 사이의 의사소통에 비해 훨씬 답답할 수밖에 없다. 왜냐하면 컴퓨터는 사람과는 달리 매번 발화된 의미가 무엇인지 정확히 결정하지 못하면 다음 단계로 넘어가지 못하거나 혹은 전혀 엉뚱한 방향으로 대화를 몰고 갈 수도 있기 때문이다. 그러나 어떠한 수정이나 정정, 보완, 반성 등도 대화 밖에서 이루어지는 법이 없이 대화가 진행되는 과정 속에서 대화가 진행되는 모습을 구성하며 이루어진다. 우리 행위의 상당 부분은 사실상 시행착오와 정정, 수정, 보완을 기반으로 이루어진다. 가핑클의 말대로, 우리의 모든 행위는 자신을 둘러싼 소우주를 테스트하거나 받아들이거나 뒤집어엎거나 한다는 점에서 하나의 모조 실험과도 같다. 이러한 연유에서 사람들 사이에 소통이 가능한 이유는 역설적이게도 의미의 불확정성, 애매모호함 때문이라고도 말할 수 있다. 의미의 불확정성과 상호작용의 행위 구조에 관해

언급한 가핑클의 말을 인용해 보자.

> 일상생활 속에서 사람들은 자신들의 발화 내용이 의미를 갖게 되는 것은 모종의 방식 때문이라는 것에 대해 당연시한다. 멤버들은 발화 내용이 그 내용의 합치는 아니더라도 어떤 규칙에 따라 언술화되었다고 인식하는 데 다양한 방법을 구사하게 되고, 바로 이 다양한 방법이 곧 합의의 공유를 가리킨다. 양자가 상통하는 이해를 공유한다는 것은 결국 서로의 인식이 동일한 데에서 비롯된다기보다는 서로의 행위가 한데 어우러지는 데에서 비롯된다고 보는 것이 더 적절하다. 즉, 양자가 상통하는 이해에 도달하는 데에는 내면에서 일어나는 해석 작업의 시간적 과정이 결부되지 않을 수 없으며, 따라서 반드시 모종의 행위 구조가 작동되고 있음을 의미한다(Garfinkel, 1967: 30-31).

그 대신 일상적 대화를 하고 있는 두 사람 가운데 어느 한편에서 자신이 이해했다는 사실을 어떻게 내보이나 혹은 상대방이 이해했다는 사실을 어떻게 탐색하나에 관심을 두고 또 그에 관하여 추론이나 사고를 하는 것처럼 연구자도 이러한 과정에서의 공동 이해 구성이라는 관심을 추구할 수 있다. 이러한 추론이나 사고는 모두 상호작용적 행위에서의 암묵적 지식의 사용에서 나오는 해석적 작용으로서, 이러한 기능이 행위의 흐름에서 어떻게 나타나는가에 대한 탐구가 바로 대화 분석에서 의도한 분석 방식이라고 할 수 있다. 다시 말해, 민속방법론에서 분석하고 있는 대화나 의사소통에서의 초점은 서로 의미한 바가 일치되는 방법이 아닌 발화 행위가 서로 어우러져 작동하는 방법에 관한 관심에서 출발한다.

흔히 의미의 공조(joint construction of meaning)라고 부르는 과정은 바로 이런 경우를 두고 하는 말이다. 전문가와 초보자, 고참과 신참, 스승과 제자가 각각의 지식 구조에서 산출되는 지식을 서로에 맞게 조정하면서 한 상황을 다음 상황으로 이끌어 가는 것이 아니며, 애초부터 서로에게 맞게 조정되어 온 그러한 상황이 개인이 소유하는 지식의 구조에 우선하며 그 구조를 구성하는 데 기반으로 작용한다. 이런 의미에서 우리에게 알려진 세계는 메를로 퐁티(Merleau-Ponty)가 어디선가 말한 바대로 이미 그리고 항상 상호 주관적으로 알려져 있는 세계다. 이러한 일상적 세계의 속성은 한마디로 초(超)실재주의(hyperrealism)라고 할 수 있다.

사회적 행위와 대화의 구조

사회는 다양하고 여러 종류의 사회적 행위로 구성된다. 이러한 활동들을 사회로 만드는 것은 사람들이 다른 사람들과 관계를 맺거나 함께 함으로써 비로소 가능하다. 어떤 활동들은 몇몇, 나아가 수많은 사람이 함께 하는 집단적인 성격을 띤다. 가족 식사, 비즈니스 미팅, 축구 경기, 정치적 선거와 같은 것이 그 예다. 혼자서 하는 일이나 활동이라도 그것은 대개 다른 사람을 염두에 두고 이루어지거나 다른 사람이 연루되어 있는 등 다른 사람들과 함께 성립 가능한 상황과 직간접적으로 관련되어 있다. 아침에 옷을 입거나, 길을 걷거나, 책을 읽거나, 편지를 쓰는 것이 그 예다. 활동들은 그것이 집단 활동처럼 기억된 것만큼이나 오랫동안 개인적 활동으로만 간주되어 왔다. 우리가 어떤 일을 하고 어떻게 그 일을 하는지는 사회적 삶의 일부라는 사실에 의해서 형성된다. 예를 들어, 맛집을 찾아 길모퉁이에서 줄을 서서 자기 차례를 기다리고 있다든지, 신문을 읽는다든지, 퇴근길에 집으로 향하는 버스를 타기 위해 서 있다든지 하는 행위는 다른 사회 구성원들에게도 바로 그 행위로 알려져 있고 그렇게 비추어질 수 있다. 결국 혼자만의 행위라는 의미에서 '개인적'이라는 용어는 함께 활동하는 사람들에 의한 것보다 덜 사회적이라는 의미를 뜻하지 않는다. 전적으로 개인 혼자 하는 행위조차도 사회적이지 않다고 볼 이유는 없다.

대화 분석은 사회적 질서가 "상대방이 이해할 수 있게끔 사회 구성원들에 의해 일련의 방식으로 구성된다." (Schegloff & Sacks, 1973: 290)는 점에서 사회적 상호작용을 검토하는 방법적 근거를 마련한다. 다시 말해, 이러한 일련의 방식은 대화 당사자들과 마찬가지로 연구자의 감각에 의해 접근 가능하기에 볼 수도 있고 들을 수도 있어 결국 분석이 가능하다는 점에서 출발한다. 이러한 분석에서는 사람들이 자신들의 행위를 상대방이 이해할 수 있도록 진행해 나가는 방법이 무엇인가에 관심을 둔다. 이때 사람들이 사용하는 방법에 대한 지식은 '실제적인 지식'으로, 사람들이 자신들이 처하고 있는 상황에 대한 지각과 다름없다. 사람들은 이러한 실제적 지식을 통해 연속되는 상황을 이해하고 동시에 구성해 간다. 대화 분석은 이러한 실제적 지식에는 일종의 체계가 있을 것이라는 가정에서 출발한다. 다시 말하면, 대화 분석은 '사람들이 어떻게 서로를 이해할 수 있는가?'라는 고전적인 질문에 대해 '사람들은 어떠한 사회적 기제에 의해 서로의 말을 이해하게 되는가?'라고 고쳐 묻는 데에서 출발한다(Moerman & Sacks, 1988).

민속방법론의 한 갈래로 출발한 대화 분석은 말의 행위에 대한 분석으로, 상호작용에서 나타나는 비교적 안정적이며 반복되는 행위의 패턴들을 묶어 일련의 규칙으로 밝혀 왔다(Sacks, Schegloff, & Jefferson, 1974; Schegloff & Sacks, 1973; Schegloff, Sacks, & Jefferson, 1977; 일반적 소개는 Heritage, 1984; Levinson, 1983 참조). 이러한 규칙은 대화라면 어느 경우에서나 나타나지 않을 수 없는 메커니즘에 관한 것이라는 점에서 맥락 초월적이라 할 수 있지만, 대화의 상호작용이 '시계열적으로 조직된(sequentially organized)' 구조를 갖는다는 점에서 이러한 대화의 메커니즘은 맥락 의존적이다.

민속방법론은 근본적으로 의사소통이 시간의 흐름과정(temporal process)라고 보았다. 'temporality'는 우리말로 흔히 '시간성'이라고 표현되는데, 그 논의의 진원지는 베르그송(Bergson) 또는 하이데거(Heidegger)로 거슬러 올라갈 수 있다. 우리의 의식이 초월적이고 추상적인 상태로 전개되지 않고 구체적으로 펼쳐진다는 점에서 시간성은 현상학에서 중요한 개념인데, 앞서 보르듀(Bourdieu)를 인용하면서 시간성이 어떻게 특정 행위의 의미를 결정하는지 언급한 바 있다.

대화 분석은 대화 도중 서로에 대한 이해는 대화의 상호작용의 실제 흐름을 초월하여 이루어지는 법이 없다는 점에서 출발한다. 대화 당사자들은 현재 대화 도중에 나온 말의 의미가 무엇인가에 관해 알아보기 위해 대화의 흐름을 멈추고 나와서, 가령 지금까지 말해 온 내용을 점검한다거나 서로의 기억을 더듬는다거나 하고 나서 다시 그 흐름으로 돌아가지 않는다. 그 대신 대화는 대화 당사자들이 서로가 하는 말을 이해했거나 이해하지 못했다는 것을 서로에게 보여 주는 방식으로 이루어진다. 설사 대화자가 자기 머릿속으로는 그렇게 한다고 생각할 때조차도 대화의 흐름은 자신의 의도를 맥락화하고자 하는 사회적 행위에서 벗어남 없이 즉각적으로 여전히 지속된다. 이런 모든 과정은 대화의 흐름 안에서만 일어나며 동시에 그것이 곧 대화의 흐름 자체이기도 하다.

대화 분석은 상호작용을 구성하는 기본 단위로 인접쌍(adjacency pair) 현상에 주목한다(Schegloff & Sacks, 1973). 즉, 시간적으로 인접해 있는 두 발화는 '조건적 연관성(conditional relevancy)'의 관계를 이루며 인접쌍을 구성한다. 질문과 대답, 인사와 맞인사, 제의와 수용 혹은 제의와 거부 및 변명 등은 인접쌍이 무엇인지 잘 보여 주는 대표적인 예다. 이러한 대화 흐름은 두 순서 조직(turn organization), 즉 바로 이전에 온 말과 바로 다음에 나올 말을 단위로 한 하나의 기본 구조로 구성된다. 이러한 두 순서는 전향적-후향적(prospective-retrospective)으로 서로 연관되어, 이전 순서는 다음 순서에 대해 최소한의 환경으로 작용한다. 대화 분석은 대화의 흐름에서 나타나는 일련의 질서에 대한 분석에 주안점을 둔다. 여기서 '조건적 연관성'의 관계란 인접한 두 행위에서 첫 번째 행위가 있었다는 사실은 두 번째 행위가 당연히 뒤따라 있으리라고 예상할 수 있다는 것을 의미한다. 만약 그렇지 않고 납득할 만한 두 번째 행위가 뒤따라 나오지 않는 경우, 화자는 이 상황을 무언가 있어야 할 것의 '부재(absence)'로 이해할 것이다. 즉, 조건적 연관성이란 두 번째 순서의 발화 내용은 첫 번째 순서의 발화 내용과 조건적으로 연관되어 있다는 것을 의미한다.

대화에 참여하고 있을 때 자신의 행위와 말은 상대의 행위나 말에 의해서 구조화된다. 다음의 간단한 예를 보자.

예 1

A: 안녕. 내 이름은 브라이언이야.

B: 안녕. 난 존이야.

예 2

A: 실례합니다.

B: 예?

예 3

A: (손을 흔들면서) 이런 젠장!

B: 괜찮으세요?

각각의 예에서 첫 번째와 두 번째 표현 사이에 성립되는 연관성에 주목해 보자. 예 1에서는 A가 상대에게 자신을 소개하고 B는 그에 응답하여 자신을 소개한다. 두 행동은 하나의 쌍을 이루며 하나의 사회적 의미, 이 경우에는 '자기소개'라는 사회적 행위를 성립시킨다. 이러한 교환은 대화 분석에서 '인접쌍'의 전형적인 예로, A의 첫 번째 표현이 B의 다음 표현 반응을 만들어 내는 것이다.

예 2는 좀 더 복잡한 구조를 보여 주고 있다. 두 인접쌍의 표현 형식에서, 여기에서는 세 번째 구조로 확장된다. A의 "실례합니다."는 B의 반응을 유발하는데, 이때 B의 반응은 두 가지 의미를 띠고 있다. 첫째는 B가 A의 말을 들었다는 것을 나타내는 의미이고, 둘째는 A의 질문이나 요청에 대하여 B가 수락을 표명하는 반응의 의미다. 예 1, 2는 건넨 말에 대한 응답을 나타내는 간단한 대화다.

이와는 달리 예 3에서는 혼잣말이 주변 사람에게 어떤 반응을 불러일으키고 있다. 이러한 예는 상호작용은 직접적으로 말을 건네는 행위가 없어도 일어날 수 있을 만큼 누군가와 충분히 가까이 있는 상황에서는 언제든지 일어날 수 있음을 보여 준다. 가까이에 있는 누군가가 갑자기 다치거나 부상으로 고통받고 있는 상황에서 B와 같은 행위, 즉 '반응'이라고 해석될 만한 행위는 '상황적으로 기대되고 예측 가능한' 행위라고 할 수 있다. 만약 B가 A의 처지에 대해 반응하지 않는다면, 그는 자신과 인접해 있는 누군가가 겪고 있는 문제를 방관함으로써 부적절한 행동을 한 것으로 치부될 수 있다. 이때 '아무런 행위도 하지 않는 것' 또한 다른 사람에게 하는 행동의 한 유형이 될 수 있다.

첫 번째 말한 사람은 자신의 행위를 다음 사람이 말한 것을 해석하는 데 있어서 전제적 토대로 사용할 수 있다. 이는 인접하는 두 행위가 서로 반영적 관계로서 전향적-후향적 관계를 이룬다는 데에서 알 수 있다. 달리 말하면, 상호작용 가운데 놓여 있는 두 인접 행위는 '자극과 반응'이라는 기계적 인과관계에 있지 않다. 왜냐하면 사람들의 행위는 원자적인 낱낱의 행위도 아니고 이 낱낱의 행위들의 기계적 연합체도 아니며, 이러한 두 행위는 그 행위 순간을 넘어서서 순서의 진행 과정을 구성하고 있기 때문이다. 이를 보다 세분화해서 말한다면, 이전 행위는 다음 행위가 뒤따라 나올 것이라는 기대를 형성하지만, 이러한 행위의 의미는 다음 행위가 나오기 전에는 확정되지 않고 다음 행위에 의해서 결정된다고 할 수 있다. 이는 모든 사회적 행위는 그것을 둘러싸고 배경적 기대 혹은 지식이 항상 작용하고 있다는 것을 말해 준다. 가령 인접쌍 현상의 경우 이는 물리적 의미에서의 근접성 이상을 가리키는바, 예를 들면 다음과 같다.

A: 오늘 밤에 올 수 있지?

B: 친구 데려가도 돼?

A: 그럼!

B: 그래, 갈게. (Schegloff, 1972: 78)

이 대화에서 A의 첫 번째 질문(1행)은 B의 두 번째 대답(4행)에 의해 종료 된다. A는 B의 대답이 나올 때까지 계속 최종 대답이 나올 거라는 '기대'를 가지고, B는 최종 대답을 해야 할 의무가 있다는 생각을 가지고 그 사이의 말들(2~3행)을 주고받는다. 이와 같이 인접쌍 현상은 물리적 인접 이상의 의미를 갖는다. 위의 예에서 1행의 질문의 인접쌍은 4행의 대답이다. 처음에 건넨 말의 의미는 바로 다음에 상대방의 말로 응답되어 종료될 수도 있지만, 한참 후에 가서, 가령 10분, 20분, 혹은 훨씬 더 긴 시간이 지나서야 끝날 수도 있다. 즉, 연관성은 바로 인접한 선후 행위들의 관계에서만 적용되는 것이 아니다. 연관성은 때로는 인접한 두 발화 내용을 넘어서서 긴 대화 전반에서 탐색되기도 한다. 예를 들면 다음과 같다.

A: (전화 벨)

B: 여보세요?

A: 효섭이네 아닌가요?

B: 잘못 거셨어요.

A: 거기가 2652에 4357 아닌가요?

B: 4367입니다.

A: 아, 죄송합니다.

이 대화에서 A의 사과는 바로 앞의 발화 행위에 대한 반응으로 나온 것이 아니라 전화를 건 것과 그 이후에 전개된 대화 전반에 대해 제시된 사과의 표현이다. 마찬가지 예로, 연극이 끝나고 쏟아져 나오는 박수갈채는 연극의 막이 내리는 것에 대한 반응도, 마지막 대사에 대한 반응도 아니다. 그것은 연극 전체에 대한 관객들의 감동과 감사의 표현이다.

A: 일요일 우리 집 파티에 올래?

B: 누가 오니?

A: 다빈이, 지우, 승한이.

B: 몇 시인데?

A: 저녁 7시쯤 오기로 했어.

B: 알았어. 갈게.

1행에서 A는 B를 집에 초대하고, 6행에서 B는 그에 대해 답변한다. 2~5행의 발화 내용은 초대와 답변이라는 인접쌍 대화에 내재화되어 있다. 내재화되어 있는 대화 내용은 연관되어 있는 내용을 탐색하는 방식으로 일관성을 가지고 전개된다.

상호작용이 사회적으로 구조화된 것이라는 말은 곧 참여자들의 행동은 이해할 수 있고 적절한 방식으로 함께 묶여 있다는 것이다. 행위는 할 수 있거나 해야만 하는 것들을 목표로 하며, 다음으로 그것이 목표로 인식되어 왔던 것에 알맞은 반응으로 인식된다. 연관된 구조는 이 특별한 상호작용에 참여한 개인들에 의해 꾸며진 것도 아니며 '기계적'으로 재생산된 것도 아니다. 그들 자신의 사회적 역량은 사회적 상호작용의 감각을 만들고 생산하는 이러한 구조를 사용하는 능력으로 구성된다.

대화에서 주고받는 말이 하나의 인접쌍을 이룬다는 생각은 대화가 성립하는 매우 단순한 원리를 밝힌 것에 불과하다고 볼 수 있다. 그러나 우리가 대화 속에서 일관성을 유지할 수 있는 까닭은 우리 대화가 인접쌍의 구조를 기반으로 하고 있기 때문이다. 또한 이러한 특성을 염두에 두고 본다면 모든 상호작용, 즉 면대면 상호작용뿐만 아니라 사람과 동물, 사람과 기계 등 사람과 객체 대상의 상호작용에 확장시켜 보면 좀 더 흥미로운 측면을 발견할 수 있다.

예컨대, 서치먼(Suchman, 1987)의 연구에서는 사용자가 기계 설비를 어떻게 조작하는지를 사용자와 기계 간의 상호작용이라는 측면에서 재해석하고 있다. 이 연구에서 그가 보여 주고자 한 메시지는 아무리 첨단 디지털 기기라도 그 작동 과정이나 조작, 특히 기기에 어떤 문제가 발생하여 점검하는 과정 등 사용자의 기기 조작은 면대면 상호작용에 의존하여 진행된다는 점이다. 이러한 분석은 대화 분석에서 해명한 인접쌍의 구조와 같은 행위 조절 시스템의 원리를 차용한 것이었다. 이 연구에서는 사용자를 대화에 참여한 한쪽 사람으로, 그리고 기계를 그의 대화 상대방으로 보고 각자에게 나올 수 있는 행위나 말, 신호 등의 반응을 다음의 표와 같이 배치하였다. 사용자의 기기 조작이 상호작용으로 재해석될 때 새롭게 발견할 수 있는 것은 한편은 상황적 추론과 실제적 행위에 크게 의존하는 사람이고 다른 한편은 합리적이고 시스템적으로만 작동하는 기기라는 점이다.

기계의 어느 장치에 이루어진 나의 조작 행위와 그에 이어 나타난 기

사용자		기기	
접근 불가 영역	접근 가능 영역	접근 가능 영역	접근 불가 영역
(동료와 나눈) 사용자의 말	조작 행위	인터페이스 디스플레이	전산 알고리듬

계의 작동은 내 행위에 대한 반응으로서, 더 나아가 내 조작이 적절했는지 그렇지 않은지 알려 주는 반응으로서 간주된다. 기계의 반응 작동은 사실상 내게 지시적 행위(instruction)로 해석된다. 그리고 사용자의 조작에도 기계가 아무런 반응을 보이지 않는다면 사용자는 이를 자신의 조작이 미처 완결되지 않은 것으로 받아들일 것이다. 그래서 사용자는 다시 자신의 조작을 이어 가야 한다. 그리고 만약 잇달아 반응한 기계의 작동이 애초에 내가 의도한 바에 맞지 않는다면 나는 다시 기계 장치에 조작을 하게 되는데, 이는 그 장치에 대해 처음 시도하는 조작으로서가 아니라 애초의 조작을 수정하고 보완하는 조작으로서 수행된 것이다.

마찬가지 예로, 만약 내가 반려견에게 공을 던진다거나 쓰다듬으려고 하는 자세를 취한다면 뒤따라 나오는 반려견의 표정이나 행위는 내가 취한 행위에 대한 반응으로 해석된다. 그러한 반응은 내가 기대했거나 그렇지 않은 반응으로 간주될 것이고, 따라서 잇달아 나오게 될 나의 행동은 다시 반려견의 답변에 대한 반응의 행위이기도 하다. 조건적으로 연관되어 있는 두 인접 행위는 사실상 상호주관성을 떠받치는 기본적인 단위라고 할 수 있다.

대화 중 상황적 추론이 어떻게 작동하는지 일상에서 흔히 마주치게 되는 상황의 예를 살펴보자.

〈대화 분석 예〉[4)]

#1. **메신저 대화**(오전 11:30)

A: 뭐 하냐.

B: ㅋㅋ 밥 먹자고요?

A: 응 ㅋㅋ

#2. 음식점(간장새우 전문점)

A: (잠시 자리를 비웠다가 다시 자리에 앉으면서) 너 어디에 넣을 거야?

B: (두리번거리다가) 경기도지 뭐. 난 또…… 뭔 소리 하나 했네. 너는?

일상생활에서의 의사소통은 애매모호함을 통해 그리고 애매모호함 속에서 이루어진다. 지금까지 나의 삶의 흐름 동안, 친구들과의 의사소통 유형 중 아마도 가장 많은 비중을 차지하고 있을 법한 예를 통해 이를 살펴보자. #1에서 "뭐 하냐."는 아마 인간과 인공지능(AI)의 의사소통 방식이 어떻게 차이가 있는지를 가장 극명하게 보여 줄 수 있는 말일 것 같다. 인공지능의 경우 '무엇을 하고 있는가?'라는 물음이 주어진다면 당연히 "저는 빨래를 하고 있습니다."와 같이 자신이 실제 어떤 행동을 하고 있는지를 언급할 것이다. 하지만 인간 세계에서의 의사소통은 이와 다르다. 이 맥락에서의 "뭐 하냐."라는 질문은 단순히 어떤 행동을 하고 있는지에 관한 정보를 취하고자 설계된 것이 아니라 수신자가 처해 있는 맥락에 비추어 판단해 보아야 할 문제인 것이다. #2의 음식점 안에서의 상황도 이와 마찬가지다. A가 "어디에 넣을 거야?"라고 말하는 것이 이 맥락에서는 무엇을 의미하는 걸까? 말 그대로 '어떤 그릇이나 통 따위의 안에 무엇인가를 놓을 것인가?'의 의미로 물어본 것일까?

질적 연구의 시각에서 이를 설명하기 위해서는 먼저 어떻게 애매모호한 상호작용이 그 애매모호함 속에서도 의사소통이 정상적으로 이루어질 수 있는지에 대해 알아보고, 다음으로 행위자들은 어떤 방법을 사용하여 상호작용 과정에서의 애매모호함에 대하여 나름대로 의미를 확정하는지에 대해 살펴볼 필요성이 있다.

애매모호함이 정상적인 상호작용으로 간주되는 것은 행위자들 간에 공동 이해가 존재하기 때문이다. 미시적으로는 두 상호작용 행위자 간의 공동 이해부터 거시적으로는 한 국가 또는 전 세계적으로 공유하는 공동 이해까지, 공동 이해는 모든 행위자를 둘러싸고 있는 일종의 장막과도 같다고 할 수 있다. 그렇다면 이러한 공동 이해는 어떻게 형성된 것일까? 결론부터 말하자면, 질적 연구에서는 공동 이해를 사회 구성원들 개개인이 공통적으로 지니고 있는 의미에 대한 이해가 하나로 합쳐져서 형성되는 것으로 보지 않는다. 그 대신 시간적으로 질서화된 행위의 과정을 통해 공동 이해가 가능해지도록 만들 수 있는 요인이 있다고 본다.

다시 대화 내용으로 돌아가면, #1에서 두 행위자 간에 의사소통이 가능했던 이유는 오후 12시는 점심 먹는 시간이라는 점, A도 B도 오후 12시경에는 점심을 먹을 의향이 있다는 점 등의 공동 이해가 존재하기 때문이다. 그리고 이러한 공동 이해는 예전부터 A와 B 모두 오후 12시가 되면 점심을 먹으러 가던 공통의 행위가 존재하는 것이지, 오후 12시가 되면 점심을 먹으러 간다는 A와 B의 이해가 서로 합치되어 나타나는 것은 아니다. #1에서는 비교적 A와 B의 공동 이해가 큰 무리 없이 정상적인 상호작용으로 이어지고 있다.

반면 #2에서는 약간 다른 측면이 존재한다. 먼저 A와 B는 음식점에서 간장새우를 먹고 있는 상황이다. 20여 년을 살아오면서 A와 B는 새우는 머리와 껍질을 까서 먹어야 한다는 공동 이해를 가지고 있다. 이 점으로 미루어 보았을 때, A가 "어디에 넣을 거야?"라고 묻는 것은 새우 껍질을 어디에 놓을 것인지를 묻는 것으로 파악할 수 있을 것이다. 또 다른 측면에서 A와 B는 중등임용고사를 준비하고 있는 고시생이다. 얼마 전에 이번 연도 TO가 발표되었다는 것을 알고 있다는 점에서 보면, A의 질문은 어느 지역에 지원할 것인지를 물어보는 것으로 파악할 수 있을 것이다. 이처럼 현실에서는 다양한 공동 이해가 존재하는 경우가 다반사다. 그렇다면 행위자들은 어떤 방법을 사용하여 여러 공동 이해 가운데서 발생하는 애매모호함을 극복해 나가는 것일까?

이처럼 일상의 모든 상황은 탐색과 실천적 행위로 구성되며, #1의 상황은 물론이고 #2와 같이 여러 공동 이해 속에서 발생하는 애매모호함을 처리하는 과정에서도 마찬가지로 나타난다.

#1. 메신저 대화

A: 뭐 하냐.

B: ('지금이 몇 시지?'

'평소에 뭐 하냐고 물어봤을 땐 주로 어떤 의미였지?'

'커피나 한 잔 하자는 건가? 좀 있으면 점심시간이니까 그렇진 않을 것 같고…….'

'도움을 요청하는 건가? 평소에 나한테 도움을 요청한 적은 없었던 것 같고…….'

'점심을 먹자는 건가? 점심시간이 다가오기도 하고 평소에도 몇 번 같이 점심 먹었는데……. 그럼 점심 먹자는 건가 보다.')

ㅋㅋ 밥 먹자고요?

A: 응 ㅋㅋ

#2. 음식점

A: (잠시 자리를 비웠다가 다시 자리에 앉으면서) 너 어디에 넣을 거야?

B: (두리번거리다가)

('뭘 넣을 거냐는 거지? 지금 먹고 있는 새우 껍질을 어디에 넣

을 거냐는 건가?'

'혹시 여기 있는 음식 중에 같이 넣어 먹는 뭔가가 있는 건가?'

'옆에 있는 가방을 넣어 놓는 곳이 있는 건가?'

'혹시 옆에 있는 소스를 찍어 먹는 게 아니라 요리에 같이 넣어 먹는 걸로 착각하고 있는 건가?'

'혹시 최근에 중등임용고사 예비 TO가 발표됐으니까 어디에 지원할 예정인지 물어보는 건가?')

경기도지 뭐. 난 또…… 뭔 소리 하나 했네. 너는?

#1과 #2와 같이 비교적 간단한 의사소통의 경우에도 복잡한 탐색의 과정을 거쳐서 자연스러운 실천으로 이어지게 된다. 그리고 이러한 탐색과 실천의 과정을 통해서 일상생활의 상호작용 속에서 발생하는 애매모호함을 명쾌하게 파헤쳐 가는 것이다. 특히 #2에서 A의 질문을 받은 B가 다양한 탐색 과정을 진행하는 동안 주변을 두리번거리는 실천적 행위가 일어나고 있음을 눈여겨볼 필요가 있다. 버스 정류장에서 자신이 원하는 버스를 타는 행위와 마찬가지로, 이 상황에서도 모든 탐색이 끝난 후뿐만 아니라 탐색이 이루어지는 과정 중에도 실천적 행위가 자연스럽게 일어나고 있다. 만약 이 상황에서 두리번거리는 행위가 일어나지 않는다면 내면에서 진행되고 있는 탐색의 행위가 정상적으로 작동할 수 없다. 이처럼 일상생활에서의 모든 행위는 내면에서 진행되는 탐색의 과정과 외부에서 보이는 실천적 행위들의 조합으로 진행되며, 이 둘을 따로 분리하여 행위를 설명하기엔 곤란한 부분이 많다.

Chapter 06

상황적 추론과 문제 해결

상황적 추론과 문제 해결

민속방법론에서는 상황적 맥락을 엮어 가는 일상의 실천 안에서 일의 내재성을 보여 주고자 하였다. 여기서 일의 내재성이란 일상의 감각, 느낌, 소소한 감정들이나 사건의 형상이 아닌 어떤 일과 관련해서 바로 그 일을 구성하는 현장적(setting) 특징을 뜻한다. 민속방법론의 일(work)에 대한 분석은 현상 이면의 원인을 설명하고 개입 방안을 모색하는 등의 규범주의적 태도에 비하면 일이 전개되는 과정 있는 그대로에 관한 이해라는 냉담한 태도를 취한다.

일에 관한 질적 연구는 일찍이 상징적 상호작용의 전통에서 수행된 연구에서 큰 성과를 이루어 왔다. 어떤 경험을 둘러싼 상호작용과 공유 가능성에 대한 이해가 상징적 상호작용 계열의 연구들이 추구했던 주요 관심사였다고 한다면, 민속방법론은 상황적 행위에 대한 집요하고도 미시적인 분석은 실제 상황에서 벌어진 '것들'을 보다 자세하게 기술하도록 요청하고 있다. 이를 통해 그 일의 내재성으로서의 일상성을 보여 주고자 한 것이다.

상징적 상호작용에 따르면, 우리에게 어떤 경험들이 생겨난다는 것은 그 경험을 공유하는 집단의 문화나 해당 공동체의 실천에 참여해 가는 과정으로 해석할 수 있다. 예컨대, 재즈 뮤지션들이 어떤 관점을 가지고 서로 어울려 어떻게 자신들만의 음악을 생산해 내는지에 관해 질적 분석을 한다고 했을 때, 소위 그들만이 공유하는 문화적 특징들에 대해 포착할 수 있다. 신참이 어떻게 그 조직이나 공동체가 원하는 방향으로 전문성을 받아들이게 되는지와 관련하여, 베커(Becker, 1963)는 마리화나 중독자들이 마리화나에 중독되는 것은 '학습'의 결과라고 하였다. 즉, 마리화나를 깊게 들이마시며 소위 '뿅 가는 법(get high)'을 맛보게 되는 것조차도 사회적 학습의 결과라는 것이다. 여기서 말하는 학습이란 이미 그러한 경험에 익숙한 동료들로부터 '즐기는 법을' 은연중에 배우는 과정을 뜻한다. 왜 마리화나 연기를 들이마시며 이르게 되는 머리 띵한 상태가 다름 아닌 '뿅 가는 것'인지 그 감흥을 마리화나를 나누어 피우는 동안 주고받는 말과 행위를 통해 서로 공유하게 된다는 것이다. 실제로 마리화나는 약물로서의 중독성에 관해 사회적으로 논란이 많은 제재이기도 하다. 실제로 어떤 뮤지션들은 마리화나 중독이 약물로서의 중독성보다는 문화의 문제라는 점을 분명히 하면서 항변하기도 한다.

상징적 상호작용은 어떤 경험이 그 자신의 정체성에까지 영향을 미치는 과정을 잘 보여 준다. 예컨대, 내 몸에 암이라는 질병이 발병했다는 것과 내가 암환자가 된다는 것의 차이와도 유사하다. 그것은 내 머리의 신경계에 이상이 생겨 정신질환이라는 질병이 생겼다는 것과 내가 정신질환자가 된다는 것의 차이이기도 하다. 물론 현실 생활 속에서 전자와 후자의 경우는 서로 분리될 수 있는 것은 아니지만 말이다. 그리고 만약 전자의 상태만이 의미 있는 경험이라고 한다면 그것은 생의학적 설명을 요청할 뿐, 그러한 현상이나 경험에 대해 어떠한 사회과학적 설명도 타당하지 않을 것이다. 정체성 경험의 수준까지의 분석은 개인과 집단 간의 상호작용에 관한 상징적 상호작용의 관심을 잘 반영하고 있는 것으로 볼 수 있다.

반면 민속방법론에서는 공유 가능성이나 공유 집단과의 연관성 등 해당 상황을 초월한 상황과의 관련성 문제는 다루지 않는다. 그것은 그 상황을 이해함에 있어서 그 상황 자체가 하나의 내재적인 총체성이라고 보았고, 상황적 행위 자체가 바로 그 일이고 그 공유가 사건화된 상황이라고 보았기 때문이다. 별도로 보다 거시적이나 별도의 상황과의 연계성을 굳이 가정하지 않고도 그 일이 실제로 일어나는 시계열적(sequential) 구성 과정, 이질적인 사물들이 서로 연관성을 이루면서 구조화되는 과정에 관한 분석만으로도 충분히 바로 '그 일 자체'를 해명할 수 있다고 보았기 때문이다. 통상적인 사회과학이 탐구 대상, 즉 바로 그 일과 관련해서 그 일을 둘러싼 사회적 맥락에 관해 해명하고자 한 반면, 민속방법론은 그 일을 그 일로 성립할 수 있게 하는 '이미 맥락화된' 현장적인 질서(local order), 바로 그 일 자체(just thisness)에 관해 밝히고자 하였다. 즉, 통상적인 사회과학에서는 거시적인 설명을 선호한 채 그 일 자체의 생활세계성에 관해 해명하는 일은 탐구 대상이 될 수 없다고 보고 간과되어 왔다는 것이다.

여기서 그 일 자체가 의미하는 바는 그 일을 나타내는 개념의 유명론적 일관성(nominal coherence)이 보장해 주는 그 일의 핵심 내용(core)이 아닌 현장적 독특성(unique adequacy)을 말한다. 이후에 살펴보겠지만 유명론적 일관성은 어떤 일이나 사건의 핵심을 파악하는 데 도움이 될지는 모르지만 현장의 질서를 이해하는 데에는 걸림돌로 작용한다. 예컨대, 과학이라는 개념은 해당 공동체의 질서를 깨닫게 되는 데 핵심적인 아이디어를 제공하지만, 과학과 비과학의 경계를 이해의 전제로 하는 등 복잡한 현장의 질서를 편협하게 이해하도록 하는 제약으로 작용하기도 한다.

민속방법론의 입장에서 보면 세상과 현실은 온통 사람들의 구성물, 즉 인위적인 구성물이 아니라 일상적이고 실천적인 구성물이다. 사람들은 일상의 현실을 엮어 나가는 데 끊임없이 관여한다. 일상의 장면에서 매일같이 되풀이하여 일어나는 자연스러운 일조차도 민속방법론의 입장에서 보면, 아니 실제 당사자들의 입장에서도 암묵적이고 인위적이며 서로 관계하는 노력 속에서 구성된 것들이다. 이런 점에서 민속방법론에서는 규범의 수행을 전제로 하여 탐구를 시작하는 규범주의 사회이론의 이해와는 달리, 규범을 규범화해 가는 사람들의 행위를 연구 주제로 한다. 즉, 규범주의 사회이론에서는 구성원들은 공동체가 공유하고 있는 규범을 지키도록 되어 있다는 점을 기정사실화하고 그로부터의 일탈이나 이행에의 어려움 등에 연구의 관심을 두는 데 반해, 민속방법론에서는 사람들이 규범을 어떻게 활용하여 자신이 하고자 하는 일을 해 나가는지 그리하여 현실을 구성해가면서 살아가는지에 관심을 둔다.

이 장에서는 멤버십 범주의 활용에 관한 분석, 그리고 대화 분석에 이어 민속방법론의 세 번째 연구 영역인 일(work)의 분석에 관해 살펴보고자 한다. 여기서는 일에 관한 민속방법론적 이해를 문제해결 과정을 중심으로 정리해 보고자 한다. 문제 해결은 그 수준이나 범위가 크든 작든 우리가 관여하는 일의 과정에 편재해 있다. 이를 위해 우선 우리의 사유와 마음씀의 과정이 어떻게 관찰 가능한지 상황적 맥락을 엮어 가는 우리의 상황적 추론과 실제적인 행위와 어떻게 연관되어 있는지 살펴보자.

실천적 사유의 관찰 가능성

앞서 살펴본 상황지표성이라는 실천적 행위의 한 속성에서와 같이, 민속방법론에서의 많은 연구는 일반적으로 많은 사회적 현실이 경우화

(occasioned)되어 있다는 점에 주목한다. 여기서 어떤 사고나 행위가 경우화되었다는 것은 상황 안에서 구체화되어 이루어진다는 것을 의미하는 것인데, 이를 통해 민속방법론이 실천적 행위에 관해 밝히고자 하는 바가 무엇인지 다음과 같이 탐색해 볼 수 있다.

예컨대, 사고, 측정, 관찰, 발견, 증명, 표현, 소통 등 지식의 생산과 관련된 실천 양식들은 전통적으로 인식론적 탐구의 대상으로 다루어져 왔으며 교육 연구에서도 다루어질 법한 연구 주제라고 할 수 있다. 그런데 민속방법론은 그러한 개념들이 하나의 유명론적 정합성만을 가지고 있을 뿐 구체적인 현장에서 실제로 일어나는 실천적 행위에 대해 말해 주는 바는 별로 없다는 점을 지적해 왔다. 그러한 개념들이 가지고 있는 유명론적 정합성은 우리의 실천을 구성하는 다양한 맥락적 요소를 우리의 관심 밖으로 제외하여 자칫 배타적인 범주로 작용할 수 있기 때문이다.

그 대신 지식의 생산에 관여하는 제반 실천 양식에서 실제로 일어난 일을 하나의 규칙 혹은 규정으로 묘사하지 않고 어떻게 관찰이나 측정, 발견, 표현 혹은 그 밖의 어떠한 사건으로 확인할 수 있는지에 관해 주목한다. 민속방법론에서는 어떤 일이나 사건 또는 현상이 그 자체로서만 파악될 수 있도록 일어난다기보다는 특정한 맥락이나 상황 안에서(in the context)뿐만 아니라 그러한 맥락이나 상황이 전개되는 일환으로서(as the context) 일어난다는 점에 착안한다. 실제 세상에서 많은 현상은 '경우화되어' 일어나지만 유명론적(nominalistic) 오해로 인해 '이, 저 경우들'이 바로 그 현상인지 제대로 포착하지 못한다는 것이다. 민속방법론은 이른바 인지 과정이라고 간주될 수 있는 일들이 개인내적 심리 과정(intra-psychological process)이라고만 보기에는 맥락적이고 상황적인 속성을 가지고 있다는 점, 따라서 인지 과정이라고 간주할 수 있는 행위들이나 현상들을 질적 접근으로 탐구할 수 있다는 점을 집요하게 파고든다.

경우화된 상태를 가리키는 용어는 우리 주변에서 얼마든지 쉽게 찾아볼 수 있다. 한 시골 할아버지가 어느 날 서울대학교 캠퍼스에 와서 길에서 서성대면서 두리번거리며 무언가를 찾고 있다. 그러고는 지나가던 학생을 붙잡고 묻는다. "학생! 대학이 어디 있는가? 나에게 대학을 좀 가리켜 주게나." 그 학생이 대답한다. "여기가 대학입니다. 할아버지!" "여기라니? 이 길? 이 앞의 건물들이 대학이야?" "아니요." "도서관 건물이, 사범대학 건물이 대학이라고?" 그 할아버지가 원하는 대답은 '대학' 생활 공동체를 이루며 학문을 업으로 하는 활동 및 제도라는 의미에서의 대학이었을 것이다. 이것은 가상의 대화이지만 그것이 시사하는 바는 '범주 착오'와 관련된 이야기다. 할아버지는 대학이 마치 '영주 사과' 혹은 '인하대 서호관 건물'과 같이 지칭될 수 있는 가시적인 대상을 갖고 있는 대상이라고 생각한 것이다. 이처럼 어떤 개념들은 대상 개념이라기보다는 상태 혹은 성취 상태를 가리키는 의미를 담고 있다.

앞서 언급한 실천 양식들은 유명론적 정합성을 갖고 있으면서 어떤 상태를 가리키는 단어다. '학습' '탐구' '문제 해결' '대학' 등도 이에 해당한다. 어떤 정황적 사태나 상황을 보여 주며 이것이 바로 대학, 이것이 바로 학습이라고 자세히 묘사할 수밖에 없다. 라일(Ryle, 1949)은 정신 또는 육체의 영혼이 우리의 행위를 규정한다는 판단에 대해 범주 착오에서 비롯된 생각이라고 꼬집은 바 있다. 범주 착오를 설명하기 위해 라일이 든 예 하나를 보자. 대학의 조교와 교수 사이에 나눈 짤막한 다음 대화에서 대학의 시스템이 어떻게 경우화된 상황으로 나타나는지 엿볼 수 있다.

조교: 교육사회학 과목 김영민 학생 중간고사 답안지 누락되었네요.

교수: 보자…….

아! 시험 때 출석 안 했어.

조교: 아!

마찬가지로 이러한 인식론적 주제들은 교육적 상황에서도 얼마든지 찾아볼 수 있는데, 교수, 학습, 발견학습, 수행평가, 토론, 증명, 지시, 문제 해결 등 탈맥락적으로 다루기 쉬운 주제들이 그 예다. 예컨대, '학습'이라는 개념은 학습심리학에서뿐만 아니라 교육학에서 다양한 의미로 파악되어 왔을 뿐만 아니라 그 외연 범위가 어디까지인지가 논란의 대상으로 다루어져 왔다. 학습심리학에서는 학습을 행동의 변화 또는 인지적 변화로 파악해 왔지만 변화의 경계가 무엇을 의미하는지에 관해 많은 논의가 제기되어 왔다. 그런 점에서 일찍이 듀이(Dewey)도 경험과 학습은 서로 어떻게 구분되는지조차 홀연하기만 하다는 점을 지적하기도 하였다.

민속방법론이 취하는 실천론적 접근에서는 이러한 주제들의 활동은 귀납적 또는 연역적 방법과 같은 형식적인 논리나 추상적인 설명을 통해 이해하는 데 한계가 있다고 본다. 그리고 실제로 그러한 활동이 일어나고 있는 상황에 대한 세심한 관찰과 기술을 통해서 비로소 그 활동들이 어떻게 일어나는지를 파악할 수 있다고 가정한다. 즉, 민속방법론에서 제시하는 실천론적 접근(praxiological approach)에서는 인식론적 탐구에 대한 진정한 대답은 추상적이고 사변적인 접근이 아니라 인식론적 주제로 다루어 왔던 실천의 양상들을 그것들이 일어나는 일상적 생활세계 안에서 재구체화(re-specifying)함으로써 구현할 수 있다고 본다. 그러한 접근에는 현상학적 탐구가 의도하고 있듯이 일어난 사건을 그대로 재현해 보인다는 의미가 담겨 있지만, 그러한 작업은 또 다른 의미로 해석될 수도 있다. 그것은 곧 어떤 일이나 활동을 탈맥락화하여 이해하는 데에서 비롯되는 오해나 편견으로부터 벗어나는 데 있다. 우리가 이해하고 있는 어떤 사건이나 일에 있어서 주변적인 것이라고 생각했던 것들은 대개 우리의 일상생활에서의 실천과 관련된 것들로서, 사실은 바로 그것이 그 일을 구성하고 있는 중요한 부분이라는 점을 밝혀 준다. 단지 그것들은 너무나 자명하고 익숙한 것들이어서 그 일의 핵심일 것이라고 알아채지 못한 부분들이라는 것이다. 그것은 행위자들이 자신들이 개입된 사건이나 일에 대해 부여하는 의미가 성립할 수 있도록 중요한 기능을 하는 실천에 대한 이해다.

물론 예를 들어 과학적인 탐구 활동과 상식적인 일 처리 능력은 서로 분명히 다른 범주의 지적 상태를 가리킨다. 과학적인 탐구 활동에는 상식적인 일 처리 방식이 항상 수반되어 일어난다. 그렇다고 해서 과학적 지식이 상식에 기초한다는 것을 의미하는 것은 아니다. 분명 양자는 서로 다른 범주의 지식이고 활동일뿐더러, 과학적 지식은 심지어 상식을 초월하기도 하고 배격하기도 하면서 훨씬 세련된 지적 수준을 보여 준다. 그러나 민속방법론에서는 표현체로서의 지식을 두고 이야기한다기보다는 과학자 또는 전문가가 실제로 하고 있는 일, 눈앞의 일을 처리해 가는 진행 과정(ongoing actions)이 실제적이고 그래서 상식적 이해에 기반을 두고 있다고 볼 수 있다. 그러한 과정은 말 그대로 구성원들의 방법대로 진행된다는 것이다.

실천적 행위가 경우화되어 일어나는 현상에 관해서 좀 더 알기 쉬운 예를 들어 보자(Suchman, 1987). 가령 신형 복사기를 구입하였다고 해 보자. 여기에는 사용자 지침서, 즉 매뉴얼이 들어 있고 이 책자를 통해 사용자는 여러 가지 메뉴의 기능과 사용법에 관해 접할 수 있다. 그러나 매뉴얼의 내용은 말 그대로 지침과 지시들로 되어 있다. 그러한 지침과 지시가 복사기의 실제 작동으로 이어질 수 있기 위해서는 사용자가 그것들이 의미하는 바가 무엇인지를 알고 실제로 작동시켜 보는 과정을 거치지 않으면 안 된다. 여기서 말하는 실천적 행위란 그 일이 일어나게끔 한 바로 그 일의 과정적 측면을 가리킨다.

즉, 매뉴얼은 상황 속에서 벌어지는 일들과 그에 대처하는 방식에 대해 충분한 정보를 제공하지는 않는다. 어떻게 대처하고 처리해야 하는지는 순전히 당사자의 몫이다. 일이 한창 진행될 때와 처리가 끝난 이후에 그 일에 대해 부여되는 우리의 생각 사이에는 다소의 차이가 있다. 그러나 일단 일이 처리된 다음 전개 과정에서 벌어진 일들이나 처리 방식은 그 매뉴얼의 절차대로 일어난 것처럼 여겨지는 것으로 의미 부여를 하고, 서로에게 또는 타인에게 바로 '그 매뉴얼이 알려 준 바'로 설명한다.

상황적 변인들을 그 일과 관련해서 주변적이고 일시적인 것, 그래서 가능하면 연구에서는 외생 변인으로 처리해야 할 것이 아니라 '바로 그 일이 일어나도록 한 바로 그것'으로 본다면 우리의 이해가 어떻게 달라질 것인가? 민속방법론은 일상의 맥락적 요인으로 치부된 것들이 왜 바로 그 일의 내재적 과정으로 전개되는지를 잘 보여 준다.

오히려 애매모호함이 존재하기 때문에 상호작용이 일어난다는 것은 서로 대화를 하거나 메시지를 주고받는 사람들의 생각 사이에 공통분모가 있음을 전제로 하지 않는다는 점을 말해 준다. 그러한 공통분모는 전형성(typifications)이라고 할 수도 있고 말 그대로 상식적 지식(common-sense knowledge)이라고 할 수도 있다. 일반적으로 공동체의 구성원이라고 한다면 무언가를 공통분모로 공유하고 있다는 전제를 내포한 개념이라고 생각할 수 있지만, 실제로 한 공동체의 구성원이라고 해서 그들 사이에 서로 공유되는 의미가 동일한 것만은 아니다.

여기서 협상과 공조는 상호작용을 지속해 가기 위해 실천적 행위가 어떻게 활용되는지를 보여 주는 좋은 예다. 이 점에 관해 좀 더 이해하기 위해 전문가와 일반인 간에 일어날 법한 상호작용을 예로 들어 보자. 전문직으로서의 의료 업무에 관해 생각해 보면, 근대 이전과는 달리 현대 사회에서 병을 진단하고 치료하는 의료 행위는 전문가들의 몫이다. 단순하게 표현하면 의료 행위는 신체적 증상과 그에 대한 진단과 치료로 구성된다. 전자가 자연현상이라고 한다면, 후자는 그에 대한 인식과 대응 전략이라고 할 수 있다. 그런데 병에 걸리고 그것을 치료하는 과정에는

'신체적 증상'과 그에 대한 '진단과 치료' 이상의 복잡한 문제들이 얽혀 있다. 즉, 환자는 자신의 증상이 어떤 질병에 해당하고 그것을 어떻게 치유할 수 있는지 알기 위해 병원에 가서 적절한 진단과 처방을 받아야만 하는데, 여기에는 자신이 겪고 있는 증상에 대해 무지한 일반인이 어떻게 전문가의 서비스, 즉 의사의 진료 행위에 접근할 수 있는지, 그와 어떻게 상호작용을 해야 하는지 등의 실제적인 기본 지식이 필요하다. 물론 그러한 지식은 수많은 정보가 네트워크로 연결되어 가시화된 현대사회에서는 일상화되어 있기 때문에 일반 시민이라면 누구라도 알 수 있는 것들이다.

의사의 문진 행위를 예로 들어 보자. 의사와 환자는 전문가와 의뢰인의 관계다. 여기서 권위와 힘은 지식에서 나온다. 양자 사이에 상호작용이 이루어지는 패턴을 보면 실제적으로 권위와 힘이 어떻게 유지 · 형성되는지 알 수 있다. 통상적인 문진 행위는 의사와 환자 간의 질문과 대답으로 이어져 나가는데, 이때 대부분의 질문은 의사의 몫이고 대답은 환자의 몫이다. 환자가 발언권을 독점해 스스로 질문을 이어 갈 경우 자칫 의사의 진료에 대해 이의를 제기하는 것으로 오해될 수도 있고 그의 권위를 침해하는 것으로 보일 수도 있다. 문진 행위를 통해 진료하고 처방을 내리는 매우 미묘한 상황이지만 진료 업무가 안정적으로 진행될 수 있는 것은 의사와 환자 양자가 서로 이러한 절차를 암묵적으로 수행하기 때문이다.[1)]

더욱이 문진을 넘어서 의사가 환자의 몸에 손을 댄다든지 하는 행위는 자칫 도덕적인 문제로 비추어질 수 있다. 그러나 능숙한 의사라면 그 상황이 일반적인 상황이 아닌 '의료 상황'이라는 점을 은연중에 상기시키는 방식으로 환자로부터 상호작용을 유도한다. 동시에 환자는 자신의 몸의 일부에 대해 가해지는 의사의 행위를 응시하는 대신 허공을 바라본다든지 하는 방식으로 의사의 시선과의 마주침을 의도적으로 피함으로써 그 상황이 주관적인 감정이 개입된 상황이 아닌 객관적인 상황이라는 데에 동조해 나간다. '그' 상황을 다른 상황이 아닌 바로 '의료 상황'으로 만드는 상호작용에서 구성원들이 실천적 행위를 어떻게 활용하는지 잘 엿볼 수 있다. 이러한 예는 수업 상황, 고참과 신참 간의 대화 상황, 멘토와 멘티 간 상호작용의 상황에서도 잘 찾아볼 수 있다.

과학적 발견에 관한 실천론적 이해의 한 예를 들어 보자. 민속방법론의 관점에서 처음 수행된 과학 실험실에 대한 질적 연구는 1981년 가핑클(Garfinkel)과 그의 제자 린치(Lynch)와 리빙스턴(Livingston)이 수행한 천문학 연구실에 관한 연구다(Garfinkel, Lynch, & Livingston, 1981). 이 연구는 미국 스튜어드(Steward) 천문대에서 존 코크(John Cocke)와 마이클 디즈니(Michael Disney)가 이끄는 연구실에 대해 이루어졌다. 그들의 연구는 1969년 1월 16일 밤 이들 천문학자가 중성자별로 알려진 광학 펄사의 존재를 처음으로 확인하는 천문학적 발견 상황에 맞추어져 있었고, 가핑클은 전사된 녹음 기록 상황을 상세하게 기술·분석하였다. 연구의 초점은 역사적인 과학적 발견이 어떻게 현장에서 상호작용적으로 전개된 행위였는지를 상세하게 보여 주는 데 있다. 민속방법론자들은 연구의 초점을 천문학자들의 그때 거기서의 발견이 정말로 '과학적 발견'이었는지에 두지 않고 그들의 상황적 행위가 전개되는 과정에 두었다.

디즈니: 여기 펄스 좀 봐!

코 크: 야! 설마 그럴리가!

디즈니: 스케일 중간에 정확히 폭발이 있어! 중간에 정확히! 정말 여기서 딱 보이잖아!

코 크: 어!

디즈니: 점점 커지잖아!

코 크: 세상에! 정말이네. 음!

디즈니: 이런 세상에! 펄스야! (웃음) 점점 커지고 있어. 존!

맥칼리스터: 맞아!

디즈니: 봐!

맥칼리스터: 그러게, 맞아!

……

디즈니: 두 번째 신호야, 여기!

코　크: 펄스 두 개가 온다! 작은 거와 큰 거, 그렇지?

디즈니: 어, 맞아. 이건 확실치 않지만 저건 펄스 맞네!

코　크: 이럴 수가!

디즈니: 두 번째 것이 나온다면…… 믿을 수가 없군.

코　크: 두 번째 것이 나온다면…….

디즈니: 세상에 이리 와서 이것 좀 봐! 역사적인 순간이야!

이 상황 기술에서 민속방법론이 보여 주고자 하는 분석의 초점은 천문학자들이 어떻게 과학적 발견을 하게 되었는지에 있지 않다. 그보다는 그 시각, 그 공간에서의 일이, 그것도 일상적인 지각과 상황 지표적 표현들이 어떻게 과학적 발견이라는 결과로 나타나게 되는지를 보여 주고자 한다. 분석의 관심은 천문학자들이 기기에 나타난 신호 등의 표상들에 대해 각자의 해석을 맞추어 가는 방법이나 자신들의 해석에 대해 합의해 가는 과정에 있지도 않다. 또한 아하 경험과도 같은 창조적 순간에 맛볼 수 있는 체험의 과정에 있지도 않다. 그 대신 분석의 관심은 어떻게 그들이 오실로스코프 위에 나타난 신호를 동일한 것으로 보면서 일을 처리하고 있는가에 있다. 즉, 그들 분석의 초점은 프랙티스의 상황 탐색적 측면에 있다. 매일 유사한 일을 반복하지만, 과학자들은 그날그날의 '특개성(just thisness)'으로 인해 자신들이 처한 상황을 마치 처음 '경험하고 있는 것'처럼 다음에 무슨 신호가 발생할지, 기기 조작에는 아무런 문제가 없는지, 무엇을 주목해서 보아야 할지, 이 모든 것이 어떻게 될지 등에 관해서 상황적으로 탐색하기 마련이다. 그리고 그러한 탐색을 서로에게 확신시켜 가는 과정을 보여 준다.

물론 그 날의 발견은 과학자들의 과학적 선이해와 사유 그리고 그들 공동체의 합의가 창출해 낸 구성물이다. 관여자들 사이에 해석과 논쟁이 어떻게 일어났고 어떻게 합의에 이르게 되는지, 그리고 결국 해당 과학 공동체의 승인을 얻게 되었는지 하는 통상적인 과학사회학적 설명도 가능하다. 또한 그러한 설명에 의한 해석에 비하면 민속방법론이 보여 주는 해석은 심층적인 분석에 따른 것, 예컨대 왜, 어떻게 펄사의 존재가 그 연구소에서 그들에 의해 발견될 수 있었고 그러한 발견이 그들 공동체 안에서 어떻게 입증될 수 있었는지, 그들은 이런 모든 일과 과정에 대해서 어떻게 의미 부여를 하는지 등보다는 펄사의 발견 상황에서 피상적으로 일어난 것들의 분석에 따른 것으로 보인다. 그리고 여기서 부딪히게 되는 문제는 평범한 일상의 상황이 그 자체로 사회과학의 분석 대상일 수 있는가 하는 것이다.

반면 이러한 과정을 전제부터 과학적 발견이 어떻게 구성되어 가는가 하는 관점에서 설명한다면 멤버들의 실제적이고 상황 탐색적인 측면은 성공의 결과, 즉 정상 과학이라는 범주로 환원되어 그 날의 '실천성'이 갖는 상황적 전개의 엮음새를 놓칠 수 있다. 펄사는 그 날 일의 전개 흐름 속에서 그 존재를 드러낸 것이다. 여기서 민속방법론이 보여 주고자 한 분석의 요점은 시간의 전개 과정 속에서 상황이 구조화되고 그 안에서 자연의 객체도 그 존재성을 취하게 된다는 점이다. 그리고 그 시간의 전개 과정은 현장 당사자들의 상황적 · 실천적 행위가 서로 엮여져서 만들어 낸 것이라는 점이다. 그들이 합의해 가는 것은 그들의 해석이 아닌 그들이 보고 있는 것에 관해서다. 이는 상황적이고 실천적인 행위들이 그 자체로 과학적 발견이라는 사건에 내재적 요인으로 작용하였음을 의미한다. 이 점을 이해하기 위해서 탐구 또는 문제 해결의 상황 내재적 속성에 관해 좀 더 살펴볼 필요가 있다.

상황 내재적 문제 해결

> 상황에 대하여 무수히 많은 방식으로 이루어지는 멤버의 추론이 곧 그 상황을 존립하게 하는 내재적 속성이기도 하다(Garfinkel, 1967: p. 9).

탐구 또는 문제 해결의 과정은 어떤 상황 또는 수준에 상관없이 사람들이 살아가는 상황 안에서 항시 일어난다. 엄마와 딸 사이에 매일같이 오가는 일상적인 대화의 장면에서도, 쿼드 소립자의 존재라는 아직 밝혀지지 않은 가설을 증명하기 위해 실험 기기를 가동하는 첨단물리학 실험실에서도 우리는 문제해결 과정을 발견할 수 있다.

일반적으로 인지주의적 관점은 환원주의적 관점을 취함으로써 실제로 벌어지는 문제해결 과정에 대해서는 간과해 왔다. 환원주의는 일상적인 장면에서 목격할 수 있는 행위들은 개인들의 머릿속에서 실제로 일어났다고 생각되는 일의 일부만이 외현적으로 드러난 것이라고 간주한다. 여기에는 일상적이고 상황적이기에 직접적으로 연관성이 없어 보이며 사소한 것으로 치부되는 행위는 개인들의 마음 안에서 실제로 일어난 사유에 비하면 주변적인 것이거나 부수적인 것이라는 선입견이 깔려 있다. 다시 말해, 주변적인 것 또는 부수적인 것은 핵심적인 것에 비하면 일어나지 않아도 되는 것, 따라서 되도록 간과해야 하는 것으로 간주된다. 여기에는 탐구나 문제 해결 또는 학습은 일상의 경험이나 행위와는 분명 구분된다는 생각이 오랫동안 전제되어 왔다.

민속방법론은 이러한 생각과는 반대로 오히려 일상적이고 상황적인 행위로 치부되었던 일들이 우리 사고 내부에서 일어났다고 생각한 그 일의 핵심, '바로 그것(just thisness)'을 구성하는 내재적 행위들이라고 보았다. 여기서 상황적 행위가 내재적이라는 것은 사회적 질서가 다름 아닌 그러한 행위에서 비롯된다는 것을 의미한다. 좀 더 정확히 말하자면, 바로 그 상황에서 일어난 그 행위를 배제한 채 사회적 질서에 관해 이야기한다는 것은 어불성설(語不成說)이라는 말이다. 이런 점에서 보면, 우리가 흔히 어떤 일에 관해 말할 때 '과정'이라는 후식어를 덧붙이는 것은 아마도 마음이나 지식, 일련의 합리적 절차 등으로 환원될 수 없는 상황이 전개되는 총체성의 디테일을 일컫기 위함이 아닌가 생각해 볼 수 있다.

바로 이 점에서 민속방법론은 우리가 질적 연구에서 염두에 두어야 할 시사점을 제시해 주고 있다. 현장을 관찰해야 하는 현장조사에서 당장 목격할 수 있는 것은 일상의 장면들이고, 그것들이 일상의 장면인 만큼 현장에서 벌어지고 있는 일들을 포착하고 분석하여 언술화해야 하는 우리로서는 적지 않게 당황스러울 수밖에 없다. 일상 속에서는 내가 보고자 하는 일과의 연관성이 분명하지 않고, 관찰하는 모든 것이 어떻게 표상화될 수 있는지 애매모호하기만 하다. 따라서 많은 질적 연구자는 벌어진 일들의 세세한 부분들 자체에 천착하는 대신 그 일 또는 그 현상에 부여할 만한 의미에 관해 탐색하기 시작한다. 어떤 경우에는 현지인들의 이야기에 의존하여 그 의미를 찾기도 하고, 또 어떤 경우에는 보다 거시적인 관점에서 더 냉담하게 그러한 일들이나 현상에 대해 어떤 사회적 의미가 부여되어야 하는지를 탐색하기도 한다.

그런 점에서 민속방법론은 현장 연구자가 맞부딪히게 되는 일상의 곤혹스러움으로부터 헤어날 수 있는 일종의 출구로서의 가능성을 보여 주었다. 즉, 민속방법론은 현장에서 맞부딪히는 일상의 현상들은 연구자가 떨쳐 내야 할 더 이상의 곤혹스러운 불만의 대상이 아니라 그들이 탐색하고자 한 현장의 질서라는 점을 보여 주고 있다.

한 예로, 상황적 변인을 주변적인 요인으로 처리하고자 한 전통적인 인지주의 심리학자들과는 달리 상황인지론이나 사회구성주의를 표방하는 연구들을 보면 문제해결 과정에서 실천적 지식이 어떻게 사용되는지 밝히고자 한 일단의 연구 선례를 찾아볼 수 있다. 이들 연구는 문제 해결이 왜 그리고 어떻게 상황 안에서 그리고 상황으로서 전개되는지 심층적으로 기술하여 보여 주고 있다. 이를 달리 표현하면 생활세계에 대하여 기술한 것이다.

예를 들어 보자. 다이어트 환자들이 식사량 처방에 따라 식사를 준비하는 과정에 관한 레이브(Lave, 1988)의 다음 관찰 기술은 실제적인 지식을 활용하는 구체적인 상황 안에서 문제해결 과정이 일어나는 과정을 잘 보여 준다. 다이어트 병동에 입원한 환자들은 다이어트 매뉴얼에 따라서 자신들의 식사를 준비하도록 되어 있는데, 어느 한 경우 그 매뉴얼은 환자들에게 치즈의 식사량을 2/3컵의 3/4으로 하도록 처방하고 있다. 이러한 처방에 어느 정도 익숙해진 환자의 경우를 관찰한바, 잠시 머뭇거리며 생각하다가 수식에 따라 계산하지 않고(2/3×3/4=1/2) 치즈 덩어리를 눈짐작으로 컵에 넣어 2/3쯤으로 만들고는 이를 도마 위에 엎어 놓고 둥근 모양으로 잘 추수린 다음 십자(+)를 그어 거기서 1/4쯤을 떼어 낸다.

이 분석 · 기술된 내용과 관련하여 여전히 제기될 만한 질문은 이러한 행위가 상황적 사고를 나타내는 행위가 아니라 이미 내면화된 연산 지식을 특정 대상에 적용하여 조작하는 과정에서 나타나는 현상이 아닌가 하는 반론이 있을 수 있지 않을까 하는 것이다. 그리고 그런 만큼 위와 같은 기술은 소위 마음 씀을 심층적으로 보여 주지 않고 단지 외현적인 행위로만 드러난 표층의 현상만을 밋밋하고 단순하게 분석하여 기술한 내용에 불과한 것이 아닌가 하는 의문을 불러일으키기도 한다. 혹은 고차원적인 지식에 대해서 그것을 상황적 행위로 이해하려고 한다면 자칫 우리 마음 내면에서 일어나는 일에 대해서는 간과할 수 있다는 지적 또한 가능하다. 다시 말하면, 그것은 우리 마음이나 몸 혹은 두뇌 어딘가에 이전에 이미 내면화된 지식이라는 개념의 상정을 통해서 외현적으로 드러난 상황적 행위가 갖는 의미라고 설명할 수 있지 않은가 하는 질문 또한 제기될 수 있다. '내면화'라는 용어가 부적절하다면 체득(體得)이라고 하자. 명시적 차원이 아닌 암묵적 차원의 지식에 관한 이야기라는 점을 잘 나타낼 테니 말이다. 여기서 암묵지가 의미하는 것은 우리의 머릿속인지 혹은 몸속인지라는 지식의 소재지의 차이일 뿐 여전히 지식은 지식이라는 점이다.

실천지, 즉 우리의 실천에 결부되는 지식은 흔히 암묵지와 동일한 의미로 받아들여 사용되어 왔다. 암묵지는 도구를 사용할 때 동원되는 체득된 지식, 예컨대 기술 요령을 의미하는 것으로 생각하기도 한다. 도구의 활용은 그 활용을 뒷받침하는 지식의 원천이 우리 머릿속에 있지 않고 우리 몸의 감각에 있음으로 해서 가능하다는 것이다. 여기서 암묵지에 관한 설명에서 흔히 제시되는 도구라는 개념은 암묵지가 우리의 지적인 행위에 얼마나 중요하게 작용하는지를 설명하는 데 쓰인 하나의 은유로서, 그것이 실상 의미하는 바는 지식이다. 그러나 도구라는 개념은 어디까지나 우리의 지식 활용이 얼마나 실천지의 속성을 담고 있는지를 보다 쉽게 보여 주기 위해 사용된 은유일 뿐, 암묵지 설명에서 제시된 도구라는 은유는 우리가 사용하는 연장으로서의 물체 이상의 의미를 갖고 있다는 점을 분명히 할 필요가 있다. 바둑 게임에서의 수 읽기와 두기, 대중에게 새로운 의제에 관해 설득하는 정치인의 연설, 아이의 수학 퀴즈 풀이, 학생들에게 어려운 과학 개념을 전달하는 교사의 설명에서부터 조직 내 의사 결정, 전문직에서의 업무 수행 과정에 이르기까지 문제해결 과정에서 동원되는 도구의 의미는 매우 광범위하다. 그리고 그것은 실상 우리의 지적 행위에 결부되는 매개체를 포괄적으로 의미한다.

앞의 예에서 서술된 측정 행위에서 보여 주고자 한 것은 치즈가 측정의 대상이면서 동시에 측정의 도구로 사용되고 있다는 점이다. 그리고 수리적 사고가 대상의 조작과 서로 떼려야 뗄 수 없는 관계의 양상으로 나타나고 있다는 점을 보여 주고 있다. 치즈가 측정 도구이면서 동시에 측정 대상으로 작동하는 상황에서는 객관적이고 추상적인 연산의 사고와 상황적으로 발생하는 대상에의 조작 간의 구분이 사라지게 되며, 그 과정은 결국 사실상 평범한 일상의 조작으로 우리에게 포착된다. 다시 말해, 그것은 합리적이고 객관적인 지식의 적용이라고 파악하기에는 상황 맥락적이며 자의적인 작업의 과정으로 보인다.

그러한 과정은 행위자 자신도 보았으되 알아채지 못한(seen but unnoticed) 과정이며, 그 과정이 합리적이고 객관적인 문제해결 과정이라는 것은 행위자가 자신이 진행해 온 일에 대해 사후에 부여하는 의미 차원에서 성립하는 이야기에 불과하다. 흔히 해석학에서 말하는 '해석학적 순환'은 문자와 사고 간에만 순환되는 초월적인 과정이 아니다. 사물 그리고 문자와 같은 기록장치(inscription)를 다루는 우리의 실천 안에서도 해석학적 순환은 절묘하게 구현된다. 다시 말하면, 실천적 사유는 활동의 대상으로서 그 활동이 지향하고 있는 목표인 동시에 그것을 달성하기 위해 우리가 취한 활동의 일부이기도 하다. 뒷부분에서 이야기하겠지만, 이러한 순환성은 실천적 행위가 성찰적 사고를 체화하고 있다는 점을 말해 준다.

최근 과학사회학 연구들(Lynch, 1993)은 실험실 현장에 대한 생생한 문화기술지를 통해 실험실에서 사용되는 물질적인 객체들이 연구자들의 사회적 행위로서 과학적인 의미를 얻게 되는 과정에 관해서 자세히 묘사하고 있는데, 이 또한 구체적인 문제해결 과정이 띠게 되는 실천적 성격을 잘 보여 준다. 흔히 자연과학에서 과학적인 방법 하면 가설과 검증 내지는 반증에 대한 방법론을 떠올릴 수 있다. 이에 의하면 과학자들은 가설을 세우고 그것을 실험적으로 검증할 테스트 명제를 유도한 뒤에 그 명제가 참인지 아닌지를 경험적 · 실험적 증거에 비추어 살펴본다는 것이다. 그러나 과학사회학자들은 과학사회자들 자신에게 설문조사를 해봐도 자신이 그렇게 절차식으로 연구를 하고 있다고 대답하는 사람은 거의 없다고 보고하고 있다.

과학사회학자 노어-세티나와 멀케이(Knorr-Cetina & Mulkay, 1983)에 따르면, 실험실 연구들은 성공을 향한 조절(tinkering toward success)의 성격이 강하다. 어떤 기기들과 재료들을 사용할 것인가, 실험에서 나온 자료를 다루기 위해 어떤 통계 함수를 사용할 것인가, 어떤 실험의 시행 가능성은 얼마나 되는가, 실험에 들어가는 비용은 얼마나 될 것인가 등의 상황 판단은 실험실 연구방법에서 결코 주변적인 요인들이 아니다. 그것은 어떻게 하면 기대하는 효과를 얻을 수 있는가를 천착하는 기술을 발휘하는 과정이다. 이러한 과정은 자연세계의 발견이나 이미 성립된 가설에 대한 확증이나 반증이라고 하기에는 비합리적이며, 인위적이고 사회적인 것으로 보인다. 그렇지만 그러한 과정을 말하지 않고 과학자들이 실제로 하는 일에 관해 이야기할 수 있을까? 이에 과학자는 일면 레비 스트로스(Levi-Strauss)의 표현대로 브리콜레르(bricoleur), 즉 손재주꾼에 비유할 수 있으며, 그가 성취한 과학적 산물은 그 본성상 하이브리드(hybrid), 즉 혼종이라고 일컫기도 한다.

문제해결 과정의 비선형성과 일상성: 지식의 적용과 상황의 운용

일상적인 바깥 세계에서 실제로 경험하는 문제 해결이 다른 사람을 포함한 주변의 다른 환경으로부터 고립된 채 한 개인의 머릿속에서 홀로 일어나는 순수한 인지적 과정과 다르다는 점은 전문직에 종사하는 사람들이 그들의 일을 수행하는 과정에 대한 분석을 통해 잘 엿볼 수 있다. 무엇을 전문성으로 볼 것인가 하는 것은 단순한 문제가 아니다. 전문직을 연구하는 사회학자들은 해당 분야에서 고도의 합리적인 지식이나 기술을 갖추는 것만이 전문성의 성립 요건은 아니라는 점을 역설해 왔다. 그 지식이나 기술이 합리적인 지식이라고 평가할 수 있는 속성이 있는가 하는 정당성의 논리와 더불어, 여기에 사회경제적 지위나 권력, 일반인과의 상호작용 양상 등 사회정치적 요인들이 관여됨으로써 전문성이라는 하나의 범주가 성립할 수 있다는 것이다.

그러나 전문성을 생각하는 데 있어서 분명한 사실 하나는 전문성은 항상 초보자나 일반인과의 차별성과 비교우위성을 전제로 하여 성립된다는 점이다. 예컨대, 프로 게이머는 일상에서 게임을 여가로 즐기는 사람들과는 뭔가 확연히 다른 전문성을 갖고 있다고 본다.

예를 들어, 항해사들의 항해 파일럿 기술에 관한 연구(Hutchins, 1995)를 보면 일터에서 개인이 수행한 과업의 성패 여부가 그 일이 작동하는 데 필요한 전체 시스템과 그 안에서 함께 과업을 공유하고 있는 동료들에 의존하고 있다는 사실을 잘 알 수 있다. 항구에 선박의 수로를 유도하는 상황에서 선박 조종실 안의 두 항해사는 회전나침반 위에 놓인 망원경을 사용하면서 선박의 지점을 다른 두 항해사에게 읽어 준다. 그리고 선박의 지점을 전달받은 항해사는 다시 브리지 위에 있는 항해사에게 전화로 통보한다. 그때 항해사는 장부에 방위 수치를 기입하고 큰 소리로 그 수치를 확인한다. 그 옆에서는 특수 장치를 사용하여 항해 차트 위에 선박의 위치를 기록하고, 그 선박의 항해 각도를 산출한다. 이러한 과정은 매 1분에서 3분 단위로 되풀이된다. 여기서 항해사들의 직업 수행 역량은 개인적 능력 이상의 것을 요구한다. 성공적으로 수로를 유도하기 위해 필요한 지식이 이러한 시스템 전체에 분산되어 있기 때문이다. 이 상황이 보여 주는 바는 서로 다른 지식을 가진 사람들이 서로 일을 분담하고 협력하면서 해당 일을 완성해 나간다는 것 이상의 의미를 갖는다. 위에서 잘 기술되지는 않았지만 협력 작업이 서로의 지식을 확인하고 공유해 가는 과정이라고 하기에는 상황적 조율의 성격이 강하기 때문이다. 즉, 그 공유의 과정이 지식의 차원이 아닌 직접적 경험, 즉 상황적 행위의 성격을 보여 주기 때문이다. 이렇게 볼 때 문제해결 과정을 개인적인 일로 치부하는 환원주의 관점은 오늘날 사람들이 수년간 학교생활 속에서 경험하는 개인주의적 경쟁 문화와 결부되어 서로가 서로를 재생산하는 구조로 자리 잡아 왔다고 볼 수 있다.

> 과학적 활동은 '자연'에 관한 것이 아니다. 그것은 실재를 구성하는 데 거치지 않으면 안 되는 치열한 과정이다. 실험실은 일단의 생산력을 갖춘 일터이고 구성이란 것이 가능하도록 한다. 여기서 지식이 일단 사실로 굳어지면 실험실 기기, 기술, 일상 등의 모습으로 실험실 안에 스며들며, 다른 이론과의 차이를 부각하는 데 동원된다. 한번 받아들여진 지식을 대체하는 데 들어가는 비용은 여간 많은 것이 아니다. 이렇게 하여 진리로 밝혀진 지식은 자연이라는 지위를 유지하게 된다(Latour & Woolgar, 1979: 243).

현상학적 장과 도구의 비가시성

문제 해결에 대한 기념비적인 연구 가운데 하나인 사이먼과 체이스의 연구(Simon & Chase, 1973)에 따르면, 체스의 고수들조차도 수를 둘 때마다 매번 가능한 모든 수를 고려하여 그 수를 둔 결과 어떤 일이 벌어질지 미리 앞서 보고 체스의 말을 움직이지 않는다. 모든 수를 계산하여 그 가운데 가장 합리적인 수를 선택한다기보다는 과거 경험에서 우러나오는, 자신이 특히 선호하는 몇 가지 전형에 의존하여 수를 움직이는 경우가 많다. 여기서는 관례나 전형이 문제를 해결하는 열쇠라고 할 수 있는데, 이미 경험한 문제해결 과정이 전형으로 남아 차후에 우리로 하여금 그에 의존하여 시행착오를 덜 겪으며 문제 상황에 대처할 수 있도록 해 주기 때문이다.

전형의 운용은 현상학적 장의 운용이라고 할 수 있다. 현상학적 장 속에서 도구는 그것이 다루고자 하는 대상과 구분이 되지 않는 방식으로 활용된다. 여기서 도구의 비가시성(invisibility of tools)에 대해 언급할 필요가 있다. 메를로 퐁티(Merleau-Ponty, 1962), 비트겐슈타인(Wittgenstein) 그리고 폴라니(Polanyi)가 인용한 장님의 지팡이 예를 들어 보자. 어느 한 장님에게 지팡이를 주면서 그것이 어떤지 이야기해 보도록 하자. 그는 그 지팡이의 생김새에 관해 무겁다거나, 너무 길다거나, 표면이 매끄럽다는 등 다양하게 이야기할 수 있다. 그러나 그가 그것을 일단 자신의 도구로서 그 기술을 전유(appropriation), 즉 자기화하여 마음대로 사용하기 시작하면 그 자체에 대해서 지각하지 못한다. 이때 지팡이는 그에게 손으로 전달되는 대상의 느낌, 예컨대 경사로나 길 앞의 장애물 등의 의미로 다가온다. 이와 마찬가지로 어떠한 도구도 일단 활용되기 시작하면 그 존재는 마치 부재한 것처럼 투명하게 된다. 마찬가지로 노련한 지식이나 기술을 가지고 있는 사람은 문제 해결에 동원된 지식이나 기술을 확인하기 어려운 만큼 그것들이 상황이나 대상 안으로 숨어 버린다. 지식과 일상의 상황이나 대상이 서로 구분되지 않는 방식으로 대상화한다니!

> 실천의 복잡한 양상 안에서 행위자에게 도구의 의미는 그가 그 실천에 관여하는 정도에 따라 투명할 수 있다……. 의심할 바 없이 당

> 연하게 받아들이는 세계에 대한 해석이 어떤 활동으로 통합될 때 그 해석과 활동은 비가시적이 된다. 그러나 그러한 해석과 활동에 관한 정보에의 접근이 심화되었을 때 그 해석과 활동은 행위자에게 가시적인 것으로 바뀐다(Lave & Wenger, 1991: 84-85).

우리가 문제를 해결할 때 동원하는 지식이나 기술도 하나의 도구라고 볼 수 있다. 지식이나 기술은 우리가 그것들을 익히기 전에는 가시적인 존재이지만, 일단 그것들을 체득하고 자유자재로 사용하게 되면 그 존재성은 사라지고 만다. 아니, 사라진 것은 지식의 매개성일 뿐이며 정작 나타나는 것은 직접적으로 소여된 대상 자체다. 여기서 지식이나 기술을 자유자재로 사용할 수 있다는 것은 사용자가 그 지식이나 기술에 급급하거나 얽매이지 않고 부릴 수 있게 된다는 것을 의미한다. 아이러니하게도 지식이나 기술을 터득했다는 것은 그것의 규제를 받는다는 것과 동시에 그로부터 자유롭게 된다는 것의 이중적인 의미를 함축하고 있다. 규제를 받으면서 자유롭게 전유하는 힘은 역량(competence)이라고 할 수 있다. 역량은 지식의 표상이나 의미에 의해 매개되지 않은 힘이면서 동시에 도구를 전유하거나 상황을 운용하는 힘을 말한다.

아무리 고차원적인 지식 내지는 기술이라도 일단 그것이 행위자에 의해 터득된다면 일상의 상황에 대한 경험, 즉 직접적 경험의 대상으로 바뀌고 만다. 그의 지식 내지는 기술이 활용되는 어떤 사태를 두고 보았을 때 그가 지식 내지는 기술을 적용한다고 보기에는 그의 행위도 태도도 너무나 일상적이고 상황 즉각적이다. 상황과 머릿속의 상호작용이 아닌 상황과 거기로 열려 있는 지각 또는 행위의 양태로 변모한 것이다.

이에 대해 좀 더 쉽게 이해하기 위해서 '역할 소원'이라는 개념을 살펴볼 수 있다. 소위 연극적 분석론으로 알려진 사회학자 고프먼(Goffman, 1959)이 언급한 바 있는 역할 소원이라는 개념은 문제해결 과정에서 지식이나 기술을 자유자재로 활용하여 문제 상황에 유연하게 대처하는 전문직 수행의 속성을 잘 보여 준다. 역할 소원이 의미하는 바를 이해하기 위해 의료 상황인 폐수술 상황을 예로 들어 보자. 수술 장면은 고도의 전문적인 지식과 기술을 요구하는 긴박한 상황이라고 할 수 있다. 여기서 고참 의사와 신참 의사 각각이 상황에 대처하는 방식에서 어떤 차이를 나타내는지 살펴보자. 이해를 쉽게 하기 위해 그 차이를 다소 극단적으로 대비해 보면 다음과 같다. 고참 흉부외과 의사들은 수술실에서 환자의 가슴을 절개해 열어 놓고 동료와 농담을 주고받는 등 여유를 부린다. 이러한 여유는 그 어떤 일이 일어나더라도 대처할 수 있다는 확신에서 비롯된다.

즉, 그러한 유연성은 다음에 무슨 일이 일어날지, 그리고 그에 대해 어떻게 대처할지 알고 있기 때문에 갖게 되는 여유에서 비롯된다. 소위 전문가들은 설사 돌발 상황이 닥치더라도 당황하지 않고 노련하게 처리한다. 문제를 해결하는 데 있어서 중요한 의사결정에 대해 익숙하고 유연하기 때문이다. 그리고 여유의 공간이 오히려 그로 하여금 더 민첩하게 그리고 더 넓은 시야에서 직면한 문제를 파악하게끔 만들어 준다. 반면 이제 갓 수술용 메스를 잡은 신참 의사의 경우 온몸에 땀이 밴 채로 한 단계씩 수업에서 배운 대로 그리고 고참 의사가 하는 대로 따라 하기에 급급하다. 또한 수술을 잘 끝내야 한다는 강박강념으로 인해 수술이 진행되는 전체 과정을 돌아볼 겨를조차 없다(김광기, 2004). 아무리 고차원적인 전문적 행위라도 우리 행위가 규칙에 따른 것이라고 말할 이유는 어디에도 없다.

상황적 행위의 불확정성과 사후수정 가능성

문제를 직면하는 순간부터 해결에 도달하기까지의 과정은 실제로 문제에서 해결로 이르게 되는 일련의 절차나 개인의 머릿속에서 일어나는 '순수한' 인지 과정으로 보기에 어려운 측면들이 존재한다. 보통 사람들은 문제에 직면했을 때 동시에 그에 대한 실제적인 해결을 어렴풋이 짐작하기도 한다. 혹은 현재의 상태나 조건과 타협하여 그 해결책을 구안하기도 한다. 또는 애초의 문제를 자신이 감당할 수 있을 정도의 문제로 조정하기도 한다. 심지어는 문제 해결을 연기하는 것 자체가 문제를 해결하는 차선적인 방법으로 취해질 수 있다. 해결에 대한 기대와 눈앞의 목적이 그 과정에 철저하게 작용하기 때문이다. 즉, 일상생활에서 우리가 흔히 경험하는 바로서의 문제 해결은 눈앞에 벌어지는 일을 당장의 목적에 맞게 조작해 내는 능력을 가리킨다.

다시 말해, 이는 곧 과정적 · 실제적 측면에서 본 문제해결 과정이기도 하다. 이는 행위의 진로상에 있어서 현재 진행되는 행위 다음 단계에서 발생하는 변수들에 대해서 어느 것들은 자신이 하고자 하는 일과 연관된 것으로, 또 어느 것들은 연관되지 않은 것으로 확인하고 처리하는 과정과도 같다. 우리의 행위는 어느 경우에든 낱낱의 행위의 연합이나 연속이 아니며, 서로 맥락화되어 진행되는 방식, 즉 목하 내가 하고자 하는 일, 바로 직전까지의 과정에 대한 이해, 다음 행위에 대한 기대 등이 현재에 지속되는 행위에 철저하게 스며들어 가 있기 때문이다. 따라서 문제나 그에 대한 해결책은 항상 그 상황을 구성하고 있는 모든 것이 서로 내적 연관성을 가지고 출현한다.

물론 선형적인 절차에 따른 문제해결 과정이란 불가능하다거나 존재하지 않는다고 주장하는 것이 아니다. 문제는 문제에 대한 인식, 해결책에 대한 아이디어, 그리고 문제를 해결해 가는 과정에 관한 이미지 혹은 상(像)이 우리 머릿속에 분명하게 떠올랐다고 하더라도 우리가 그 이후에 수행해 나가야 하는 일이나 행위들은 '한 번에 하나씩' 일어날 수밖에 없다. 그것은 우리 행위의 불확정성(incompleteness), 즉 우리의 행위가 어떤 의미를 갖게 될지는 그 당시 그 자체로 확정되지 못한다는 점에서 연유한다. 이는 곧 우리의 행위는 실존적으로 '지금 여기서'라는 상황적 조건에서 벗어날 수 없음을 뜻한다. 짐멜(Simmel, 1971)의 비유대로, 우리의 행위는 체스 게임과도 같다. 만약 우리가 두는 수가 어떤 결과를 가져다줄지를 모른다면 체스 게임은 가능하지 않을 것이다. 역으로 우리가 두는 수가 어떤 결과를 가져다줄지 무한정하게 예측할 수 있는 경우에도 체스 게임은 불가능하다. 왜냐하면 한 수가 가져올 결과를 무한히 예측한다는 것은 곧 체스를 두는 사람이 다음 수를 두도록 하는 데 치명적인 걸림돌로 작용할 것이기 때문이다.

이러한 점을 감안해 볼 때, 우리가 어떤 조치를 취하면 그에 발맞춰 상황이 전개되는데, 이때 우리는 상황이 어떻게 진행되는지를 보면서 행위를 취해 나간다. 각 상황에서 벌어진 일들은 그 상황에 대한 이전 해석이 실현되면서 비롯된 결과다. 더욱이 그 과정에서 예기치 않은 변수들이 있기 마련이어서 그것들을 처리하면서 눈앞의 상황을 원하는 바대로 몰고 갈 수 있도록 예의 주시한다. 만약 우리가 취한 행위가 예상치 않은 결과를 가져오거나 상황을 잘못된 방향으로 몰고 간다면 이전의 행위를 수정하거나 보완하는 행위도 취할 수 있다. 문제 해결에 대한 우리의 계획이 분명한 경우에도 실제적인 상황 전개는 우리의 실천적 행위와 맞물려 진행될 수밖에 없다. 실제 상황에서 그리고 실제 상황으로서의 문제 해결 과정이 복잡하다는 것은 문제와 그 해결이 그것이 일어나는 구체적인 현장과 떼려야 뗄 수 없는 방식으로 우리에게 경험된다는 점을 말해준다.

즉, 문제해결 과정은 일상의 상황 속에 내재화되어 있다. 심지어 과학적인 탐구 과정조차도 일상의 상황 속에 내재화되어 서로 그 경계 구획을 찾기 어렵다. 문제 해결은 문제의 상정에서부터 탐구 그리고 해결에 이르기까지 선형적 절차로 진행되기보다는 '구조화된 상황' 속에서 그리고 상황을 목하 의도에 맞게 운용하는 식으로 비선형적으로 일어난다. 우리의 인식이 구조화되어 있고 우리가 그 지평 안에 있기 때문에, 문제와 더불어 그 해답 또한 이미 그 상황 속에서 알려져 있기 마련이다. 문제와 해결이 동시에 알려져 있는 이상 우리의 탐구는 매우 실제적으로 진행될 것이다. 이러한 과정은 기대하는 바에 맞추어 행위를 취하고 그 결과 나온 상황에 맞추어 다시 수정을 가하는 등의 일련의 실천적 행위로 이루어져 있다. 이렇게 보면 사실상 구조화되어 있는 것은 우리 인식이기 이전에 상황이라고 보는 것이 더 합당할지 모른다.

상황이나 마음 씀 그리고 우리 행위가 불가분으로 구조화되어 있기 때문에 민속방법론에서는 사회적 현상의 분석이 곧 현장적 상황 분석이다. 가핑클에 따르면 다음과 같다.

> 모든 사회적 현상, 즉 감각, 사실, 방법에 관한 모든 속성은 실천적 행위에 따라 구조화된 상황이 운용되어 나온 성과물이라고 할 수 있다. 어떤 현상에 관여되어 있는 특정한 실천과 그 결과, 예컨대 마술이나 도상학조차도 그 실천이나 결과를 일관성이 있고 기획된 바의 실현으로, 그리고 어떤 실용적인 동기와 연관되어 있으며 재생산 가능한 것으로 만드는 것은 모두 특정한 현장적인 민속방법적 실천을 통해서만 창출되고 구현된다(Garfinkel, 1967: 32).

상황의 포월성

우리가 누군가를 상대로 내가 알고 있는 것에 대해 설득해야 하는 상황도 일종의 문제 해결 성격을 띤다. 이런 경우에 문제 해결은 대부분 우리의 말에 의해 이루어지게 되는데, 이때 우리가 그 사람을 설득하기 위해 말을 어떻게 구사하는가를 자세히 보면 실천적 행위가 전개되는 순서의 특징이 잘 드러난다.

민속방법론은 근본적으로 의사소통을 시간적 흐름과정(temporal process)으로 보았다. 영단어 'temporality'는 흔히 우리말로 '시간성'이라고 표현하기도 하는데, 그 의미의 진원지는 베르그송(Bergson) 또는 하이데거(Heidegger)로 거슬러 올라갈 수 있다. 우리의 의식이 초월적이고 추상적인 상태로 전개되지 않고 구체적으로 펼쳐진다는 점에서 시간성은 현상학에서 중요한 개념이다. 앞서 보르듀(Bourdieu)를 인용하면서 시간성이 어떻게 어떤 행위의 의미를 결정하는지 언급한 바 있다.

민속방법론 연구에서 대화 분석은 대화 도중의 서로에 대한 이해는 대화의 상호작용의 실제 흐름 밖으로 나가서 이루어지는 법이 없다는 점에서 출발한다. 대화 당사자들은 현재 대화 도중에 나온 말의 의미가 무엇인가에 관해 알아보기 위해 대화의 흐름을 정지하고 나와서, 예컨대 지금까지 말해 온 내용을 점검하거나 서로의 기억을 더듬거나 하고 나서 다시 그 흐름으로 돌아가지 않는다. 그 대신 대화는 대화 당사자들이 서로가 하는 말을 이해했다거나 이해하지 못했다는 것을 서로에게 보여 주는 방식으로 이루어진다. 설사 대화자가 자기 머릿속으로 그렇게 한다고 생각할 때조차 대화의 흐름은 상호작용의 행위에서 벗어남 없이 즉각적으로 여전히 지속된다. 이 모든 과정은 대화의 흐름 안에서만 일어나며 동시에 그것이 곧 대화의 흐름 자체이기도 하다.

다음은 군의관과 의무병 간에 오간 대화 내용을 녹취한 것이다. 전화로 환자 상태에 대해 보고하고 처방을 내리는 상황이다.

의무병: ……열나는 환자가 있어서 전화 드렸습니다.

군의관: 열나는 거 말고 다른 증상은 없대?

의무병: 잠시만 기다리십시오. 물어보겠습니다. 머리 아프고 어지럽고 속이 울렁거린다고 합니다.

군의관: 오늘 밖에서 오래 작업하고 그랬나?

의무병: 물어보겠습니다……. 작업 안 했다고 합니다.

군의관: 기침이나 가래 같은 증상은 없대?

의무병: 물어보겠습니다……. 그런 증상은 없답니다.

군의관: 열이 몇 도지?

의무병: 39.8도입니다.

군의관: 의식이 떨어지거나 뒷목이 땡기거나 그런 건 없대?

의무병: ……잠시만 기다리십시오. 물어보겠습니다. 의식은 괜찮고 뒷목은 조금 땡긴다고 합니다.

군의관: 그러면 일단 입실시키고 수액 하나 달아서 빠른 속도로 주고 트롤락이랑 타라신 사이드로 주고 4시간마다 열 좀 재 봐.

의무병: 수액은 뭐로 하면 되겠습니까?

군의관: 노말셀라인이나 5디나 상관없다.

의무병: 죄송하지만 트롤락이 다 떨어졌습니다.

군의관: 그럼 디클로페낙은 있나?

의무병: 네! 디클로페낙 있습니다.

군의관: 그럼 그걸로 주는데 IV 말고 IM으로 줘야 된다. 그리고 주고 난 뒤에 혈압 한 번 재 보고.

의무병: 네! 알겠습니다.

군의관: 아! 그리고 혹시 모르니까 세프트리악손 있지?

의무병: 네! 있습니다.

군의관: 그거 2g을 8시간마다 IV로 줘라. 그거 한 번에 그냥 주는 게 아니고 100cc짜리 작은 셀라인에 섞어서 천천히 줘야 한다. 그리고 주기 전에 피부 테스트 하고.

의무병: 네! 알겠습니다…….

의사가 환자에게 필요한 약과 처치에 대한 지시를 내리는 상황은 전문가의 문제해결 상황을 잘 보여 준다. 숙련된 의사에게는 이론적 차원의 의학적 지식은 더 이상 신경 써서 고려해야 할 수준의 지식이 아니다. 학생 때 배운 많은 이론적 지식은 수련 과정에서 겪은 수많은 경험을 통해 상황에 내재화된다. 그들에게 지식은 더 이상 머릿속에 있는 것이 아니라 상황에 분산되어 있는 것이다. 그리고 문제 상황에 직면했을 때, 신참 의사들은 자신들이 갖고 있는 이론적 지식이나 얕은 경험을 바탕으로 실천적 지식들을 최대한 동원하여 해결 방법을 찾기 위해 애를 쓴다. 숙련의의 경우는 문제를 해결하기 위한 탐색의 과정이 비숙련자보다 비선형적이고 동시다발적으로 이루어지며 총체적 상황에 대한 판단을 통해 문제해결 방법을 찾아내고자 한다. 이것은 일어날 수 있는 수많은 상황을 매우 직관적으로 인식하고 종합적으로 사고하는 과정이다.

앞에 제시된 것과 같은 상황을 접하는 초임 의무병이나 군의관의 경우, 상황의 총체성을 파악하기보다는 의무병과의 상호작용 방식이라든지 익숙하지 못한 여러 가지 군대의 업무 체계에 신경 쓰게 된다. 의무병의 경우도 약의 이름이나 성능, 용어 등의 사용에 집중하게 되고 자신의 상관인 군의관의 업무 운영 방식 등에도 신경을 집중하게 된다. 그러나 시간이 흘러 서로의 일이 익숙해지면 이전에 신경 써야 했던 것들은 모두 상황에 내재화된다. 그리고 눈앞에 일어난 환자의 상태나 군대의 상황들, 보유한 약의 종류들이 상호작용하는 행위 가운데 일사불란하게 수정 · 보완되며 환자를 치료하기 위한 목표를 향하여 진행된다.

이렇게 업무가 진행되는 과정은 그들의 대화 과정을 좀 더 면밀히 살펴보면 그 특성을 파악할 수 있다. 사람들 사이의 상호작용은 텍스트에서 정보가 전달되는 것과는 확연히 다르다. 텍스트를 통한 지식의 전달은 매우 선형적이고 순차적이며 논리적 순서에 맞게 진행된다. 그러나 앞의 예에서와 같이 일이 처리되는 과정은 결코 순차적이지도 선형적이지도 않다. 예를 들어, "그거 2g을 8시간마다 IV로 줘라. 그거 한 번에 그냥 주는 게 아니고 100cc짜리 작은 셀라인에 섞어서 천천히 줘야 한다. 그리고 주기 전에 피부 테스트 하고."라는 말은 일이 진행되어야 하는 순서와는 정반대로 지시가 이루어진다. 순서대로 지시가 이루어졌다면 '피부 테스트 한 후에 세프트리악손 2g을 100cc짜리 작은 셀라인에 섞어 8시간마다 IV로 줘라.'가 될 것이다. 그런데 우리의 상호작용은 위와 같이 상대방이 이해하는 정도, 반응하는 정도, 일이 처리되는 상황을 고려하여 앞서 말한 내용이 점차적으로 수정 · 보완된다. 앞의 예에서도 군의관이 처음 지시한 약품이 다 떨어졌다는 예상치 못한 상황이 발생한다.

현실은 언제나 이러한 돌발 상황의 가능성이 다분하다. 이것은 너무나 자연스러운 우리 생활세계의 특성이고, 우리가 일을 처리해 나갈 때 이론과 실제가 다른 가장 큰 이유이기도 하다. 너무나 당연하게 여겨지는 바로 이것이 전문가의 업무가 처리되는 일상적 상황이며, 그것은 우리가 일상의 익숙한 일들을 처리하는 방법과 다르지 않다는 것이다.

이처럼 우리는 머릿속에서 발화 내용을 계획한다고 해도 논리적 순서나 문제 해결의 순서에 따라 말을 이어 간다기보다는 이후에 전개되는 상황을 살펴가며 상황적으로 구조화되는 순서에 따라 말을 이어 나간다. 이때 이전 발화 내용에 대한 수정(repair)과 보완(supplement), 의도적인 간과(passing), 부연설명(reformulation) 등에 해당하는 말을 흔히 찾아볼 수 있다. 예컨대 '그러니까 제 말은……' '이미 말한 바와 같이……' '아니……' 등이다. 예기치 않은 상황 변수들(circumstantial contingencies)로 인해 어떠한 경우도 미리 예측하여 설계하기란 쉽지 않다. 일단 취한 행위에 따라 다음 일(the next)—바로 전에 있었던 자신의 행위에 대한 정정이 될지, 다음 단계로 넘어가기 위한 행위가 될지, 아니면 동시다발적으로 그 모두가 될지는 현장에서만 판단 가능하다—이 현상학적 장으로 우리를 포월(包越)[2]하기 때문이다. 즉, 현상학적 장으로서의 상황이 나를 감싸며 내 지각 앞에 현현하는 것을 일컬어 '상황의 포월성'이라 할 수 있겠다.

〈매트릭스〉라는 영화가 있었다. 인류는 컴퓨터가 만들어 낸 '매트릭스'라는 가상현실 프로그램에 갇혀 살고 있지만 이를 인식하지 못하며, 이러한 사실을 알고 있는 몇몇 영웅이 현실과 가상 프로그램을 넘나들며 인류의 자유를 위해 기계에 맞서 싸운다는 것이 영화의 줄거리다. 이 영화에서 흥미로운 것은 가상현실 프로그램인 '매트릭스' 안에 들어간 주인공은 컴퓨터와 뇌를 직접 연결하여 격투술, 사격술, 항공기 조종술 등을 순식간에 다운로드(download)할 수 있으며 이렇게 다운로드한 데이터는 곧 그들의 지식이 된다는 설정이다. 물론 그들은 다운로드한 지식을 곧바로 사용할 수 있다. 영화의 주인공인 '네오'는 이런 방식으로 격투술을 다운로드하고는 "쿵푸를 할 줄 알아!"라는 대사를 읊조린다. 물론 부러운 일이기는 하지만, 과연 이런 일들이 가능할까? 이러한 궁금증에 답하기 위해서는 먼저 앎, 즉 지식이라는 것을 어떠한 관점에서 바라볼 것인지, 또한 지식을 습득한다는 것은 어떤 의미인지에 대해 생각해 볼 필요가 있다.

'과연 영화에서처럼 지식은 다운로드하고 사용될 수 있을까'라는 질문은 사회구성주의 논의에서 최소한 두 가지 답변을 찾을 수 있다. 첫 번째로, 전통적인 인지주의 관점에 입각하였을 때 지식은 객관적인 것이며, 객관적인 지식은 문자나 숫자와 같은 매개를 통해 일반화가 가능하다. 그리고 일반화된 지식은 코딩을 거쳐 프로그래밍할 수 있기 때문에 〈매트릭스〉의 주인공과 같은 방식으로 지식을 전수하고 습득하는 것은 '그럴 법한 이야기'가 된다. 그러나 이와 같은 인지주의 관점은 우리가 경험하는 많은 상황을 지식이 적용된 결과로 벌어진 현상으로 간주하는 환원주의적 오류를 파생시킨다. 즉, 문제가 실제로 일어나는 맥락을 무시하고 사건이 일어나는 생태적 환경을 지나치게 단순화하였다는 비판이 가능하다.

반면 멤버들의 실제적인 방법이 현실을 구성한다는 민속방법론의 관점에서 보았을 때 영화 속의 시나리오는 말 그대로 가공된 공상일 뿐 '실현 가능성 없는 이야기'가 된다. 어떤 지식 또는 기술이 현실화되어 나타나기 위해서는 '실제적인 방법'이 반드시 개입해야만 하고 이를 생략하는 방법은 있을 수 없기 때문이다. 즉, 무엇을 안다고 하는 것 혹은 아는 바를 수행한다는 것은 단순히 절차적 텍스트를 기계적으로 적용할 수 있다는 것 이상을 의미하기 때문이다. 그래서 우리가 무엇을 할 수 있게 되었다는 것은 그와 관련된 코드, 즉 지식을 '적용한 결과'로 일어난 현상이 아니라 우리의 행위를 포함한 상황들을 '운용한' 결과로 나타난 현상이다. 우리가 무엇을 할 수 있게 되었다는 것은 우리가 가지고 있는 '지식을 상황에 적용'하는 문제가 아니라 '우리 몸이 또는 우리 행위가 상황 안에서 연관된 질서를 찾아가야' 하는 문제이기 때문이다. 우리의 지식은 코드화되기에는 너무나 그 의미가 불확정적이고 애매하기 때문에 그 의미가 최종적으로 확정되기 위해서는 항상 우리의 암묵적인 애씀과 의사결정의 과정, 즉 실천이라는 행위가 부수되지 않으면 안 된다. 그리고 할리우드 영화에서 보이듯 정교하게 설계된 특별한 경험처럼 전개될 것이라는 인상과는 달리, 그러한 실천의 과정은 애씀과 결정의 과정이 일상의 상황적이고 인간적인 면모를 띠면서 시간의 흐름과 함께 결부되는 만큼 인간적이며 일상적이기에 참을 수 없이 지루하기 짝이 없다.

실천적 사유의 시비불가성과 브리콜레르

문제해결 과정이 복잡하면서도 비합리적으로 보일 정도로 절차대로 일어나지 않는 이유는 무엇보다도 맥락에 대한 우리의 이해와 기대가 문제해결 과정에서 암묵적으로 작용하고 있기 때문이다. 즉, 일상생활에서 우리가 흔히 경험하는 문제와 해결의 과정은 특정한 상황적 맥락 안에서 다반사로 일어나면서 그 상황이 가지고 있는 일상적이면서도 구체적인 현장적 속성과 함께 드러난다. 아니, 정확히 말하면 그러한 과정은 특정 상황으로 나타난다. 사람들은 현재 지속되는 상황을 멈추고 어떤 정지된 중립적인 시간과 공간으로 나가 그 사태를 관망하기보다는 즉각적으로 처리해 나가거나 모종의 조치를 취하면서 다음 일들을 꾀한다. 그러한 과정은 문제에서 해결로 나아가는 매우 계획적이고 단계적인 여정의 모습보다, 오히려 유사한 문제에 대한 과거의 해결 전형으로서의 관행이나 문제를 상정할 때 이미 예측 가능했던 최종 지점을 정당화하는 방식으로 문제를 다듬고 통제하는 과정(management practices)의 모습을 띤다.

결국 지식을 활용하는 방식은 자신이 하고자 하는 일과 관련해서 무엇이 관련되고 무엇이 관련되지 않는지를 파악하기 위해서 해당 공간 안에서 모종의 애씀을 통해 질서를 탐색해 가면서 사태를 사후수정식으로(*ad hoc*) 처리해 나가는 시간의 흐름으로써 전개된다. 사태에서 우리 행위가 사후수정식으로 전개되어 간다는 것은 사람들의 실제적인 행위 과정이 어떻게, 왜 합리성을 담보로 하는 것인지를 잘 보여 주는 특징이라고 할 수 있다.

양적 연구를 수행해 가는 과정은 연구 가설의 설정에서부터 시작하여 질문 문항의 작성, 표본 조사, 통계 처리, 분석 및 기술, 가설의 검증에 이르기까지 일련의 가설 연역적인 논리를 취하는 것으로 알려져 있다. 혹은 질적 연구에서 코딩 행위는 자료를 수집하여 분석하는 과정에서 자료의 내용을 분류하여 범주화하는 가운데 이루어진다. 이러한 일련의 과정이 왜 상황적 문제 해결, 즉 민속방법인지에 관해서 한 연구 수행 상황을 예로 들어 기술해 볼 수 있다.

자료들을 반복해서 검토하면서 관련 문헌들을 뒤적이다 하위 범주들을 만들어 낸다. 일단 만들어진 범주는 어떤 면담 내용이 어떤 분석틀로 볼 수 있는지를 나타내는 분석의 도구로 작용한다. 그러나 어떤 면담 내용은 코딩 A의 분석틀에 속하는 것으로 해석되기도 하고 코딩 B의 분석틀에 속하기도 하여 중복 가능성을 어떻게 해결할 것인가를 놓고 고민하게 된다. 결정해서 최대한 한쪽 코딩에 맞게 내린 해석을 부각시키기도 한다. 코딩 사이의 자료 해석은 어느 정도 균형 있는 비중을 차지해야 하는데, 어느 코딩 부분에 해당되는 면담 자료가 다른 부분에 비해 그 양이 많지 않은 경우에 부딪히기도 한다. 그때 연구자는 면담 자료를 더 구하기 위해 피면담자를 통해 자료를 보강하기도 하고, 그것도 녹록치 않으면 중요치 않은 것으로 무시해 삭제하기도 한다. 연구 수행의 실제 상황은 연구자 당사자에게는 예기치 않은 예외들로 인해 항상 변칙적이고 정상에서 벗어난(abnormal) 것으로 비추어진다. 그래서 연구자는 이에 관해 방법론을 제대로 지킬 수 없다고 항상 불만을 토로한다.

혹은 다른 코딩과의 연관성을 따지고 코딩의 제목을 조율하여 그것과 통합하기도 한다. 연구자들 사이에서는 이러한 작업에 대해 연구를 '마사지' 한다고 일컫기도 한다. 그러한 마사지 작업은 사후수정의 성격을 띤 작업이다. 그 일이 끝난 다음 그 과정을 후향적으로 돌아보면 마사지 작업은 사실상 '없었어도 될 것들', 말 그대로 연구 과정에서 나타난 '상황적이고' 지엽적인 요인들로 치부되어, 마치 방법론에서 말한 절차에 따라 결론에 이르기까지의 내용이 도출된 것으로 보인다. 아이러니컬한 것은 연구를 보다 완벽하게 하려고 할수록, 즉 사후수정의 작업이 발생하지 않게 하려고 할수록 그 마사지 작업은 더욱더 요구된다는 점이다. 이 두 측면, 즉 실제로 일어난 일과 논리적으로 취하였다고 간주된 방법은 앞서 지적한 화용론적 측면과 의미론적 측면이 연구를 생산하는 과정에서 분명 작용했음을 잘 보여 준다.

사람들의 행위가 사후수정식 성격을 띠는 것은 우리 행위가 갖는 '한 번에 하나씩'이라는 속성 때문이기도 하지만, 다른 한편으로는 우리 행위에 시비불가적 속성이 있기 때문이다. 사람들은 자신이 고수하고자 하는 생각 혹은 판단, 즉 어떤 규칙을 갖고 있으며 이를 관철시키기 위해 다양한 설명의 전략을 만들어 내는데, 이것이 시비불가성(incorrigibility)이라고 할 수 있다. 만약 발생한 사건이나 일이 그러한 규칙과 맞지 않을 때, 사람들은 그것을 왜 예외적인 것 혹은 특이한 것으로 볼 수 있는지에 관해 합당한 설명의 논리를 탐색하고 구성한다. 그 결과, 자신이 주장하는 규칙은 어떠한 경우에도 오류로 판명될 수 없다. 결국 어떠한 현상이나 단서도 액면가 그대로 자신의 규칙에 맞으면 그 규칙은 참으로 판명되고 맞지 않으면 예외로 치부하고 설명할 수 있으니 그 규칙은 어떠한 경우에도 통할 수밖에 없다. 폴너(Pollner, 1974)는 다음과 같이 밝히고 있다.

> 시비불가성의 명제란 무엇이 일어났든 상관없이 어떠한 경우건 결코 오류로 인정하지 않으려는 규칙을 말한다. 그런고로 그러한 명제는 사실상 어떤 일이 일어났는지에 관해 말해 주지 않는다……. 그러한 명제는 어떠한 경우건 옳은 것으로 판명된다. 시비불가성은…… 우리 행위에 의해 시간을 거치면서 성취되는 것이다. 우리는 어떤 경험 내용이 명제의 내용과 모순되거나 불일치할 때 이를 해소하기 위해 계속해서 설명들을 만들어 내는데, 우리는 바로 이러한 설명을 만들어 가는 행위를 통해 각자가 고수하고자 하는 명제의 시비불가성을 성취하게 된다(Pollner, 1974: 44).

여기서 우리가 주목해야 할 점은 사후수정과 마찬가지로 시비불가성은 그 이유에 관한 설명의 이야기를 만들어 나간다든지 하는 행위의 전개 과정 속에서 성취된다는 것이다. 즉, 그러한 특징들은 우리가 암묵적으로 관여함으로써 생기는 현상으로, 우리 행위나 생각에서 자연스럽게 생겨나는 특성이 아니라는 말이다. 폴너에 따르면 우리는 실제로는 하나의 같은 세상에 살고 있다고 암묵적으로 믿고 서로 소통을 하며 일을 하고 살아간다. 저 사람이 사는 세상과 내가 사는 세상이 단절되어 있고 다른 세상이라고 생각하는 것은 데카르트적인 회의적 사유에서 나오듯이 어떤 일에 대해 다소간 거리를 두고 생각하는 성찰 속에서 이루어진다. 예컨대, 우리는 차를 몰 때 건널목 신호등이 다른 쪽에서 달려오는 차의 운전자에게 다르게 해석될 거라고 생각하지 않는다. 길을 건너 계속 차를 몰아야 하는 실제 상황에서 우리에게 타인의 세계와 나의 세계는 다를 것이라는 회의적인 판단은 작동하지 않는다. 그가 보고 해석하는 신호 체계와 내가 보고 해석한 신호 체계는 서로 동일하다고 믿는 것이다. 회의의 유보 없이는 우리는 우리 행위를 한순간도 진행시킬 수 없다.

흔히 하나의 현상이나 사건을 보면서도 서로의 해석이나 이해가 상충할 때 서로의 세계가 단절된 것으로 느껴지기도 하지만, 대개의 실용적인 세계에서는 서로가 바라본 측면이 달라서 각자가 아예 서로 다른 것을 본 것이지 그 현상은 그 현상 자체 그리고 그 사건은 그 사건 자체일 뿐 결코 다른 현상, 다른 사건으로 간주하지는 않는다. 나의 이해와 타인의 이해가 상충될 때조차도 나의 이해를 수정하지 않고도 서로 다른 해석이 양립 가능한 것으로 받아들일 수 있도록 한다. 즉, 누군가가 본 것과 자신이 본 것이 서로 다를 때 우리는 그 모순을 해소하고자 하는데, 그 과정은 매우 실제적이고 실천적이다.

예컨대, 자신의 아이가 주의력결핍 과잉행동장애(ADHA) 판정을 받았다고 하자. 이 질환은 상대적으로 최근에 부쩍 많이 발견되는 병인데, 현대 의학에서는 아이들에게 나타나는 현상을 자연적인 질환으로 인식하도록 하는 데 성공하였다. 따라서 많은 학부모는 전문가의 진단과 그에 따른 치료 과정을 받아들이게 된다. 그러나 다른 한편으로 많은 학부모는 자신의 아이에게 그러한 질환이 있다는 점을 100% 수긍하지 않는 경향이 있다. 실제로 ADHA 판정을 받은 아이라고 하더라도 사실상 경계선에 있는 많은 아이는 일상을 함께 지내는 부모의 시각에서는 비정상이라고 볼 만한 이유가 납득되지 않기 때문이다. 그것은 다름이 아니라 그 아이와 보낸 일상이 보여 주는 정상의 이미지와 그 아이에게 내려진 비정상이라는 범주 사이에서 뭔가 잘못되었다는 것을 느끼기 때문이다.

가령 그러한 장애를 가졌다고 판정된 아이들이라도 24시간 내내 비정상적인 모습을 보여 주지는 않을 것이다. 특히 정상과 비정상의 경계선에 있는 아이들이라면 더욱 문제가 될 것이다. 그 아이의 비정상적인 모습은 그 부모에게는 그야말로 특정 상황에서만 발생하는 비일상적인 것이다. 일상에서 문득 본 아이의 모습은 천진난만한 보통 아이의 모습이다. 아이의 과잉 행동은 특정 상황에서만 발생한다는 단서 조항으로 인해, 그 아이에게 내려진 비정상이라는 판정에도 불구하고 정상이라고 보지 않을 이유가 없다고 생각하는 부모는 그것을 양립 가능한 진단 결과로 받아들일 수도 있다. 부모 입장에서는 우리 아이가 전적으로 비정상이라는 것을 받아들이지 않더라도 아이의 상태를 좀 더 나아지게 하기 위해서 전문가의 치료를 받겠다는 결심을 할 수 있다. 그리하여 어느 한 입장의 시비불가성이라는 실제적인 원칙은 침해당하지 않고 양립 가능하다.

마찬가지로 모든 규칙에는 항상 다음과 같은 전제 조건이 뒤따른다. 즉, 이 규칙은 '여타의 모든 조건이 동일하다면(*ceteris paribus*)' 반드시 성립하거나 적용 가능하다는 전제가 그것이다. 만약 그 규칙이 적용되지 않는 상황이 있다면 그것은 규칙 자체에 문제가 있어서가 아니라 그 상황적 변수에 문제가 있어서라고 간주되기도 한다. 즉, 상황적 변수는 '그때 거기서' 특이하게 그리고 우연히 발생한 것이고, 따라서 해당 규칙에 영향을 주는 상수가 결코 될 수 없다고 판단하는 경우가 그것이다.

사실 어떤 일이 그 일답게 이루어진다는 것은 바로 그 규칙의 적용 가능성 때문이 아니라 그 규칙이 의도적으로 배제하고 있는—그래야만 규칙은 객관적인 사실로 정립되기 때문에, 좀 더 정확히 말하자면 하나의 사실성을 획득하기 때문에—여타의 모든 조건이 바로 그 일이 성립되는 과정으로서 구조화되기 때문이다. 예컨대, 학습심리학 연구 영역에는 전통적으로 오랜 핵심 연구 주제로서 학습 전이라는 개념이 있다. 학습 전이라는 개념에는 A 상황에서 터득한 A′ 지식이 추후에 B 상황에서 문제해결에 활용될 수 있다는 가정이 전제되어 있다. 많은 경우 교육은 추후에 언제든 필요시 활용할 수 있는 지식이나 기술을 준비하는 과정으로서, 사실상 학습 전이를 목적으로 이루어진다는 상식적 믿음이 강하게 존재한다. 문제는 위 가정에 깔려 있는 애매모호함이다. 여기에는 A′라는 지식이 동일한 것으로 지속된다는 생각이 전제되어 있다. 그리고 사실상 '여타의 모든 조건이 동일하다면'이라는 가정은 여기서도 여전히 발견 가능하다.

일반적으로 우리는 지식을 익히고 나면 추후에 어떤 사태 속에서 '그 지식'이 우리 머릿속에서 튀어나와 활용 내지는 적용될 것이라고 여긴다. 혹은 우리가 기술 또는 암묵지를 익히면 나중에 그 기술이나 암묵지가 우리 몸에서 튀어나와 활용 내지는 적용될 것이라고 당연하게 생각한다. 예컨대, 아이들이 구구단을 외우고 머릿속에 익히고 나면 익힌 지식을 주어진 문제에 적용해서 풀이를 할 수 있고 그에 따라 해답을 구한다. 영어 표현을 배우고 그 활용법을 익히면 어떤 상황에서도 그것을 활용할 수 있다. 학습 전이라는 개념은 바로 이러한 사태에 대해 사용된다. 우리가 공부하는 이유가 결국 가깝든 멀든 미래에 대한 준비라고 할 때 그 준비 개념도 학습 전이를 전제로 한 개념이라고 볼 수 있다. 학습된 것이 전이되지 않는다면 사실상 학습을 할 이유가 없다고 할 정도로 학습 전이는 학습에 있어서 핵심적인 관심사다.

일반인들, 심지어 상당수의 전문가가 학습 전이라는 개념을 사용할 때는 보편적으로 다음과 같은 가정이 전제되어 있다.

① 우리가 맞닥뜨리게 되는 상황은 다양하고 그때그때 다르지만
② 우리는 상황과 상관없이 행위나 사고를 반복할 수 있다.
③ 그리고 그때 반복되는 것은 애초에 익힌 바로 그 지식 또는 기술과 '동일한' 지식 또는 기술이다.

즉, 익힌 지식과 기술이 상황을 달리하여 동일하게 반복될 수 있다는 전제가 학습 전이의 핵심 내용이다. 그렇다면 이 점에 대해, 즉 당연하게 그렇게 알고 있는 것에 대해 되짚어 보자. 즉, 학습 전이는 당연히 일어난다는 전제를 뒤집어 생각해 보자. 그것은 학습 전이가 자연히 일어나지 않는다는 가정으로 귀결되는바, 알고 있는 지식의 새로운 사태에 대한 적용은 자연히 일어나는 사태가 아니라는 것이다. 학습 전이는 우리의 행위나 애씀과 노력 등이 부과되는 과정 속에서 도달되는 성취 결과다. 더욱이 시간이 흘러 상황이 다른데 지금 여기서 적용한 지식이 그때 거기서 습득한 지식과 동일하다는 전제는 어떻게 성립 가능할까? 이에 대해 답변하기 위해서는 동일성과 유사성 그리고 차이에 관한 좀 더 심도 깊은 이해와 궁리가 필요하다.

생활세계의 상식적 지식이 어떻게 활용되는지는 전문가의 문제 해결 사례에서도 잘 엿볼 수 있다. 초기 배심원에 대한 가핑클의 연구는 규칙 적용이 배심원의 경우에 어떻게 활용되고 있는지를 잘 보여 준다. 검찰로부터 올라오는 수사 기록의 내용, 사건의 증거, 정황 등은 배심원으로 하여금 귀납적인 추론의 절차를 거쳐 최종 판결에 이르도록 하는 것처럼 보이지만, 실상 실제 일어나는 과정을 보면 그와 사뭇 다르다. 사실 그의 전문성은 규칙을 적용하는 능력보다는 사건을 조사하여 법리를 적용하는 과정에서 발생하는 애매모호함을 처리하는 능력과 관련된다. 일반화

된 법 규정과는 달리 실제 사례에서 나타나는 특수성으로 말미암아 법 규정을 적용하는 데 있어서는 항상 애매모호한 측면이 뒤따라 다니기 때문이다.

일상적인 선택의 상황에서 이루어진 그의 의사결정은 규칙의 적용이라고 보기 어렵게 이루어진다. 판결은 '무엇이 일어났는지에 대하여 누군가에게 설득력 있어 보이는 해석의 선택'이라는 점에서 의사결정의 일환으로 이루어진다고 볼 수 있다. 그리고 이러한 의사결정은 그것이 이루어진 연후에 사후 정당화의 논리가 정리됨으로써 '판결'로서의 지위를 얻게 된다.

배심원에게 떨어진 과제는 피고의 유죄 유무, 형량, 배상 수준 등 사건의 판결 결과에 해당하는 일련의 결정 사항으로 이루어진다. 그리고 추리하고 수집하고 상상하고 컨설팅을 받는 과정에서 배심원은 암묵적으로, 즉 보았으나 알아채지 못한 채(seen but unnoticed) 상식적 지식에 의존하게 된다. 예컨대, 어떤 교통사고에 대한 추리 과정에서 문제에 봉착할 때마다 어떤 유형의 사람이, 어떤 유형의 속도로, 어떤 유형의 동기를 가지고 차를 몰았는지 등의 상식적 지식은 그에게 판단의 원천을 제공해 준다. 배심원이 상식적 지식의 사실 관계에 대하여 판단하는 데 내리는 결정은 그가 자신의 일상생활에서 내리는 결정과 사실상 다를 바 없다. 다만 전자의 활동에서는 자신의 판결이 옳다고 추론하는 데 근거로 활용될 만한 것들을 정리해 내는 작업이 뒤따른다는 점에서 일상적인 의사결정의 속성과 다른 양상을 보여 준다. 일상적인 의사결정에서는 자신이 문제 상황을 어떻게 보았으며 따라서 왜 그러한 결정을 내리게 되었는지에 관해 자신의 논리를 정리하지는 않는다. 흥미로운 점은 의사결정에는 상상, 추론, 비교, 추측, 토론 그리고 선택이 내려진 행위에 대해 정당화하는 일까지도 포함된다는 점이다.

전문가의 사유는 매우 실제적으로 이루어지며, 사후에 이루어지는 이를 정당화하는 논리를 마련하는 과정조차도 실천적 사유에 따른다. 여기서 한 가지 주의해야 할 것은 이러한 이해가 배심원이 보다 나은 합리성을 따르는 전문가가 아니고 일반인과 하등 다를 바 없다고 주장하려는 것이 아니라는 점이다. 그보다는 전문가와 일반인의 구획 불가능성에 대해 말하고자 하는 것이다. 〈표 6-1〉은 레비 스트로스(Levi-Strauss, 1966)가 지적한 문명과 야생의 문화의 차이가 갖는 대조적 속성을 보여 준다.

이에 대해 데리다(Derrida, 1970)는 레비 스트로스가 주장한 전문가와 브리콜레르의 이분법적 구분을 해체해야 한다는 점을 다음과 같이 역설하였다.

> 전문가가 어떠한 형태의 브리콜레르와도 분명히 다를 수 있다는 생각은 전문성이라는 개념을 신화화해 왔다. 아이러니한 점은 전문가조차도 브리콜레르가 만들어 낸 신화일 뿐이라는 것이다.[3] 전문성의 존재를 더 이상 받아들이지 않고 기존의 역사적 담론으로부터 벗어나 전문가든 과학자든 브리콜레르와 다를 바 없는 같은 종일 뿐이라는 점을 인정한다면, 브리콜레르라는 개념은 더 이상 어떠한 차

〈표 6-1〉 문명과 야생의 문화의 차이

문명(길들여진 문화)	야생의 문화
뜨거움	차가움
현대	고대
추상성의 과학	구체성의 과학
과학적 사유	신화적 사유
과학적 지식	마술적 지식
엔지니어	브리꼴레르
추상적 사유	직관/상상, 감각
개념의 사용	표식의 사용
역사	무시간성, 신화와 의례

이의 의미도 만들어 내지 못한 채 해체되어 버리고 말 것이다(Derrida, 1970: 256).

이에 관하여 잘 생각해 본다면 합리성에 관한 한 전문가와 일반인 간에 어떠한 수준의 차이도 상정할 수 없다는 점을 알 수 있다. 근대 이후 우리가 받아들이고 있는 과학이나 아잔데 주술(Azande poison oracle)은 결국은 서로 동일한 논리적 구조를 띠고 있다고 볼 수 있다. 왜냐하면 과학 지식과 우리의 경험 간의 어떠한 충돌이나 모순도 제삼의 과학 지식만 있으면 해결 가능하기 때문이다. 즉, 어떠한 현상이 새로이 나오더라도 그것을 설명할 수 있는 과학적 가설은 무궁무진하게 제공될 수 있기 때문이다(Polanyi, 1958). 이러한 특징에 관해서는 앞서 시비불가성이라는 개념으로 설명하였기 때문에 충분히 이해할 수 있으리라 본다.

상황 내 그리고 상황에 대한 탐색으로서의 실천적 사유

민속방법론에서는 질서 혹은 순서에 관한 지침(instruction)과 생활세계의 행위(course of Lebensweld actions)가 서로 조합을 이루며 세상의 현실들을 만들어 낸다고 본다. 지침이 실현되는 과정은 현실의 구조화 과정(in-structuration)과 다름없다. 즉, 지침과 이를 실현하고자 하는 실천적 행위의 전개 과정은 마치 동전의 양면처럼 하나의 현실을 구성하는데, 이를 구조의 구조화 과정(structurality of structure)이라고 일컬을 수 있다.

예컨대, 어떤 매뉴얼이나 지침이 어떻게 실제 우리의 행위로 구현되는지를 살펴보자. 이때 지침은 매뉴얼에 글로 나와 있을 수도 있고 누군가가 구두로 전한 말의 형태일 수도 있다. 매뉴얼이나 지침을 따라 일을 처리하게 되면 우리는 합리적으로 그리고 시행착오를 줄이며 기대한 상태나 결과에 이를 수 있다. 그러나 실제 우리가 매뉴얼이나 지침을 따라 어떤 일을 한다고 했을 때 실제로 우리가 하게 되는 행위는 매뉴얼이나 지침 그대로만 일어날 가능성은 많지 않다. 실제로 우리는 매뉴얼을 따라 일을 처리하다가 매뉴얼에 나와 있지 않은 예기치 않은 돌발 변수를 만날 수도 있다. 이때 그 상황에서 일어난 그 어떤 것도 돌발 변수로 작용할 수 있다. 이 경우 우리는 잠깐 이전 단계로 돌아가 무엇이 잘못되었는지, 예컨대 그 돌발 변수가 매뉴얼의 지침을 잘못 따른 데에서 초래되었는지 혹은 지침은 잘 따랐으나 그 일의 상태가 원래부터 그 지침과는 맞지 않게 되어 있는지, 아니면 다소간 애매한 구석이 있는 그 지침이 구체적으로 무엇을 뜻하였는지 등을 따져 보게 된다. 결국 말이나 글로 표현된 지침과 이를 실제 옮기려는 우리의 행위 간에는 간극이 있을 수밖에 없고, 우리의 실천적 행위는 이러한 간극을 줄이는 방식으로 해당 일을 처리하게 된다. 매뉴얼의 지침을 적용해 보는 과정에서 발생하는 돌발 변수와 이를 처리하는 방법으로서 사후수정에 초점을 맞추어 그 적용 과정을 기술해 보고 그 특징을 살펴볼 수 있다.

상황은 그 안에서 이루어지는 행위들을 구조화한다. 이는 곧 상황이 실천적 행위를 성립시키는 환경을 구성하면서 그 상황 내 속성들을 볼 수 있고, 들을 수 있고, 말할 수 있고, 분석할 수 있도록, 즉 설명 가능한 것이 되게끔 만든다는 것을 뜻한다. 아메린과 빌름스(Amerine & Bilmes, 1988)는 교사의 지시를 따라 과제를 수행하는 학생들의 활동을 분석하여 보여 준 바 있다. 교사가 지시한 내용이 학생들의 과제 활동을 통해 실현되는 것은 당연히 자연스럽게 일어날 수 있는 일은 아니다. 수업에서 내려진 교사의 지시는 항상 불확정적인 상태로 남아 있기에, 그것을 따르는 학생들에게는 직접 해 보고 그 결과가 나와야만 제 의미가 분명해진다.

여기서 교사의 지시가 불확정적이라는 말은 규칙과 규칙 따름에 관한 비트겐슈타인의 논의에서 따온 것으로, 규칙을 표현하는 명제도 그것이 적용되는 경우를 완전히 규정지을 수 없다는 것을 의미한다. 쉽게 말하자면, 규칙을 나타내는 명제는 얼마든지 다의적으로 해석될 수 있다는 것이다. 예컨대, '수에 2를 계속해서 더해 나가라'는 규칙을 제시했다고 하자. 이 규칙을 적용하면 1, 3, 5, 7, 9……의 경우만이 성립되지 않는다. 2, 22, 222, 2222, 22222…… 또한 그것을 적용한 경우에 해당할 수 있다. 학생이 시 문구를 암기하는 것도 해석에 따라서는 내러티브를 활용한 고차원적인 학습 방법으로 이해될 수 있다. 다시 말해, 실제 경우는 어떠한 하나의 규칙 명제로도 규정할 수 없다는 것이다.

지시와 지시 따름의 이러한 연관성을 염두에 두고 보면, 수업에서의 지시가 어떻게 학생들의 활동 속에서 구현되는가 하는 문제는 그를 따르는 학생들이 어떻게 교사의 지도를 실제로 자신들의 활동 과정으로 전환시키는가의 문제라고 볼 수 있다. 예컨대, 학생들의 탐구 과정은 실제로 해당 활동의 전개 과정 안에서 순간순간 다음 상황에서 어떤 행위를 취할 것인가에 관한 매우 실제적인 결정과 추론 및 탐색들로 구성된다. 즉, 성공적으로 수업 지도를 따른다는 것은 일종의 행위의 진로를 구성하는 것을 가리키는데, 일단 학생들이 수업 지도를 따라 자신들의 활동을 진행시키면 수업 지도는 그동안 무슨 일이 일어났는가를 알려 주는 역할을 한다.

교사의 지시 사항은 학생들이 경험해야 할 교과 내용으로서의 탐구 활동이 어떻게 전개되어야 할 것인가에 대해 언제나 부분적인 기술밖에는 제시해 주지 못한다. 따라서 학생들은 이를 자신들 나름대로의 예상 결과를 가지고 구체적이며 실제적인 활동으로 전개해 나갈 필요가 있다. 아메린과 빌름스에 따르면 학생들의 시범 활동은 모종의 절차 가운데 전개되는데, 이러한 절차는 학생들이 교사로부터 지도를 받았다는 사실과 활동의 전개 과정 중에도 지도를 받을 것이라는 기대감으로 구성된다.

그리고 실험과 더불어 그들은 실험 결과가 나타내야 할 최종 상태가 어떠해야 하는지에 대해 이미 교사로부터 들어 알고 있는 상황이다. 탐구 과정에서 학생들의 관심은 교사로부터 들은 실험 결과의 최종 상태에 어떻게 하면 도달할 수 있는지로 쏠리게 된다.

이러한 상황은 수업 현장이라면 어디서나 관찰 가능하다. 다음은 어느 초등학교 4학년 과학 수업에서 학생들의 탐구 활동이 벌어지는 상황이다. 무거운 종이가 가라앉고 가벼운 종이는 물에 뜬다는 간단한 원리를 깨닫게 하기 위해 설계된 실험 활동이 한참 진행 중이다. 학생들은 실험 활동을 시작하기 전에 교사로부터 이러한 원리에 관해 듣는다. 어느 한 그룹 테이블에서 관찰한바, 두 종이 가운데 무거운 종이가 가라앉지 않자 이를 지켜보던 학생들은 연필 심지 끝으로 살짝 물속으로 밀어 넣으며 "왜 이렇게 안 가라앉지?" 라고 하였다.

문제해결 능력이 실제적, 사후수정적 그리고 실천적이라고 하는 것은 바로 이러한 경우를 두고 말한다. 여기서 문제 해결은 귀납적 방식, 즉 학생들이 왜 무거운 것은 물에 가라앉고 가벼운 것은 뜰까를 관찰하고 나서 그에 관한 원리를 추론해 내는 데 있지 않다. 오히려 학생들은 자신들에게 이미 알려진 사실, 즉 어떤 결과가 나와야 하는가 하는 최종 상태에 대한 지식에 꿰어 맞춘다. 그래서 연필로 살짝 밀어 넣는 행위를 하는 것처럼 목적하는 바에 도달하기 위해 갑자기 닥친 상황적 변수를 즉각적으로 처리해 나간다.

현장 상황에서 일어나는 일과 그로부터 기대하는 바는 서로 불가분의 상태로 전개되어 간다. 탐구 활동이 고차원적인 사고의 과정이기 이전에 실제적인 일처럼 일어난다는 것은 곧 탐구의 일상성이 무엇인지 잘 보여주는 예라 할 수 있다. 탐구 활동이 실제적인 성격의 일로 일어난다는 것은 탐구 활동이 그 현장 안에서, 그 현장의 일로서, 그 현장의 전개 과정으로서 나타난다는 것을 의미한다. 탐구 활동에서 학생들의 추론은 '지식'을 향한 궁리라고 보기에는, 상황 내 변수라면 뭐든지 처리해 나가는 너무도 실제적인 성격을 띤다. 과학철학자 파이어아벤트(Feyerabend, 1975)의 말을 빌려 표현하자면, 이러한 실제적 추론을 '닥치는 대로 뭐든 처리하고자 하는 실제적 관심의 추론('anything goes' inference)'이라고 일컬을 수 있겠다. 그리고 구체적인 시공간적 특성, 즉 현장성을 벗어남 없이 일어나는 한 그 탐구 과정은 일상성을 띨 수밖에 없다. 결국 일상성은 어떤 일이 그것이 일어나는 구체적인 현장성과 맞물려 현현할 때 파악되는 속성과 다름없다.

또 다른 수업에서 학생들은 성공적으로 컵에 물을 가득 채우고 종이를 그 위에 얹은 다음 뒤집었을 때 물이 안 쏟아진다는 것을 통해 공기의 압력이 작용하고 있음을 배우고 있다. 실제로 교사의 지시대로 학생들은 그 과정을 조심스럽게 되풀이한다. 만약 물이 쏟아지지 않는 경우, 학생들은 그 광경을 지켜보며 환호성을 지른다. 그렇지 않고 여전히 물이 쏟아지는 테이블에서는 반복해서 시도한다. 그럼에도 불구하고 실패하는 경우에는 종이가 흐물거리는 것이 문제라고 탓하면서 보다 빳빳한 종이를 구하기도 한다. 여기서 사실상 학생들이 해내야 하는 과제는 공기의 압력 문제가 아니라 그들이 몰두해 있는 실험과 관련하여 받은 교사의 지시를 자신들의 탐구 활동에서 일관되고 성공적으로 구성해 내는 문제다.

이상의 내용은 과학 수업에서 일어난 일로서 외현적으로 드러난 모습만을 기술해 놓은 것이기 때문에 학교에서 학생들이 고등 사고의 전형으로서의 과학을 배우는 데 있어서 부수적으로 일어나는 사소한 것으로 치부할 수도 있다. 즉, 학생들이 그러한 활동을 할 때 머릿속에 염두에 둔 사고 실험, 과학적 원리에 대한 탐구, 알고 있는 지식의 적용 등에 관해서는 어떠한 언급도 없이 외현적으로 드러난 행동들을 옮겨 분석한 내용이라고 생각할 수 있다. 과학은 그러한 외현적 행위 차원에서 드러나는 것이 아니라 그야말로 내면적 상태에서 일어나는 지식이라고 가정한다면, 앞에서 서술한 학생들의 활동은 그들의 탐구 과정을 이해하는 데 있어서 중요하지 않을 수도 있다. 그러한 관점에서 보면 앞의 예에서 학생들이 보여 준 상황적 행위들은 우연적이고 즉흥적이며 무질서하기까지 하다. 그 상황적 행위들은 학생들이 그 날의 경험을 갖게 되는 데 불가피한 것이 아니라 없어도 그만인 것이며, 심지어는 생략되면 훨씬 더 학생들의 활동이 진정성 있는 배움의 순간들로 나아질 수도 있다. 그러나 과연 그럴까?

더욱이 당사자적인 입장에서 보면 그러한 상황적 행위보다는 의미의 놀이, 즉 참여자들의 머릿속 해석의 과정이 더 중시되어 해석되어야 하는 것은 아닌지 하는 의문을 제기할 수도 있다. 그러한 의문은 달리 생각해 보면 그들이 하고 있는 일을 더 잘 이해하기 위해 당사자적 입장에서 보는 것이 더 나을까, 아니면 참여 관찰자의 입장에서 보는 것이 더 나을까 하는 방법론적인 질문이 될 수도 있다. 여기서 한 가지 방법론적인 문제는 행위 당사자는 현재 진행 중인 자신의 행위에 대하여 자세히 들여다볼 수 없다는 데 있다. 따라서 질적 연구방법론에서는 행위자의 입장에서 다소 벗어난 참여 관찰자의 관점이 갖는 장점에 관해 언급해 왔다. 민속방법론은 일반 사회과학에서의 형식적 분석(formal analysis)과는 달리 사회적 질서 자체에 대해서는 어떠한 판단도 유보한 채 그 질서가 성취되는 방식에 대해서만 관심을 두는 소위 민속방법론적 무관심(ethnomethodological indifference)의 입장을 취해 왔다.

다시 과학 수업 상황으로 돌아가 생각해 보자. 최근 과학철학자나 과학사회학자들은 과학을 지식의 구조나 사유 과정으로 보는 것은 과학에 대한 선입견일 뿐, 실제 과학이라는 실천 공동체에 종사하는 사람들이 하는 일이나 실천을 염두에 둔다면 그러한 이해는 상당히 빈약하고 왜곡된 시각이라는 점을 역설해 왔다. 이러한 관점을 받아들여 실천 공동체 내에서 일어나는 과학적 실천은 진짜 과학이고 오늘날 학교에서의 과학 수업은 그에 비하면 맥락성이 결여되어 있는 잘못된 과학교육이라고 판단할 수 있다. 그러나 학교에서 다루어지는 과학이 가짜 과학일 수 있다고 보는 것은 실제 과학이 어딘가에 따로 있다는 것을 전제할 때 성립한다. 그리고 실제 과학이 따로 있다는 생각은 과학이라는 범주가 성립하는 선험적인 어떤 것이 존재함을 암묵적으로 상정해 놓은 채 그것을 어떤 사태를 이해하고 판단하며 어떤 결정을 내리는 데 하나의 준거로 적용한다. 문제는 그 어떤 것이 항상 우리에게는 탈맥락적인 상태로 전형화되며 그 결과 생활세계에서 일어나는 실제 모습에 대해 왜곡된 이해와 판단을 하게 한다는 것이다.

앞서 살펴본 과학 수업처럼 흔히 학교교육은 탈맥락적 속성으로 인해 교육의 진정성이 결여되어 있다고 간주되는 경향이 있다. 그러나 생활세계의 일상성이 관여되는 한 진정성과 비진정성에 관한 구분의 문제는 그리 쉽지 않다. 다음 그림은 르네 마그리트(R. Magrette)의 데칼코마니 형태의 작품이다. 어떤 존재의 상정은 현실에서 그것의 부재에 대한 인식과 함께 일어난다. 아마도 이 그림은 오른편 커튼에서 우리가 커튼 자체를 보지 않고 왼편 풍경의 연속성, 즉 창문 바깥의 바다 풍경을 본다는 점을 의도적으로 나타내기 위해 착안되었을지 모른다. 진짜 과학과 모의 과학 간의 구분은 마치 원본과 사본을 구분하는 우리 인식의 착시 효과의 이치와도 같다. 데칼코마니에서 어떤 쪽이 원본이며 어떤 쪽이 사본인지 구분하는 것은 불가능하거나 의미가 없다.

이상에서 살펴보았듯이 문제 해결에 관한 선입견, 지식을 적용해서 문제를 해결해 나가는 절차가 있다는 문제 해결에 관한 우리 사고의 모델은 사실상 가정된 모델에 불과할 뿐이다. 실제 현실 속에서의 문제 해결은 그와는 다른 모습으로 우리에게 경험된다. 문제 해결에 관한 기존 선입견과 실제 사이의 괴리의 심연은 구체적 세계에 대한 우리의 경험과 행위에 추상성을 입히고자 하는 이념적 태도에서 비롯된 것이다. 여기서

〈데칼코마니〉(르네 마크리트, 1966)

우리가 유념해야 할 점은, 우리가 터득한 지식은 이미 우리가 처해 있으면서 우리 지각의 대상이 되는 상황과 분리될 수 없는 한 몸통이라는 점이다. 지식과 상황이 이미 하나라면 전자를 후자에 적용해 상황의 문제를 해결한다는 논리는 우리가 실제로 경험하는 문제해결 상황이 띠고 있는 실제적 구체성을 파악하는 데 걸림돌 역할을 한다는 데 그 문제점이 있다. 이미 내 '안'의 지식과 내 '밖'의 상황이 둘이 아닌 하나라면 문제해결 과정은 상황 혹은 상황적 지식을 운용하는 것과 다름없다는 이해에 이를 수 있다.

Chapter
07

상황주의와 구조주의

상황주의와 구조주의

두 교육이론: 상황학습론과 교육본위론

민속방법론은 일상적 상황에 대한 탐구 논리라고 할 수 있다. 상황성이야말로 사회 질서와 현실을 직조해 내는 매트릭스다. 그러나 상황성은 어떻게 접근 가능한가? 그것은 어떠한 틀에도 포획될 수 없는 무정형적인 상황의 속성을 어떻게 연구 대상으로 포착하고 언술화하며 설명할 수 있는가 하는 질문으로 집약된다. 상황성을 어떻게 연구할 것인가 하는 방법론적인 관심사는 사회과학에서의 방법론적인 논쟁, 즉 상황성을 어떤 현상에 영향을 준 요인으로 다룰 것인가 배제할 것인가, 어떤 층위를 상황이라고 정의할 것인가, 다수의 요인으로 쪼개어 다룰 것인가 혹은 하나의 총체적 구조로 다룰 것인가 등을 둘러싼 방법론적인 문제로 다루어져 왔다. 민속방법론이 전제로 하는 방법론적 상황주의는 이 질문에 대한 민속-방법론적 해명이다.

이 장에서는 민속방법론의 전제라 할 수 있는 방법론적 상황주의가 구조주의적 사유와 어떻게 견주어 비교해 볼 수 있는지 살펴보고자 한다. 구조주의적 사유는 화용론적 상황주의와 사유의 대척점을 이루며 우리가 사물을 바라보는 형식에 깊숙이 자리 잡고 있다. 민속방법론의 방법론적 상황주의는 연구방법론뿐만 아니라 학습이론에도 영향을 미쳤는데 이는 교육연구 공동체 안에서 상황학습이론의 패러다임으로 출현하였다. 상황학습이론에서는 전통적인 학습이론에서 전제로 한 이념인 형상의 논리를 중심으로 한 주체와 객체, 개인내적 구인으로서의 인지 스키마와 상황, 지식과 경험 등의 이분법을 넘어서서 생성과 변화의 논리를 전면에 등장시켜 학습에 관한 탐구의 문제를 재구획화하고자 하였다.

상황주의 논리의 대척점인 구조주의적 사유는 교육이론에도 영향을 미쳤는데, 그중 교육본위론으로 알려진 교육이론에서 구조주의 사유는 그 방법론적 전제에서부터 전형적으로 반영되어 있다. 교육본위론은 교육과 학습의 현상을 총체적으로 설명하고자 하는 관심에서 제기된 이론으로서 지난 20여 년간 교육 현상을 이해하고 설명하는 논리의 형식에 지속적으로 영향을 미쳤다. 교육본위론의 가정과 주장이 보편성을 갖는 것으로 받아들여질 수 있다면 그것은 교육본위론이 교육을 바라보는 시대정신에서 그리 멀리 떠나 있지 않다는 것을 반증한다. 그런 만큼 구성주의를 비롯한 현대적인 의미의 교육 또는 학습 현상을 규명하고자 하는 오늘날의 다양한 주장과 논리는 교육본위론의 핵심 아이디어들과 부분적으로 중첩되어 있다. 교육본위론에서는 '넓은 의미에서의 사회적 질서' 혹은 공적 체험의 구조의 생성과 변주에 관한 논의를 핵심 해명 대상으로 하는 만큼 실천과 성찰성, 의미의 생성과 공유, 개인과 집단의 공진화 등의 제반 문제에 대해 교육의 내재적 논리를 찾아 해명하고자 하였다. 여기서 교육 내재적 논리라 함은 교육에는 다른 목적을 쟁취하기 위한 수단으로서의 기능적 가치가 아닌 삶의 내재적 가치로 동일시할 수 있는 그 자체의 고유한 구조와 논리가 있다는 것을 뜻한다.

토마스 쿤(Thomas Kuhn)에 따르면, 새로운 패러다임은 낡은 패러다임에서 해결되지 않은 문제들을 더 이상 문제로 간주하지 않는 방식으로 새롭게 영토화하는 전략의 일환에서 출현한다. 다시 말해, 새로운 패러다임이 새로울 수 있는 것은 기존의 패러다임에서 상정한 탐구 질문에 대해 해명한 결과로 초래된 것이라기보다는 현존의 조건에서 좀 더 풍부하게 해명할 수 있는 방향으로 질문을 전환시켰기 때문이다. 상황학습론과 교육본위론은 형식 논리와 외재적 기능주의를 넘어서서 학습과 교육에 관한 탐구 문제를 재구조화하는 진척을 이루어 왔다.

전혀 다른 성격의 두 접근을 평면적으로 비교해 보려는 것은 두 가지 연유에서다. 첫째, 필자는 그 두 관점을 서로 경합하고 견주면서 하나의 탐구 궤적을 형성해 왔는데 그 과정에서 깨닫게 된 것은 그들이 서로 양립 불가능한 패러다임이라는 점이었다. 그러한 양립 불가능성은 단순히 실존적인 선택의 기로에서 초래된 문제가 아니라는 말이다. 그것은 표면 위로 드러난 두 관점의 기저에 거대하게 숨겨져 있는 지층의 상이함 때문이었다.

둘째, 교육본위론의 시각은 교육이론을 둘러싼 사회과학에서 제기될 수 있는 근본적인 질문에 대해 나름의 설명 논리를 구축해 왔다. 교육본위론의 주장에 대해 수긍하든 수긍하지 않든 상관없이, 교육본위론이 제시한 근원적인 질문과 해명은 전면적으로든 부분적으로든 교육이론 전반에 걸쳐 항상 우리의 사유를 가로질러 도처에 출현한다. 두 접근이 넓은 의미에서 사회적 질서 또는 의미의 재생산과 생성의 문제를 다루는 만큼 두 관점을 비교해 보는 것도 그리 큰 무리는 아닐 듯싶다.

이 장에서 다루게 될 상황학습론은 교육 활동에 대해 정향성 또는 규범을 제시하는 교육이론으로서가 아니라 연구방법으로서 접근할 수 있는 생활세계의 현상과 그것을 엮어 내는 사람들의 방법에 관한 이야기다. 그리고 민속방법론은 여타의 질적 연구 접근과는 달리 현상의 질성적인(qualitative) 속성을 우리 행위나 경험 안에서 구조화하는 상황적 사태 또는 사건으로 보여 줌으로써 상황학습론을 조명해 주는 하나의 관점이라고 할 수 있다. 이 장에서는 상황학습론과 교육본위론에 관해 간략하게 소개하고, 이어서 민속방법론의 상황주의와 교육본위론의 구조주의가 세계에 대하여 어떻게 서로 대비되는 이해를 보여 주는지 몇몇 연구방법론적인 이슈를 중심으로 이야기해 보기로 한다.

지식의 맥락성과 상황학습론

1980년대 이후 상황인지론이나 분산인지론 등 인지과학에서는 최근 지식을 텍스트로 국한해 볼 수 없다는 점에 관해 역설해 왔고, 이는 학습이론에도 커다란 영향을 미쳐 사회구성주의라는 새로운 패러다임을 형성해 왔다. 상황인지론의 관점을 취해 보면, 우리가 배우고 따르게 될 지식은 개인의 내부가 아닌 우리를 둘러싼 사회 생태적인 환경에 편재해 있다. 지식의 생산과 유통을 둘러싼 사회 기술적 체제나 환경이 매우 빠르게 바뀌고 있고, 그에 대한 접근 통로 또한 훨씬 다양해지고 넓어졌다. 이러한 변화는 자신이 원하는 지식이나 정보가 어디에 있는지, 어떻게 이용할 수 있는지의 접근성의 문제로 대두되었다. 우리의 접근 대상이 되는 사회 생태적인 환경에는 세상을 이루고 있는 것들, 예컨대 물건, 자료, 책, 도구, 테크놀로지 등 각종 정보원이 포함되며, 학습은 이러한 정보원들을 활용하는 능력을 섭렵하는 데 달려 있다.

이러한 관점에서 보면 우리는 지식을 원칙대로 소유하는 개인(container)이라기보다는 지식을 유연하게 활용하는 사용자(user)다. 인간은 개인 소유의 지식이라는 일정한 짐을 항상 머리에 이고 다니는 존재가 아니다. 어떤 분야에서 신참과 고참의 핵심적인 차이는 지식 활용에서의 유연성에 있다. 즉, 신참은 지식을 있는 그대로 적용하려고 전전긍긍하는 반면, 고참은 상황에 맞게 지식을 변용한다. 그것은 우리 몸에 체화된 지식을 활용하는 능력으로 나타난다. 이를 지식의 소재지라는 은유로 표현하자면 지식은 언제나 상황 안에 존재한다고 볼 수 있다. 결국 모든 살아 있는 지식은 상황 지식이다. 우리는 상당히 구조화된 상황, 즉 일상생활 속에서 끊임없이 지식을 생산하고 포장하며 유통하는 일을 하고 있는 셈이다. 말 그대로 우리가 관여하는 일상생활이 곧 지식을 관리하고 경영하는 일(knowledge management) 자체인 것이다(Brown, Collins, & Duguid, 1989; Lave & Wenger, 1991). 거칠게 표현하자면, 상황학습론은 지식이 텍스트(text)에 있지 않고 맥락(context)에 있으며 따라서 학습은 맥락을 통한 경험과 활동의 사안으로 다루어야 한다는 주장으로 요약할 수 있다. 그리고 학습에서의 맥락성에 관한 관심은 맥락의 부재 혹은 왜곡이 학교교육에서 진정성(authenticity)의 문제를 촉발시켰다고 본다.

> 수세기 동안 교육적 실천을 이끌어 온 인식론은 주로 개념 지식의 문제에 매달려 왔고, 그러한 지식이 우리의 사고에 있어서 그 어느 것보다도 우선적이라는 가정에 의해 표상적인 지식과 세계의 대상 간의 관련성을 파악해 왔다. 상황인지론에서는 활동과 지각이 지식보다 더 중요하며 인식론적으로도 우선된다는 인식에 입각하여 활동과 지각의 문제에 관해 연구할 필요가 있다는 점을 역설해 왔다. 세계의 일차적 질서인 활동과 지각을 다루는 인식론에서는 표상으로서의 지식에 의한 매개라는 '지향성'에 관한 고전적 문제를 간단히 해소한다.
>
> 결론적으로 말해, 활동에 대한 중요성과 학습을 문화화의 관점에서 바라볼 때 우리는 많은 일상적 교육 실천이 부적절한 인식론의 희생물이었다는 점을 깨달을 수 있다. 이러한 새로운 지식이론을 통하

> 여 학습은 어떻게 향상될 수 있을 것인가에 대한 중요한 단서와 교육에 대한 전적으로 새로운 관점을 발견할 수 있다(Brown et al., 1989: 41).

여기에서 제기하는 바와 같이 상황학습론은 지식과 앎의 원천으로서 활동과 상황적 맥락이 교육학 연구의 우선 관심사라는 점에 주목하게 하는 데 상당한 공헌을 하였다.

> 우리는 학습이 일어나는 활동과 맥락은 교육적으로 필요한 것이나 단지 배우는 내용과는 구분되는 중립적인 것이라는 점에서 부차적일 뿐이라고 생각하는 경향이 있다. 그러나 지식이 발전하고 사용되는 데에 있어서 활동은 학습이나 사고 인식과는 구분되거나 부차적인 것일 수 없다. 더욱이 활동은 중립적이지도 않다. 반대로 활동은 우리가 배우고 있는 내용의 핵심 일부다. 우리는 활동을 통해 상황들을 구성해 가면서 지식을 생산해 낸다고 말할 수 있다. 이렇게 보면 학습과 사고 인식은 근본적으로 상황적이라 할 수 있다(Brown et al., 1989: 32).

상황학습론은 우리가 학습이라고 일컫는 것이 개인의 지식이나 기술의 습득 이상의 의미가 있음을 알려 준다. 즉, 우리가 학습한다는 것은 사실상 문화적 실천의 양상에서 벗어날 수 없다는 것이다. 상황학습론은 이러한 관점에서 학교 교육론의 파행적 성격을 논의하는바, 지식 습득과 같은 학습에 대한 기능주의 신화는 현재 학교교육의 실천 자체이기도 하며, 다시 학교교육은 그 신화를 재생산하는 기제 역할도 담당한다는 것이다.

거시적 차원에서 상황학습이 의미하는 바는 레이브와 웽거(Lave &

Wenger, 1991)의 『상황학습론: 합법적 주변참여(*Situated learning: legitimate peripheral participation*)』라는 저서에 잘 나타나 있다. 이 저서를 통해 그들은 지식을 사용한다는 것이 상황적이라는 점에는 공감하면서, 다른 한편으로 지식의 상황성에서 나타나는 상황성에 대한 이해를 넘어서려고 한다. 즉, 그들은 우리가 사용하는 지식이 상황성을 넘어서는 혹은 초월하는 특성을 객관주의적 관점을 취하지 않고도 설명해야 한다고 본다. 그리고 이러한 의도에서 그들은 개인의 학습과 사회의 구성이 내적 관련성을 갖고 있다고 보고 이러한 관련성 안에서 지식의 생산과 재생산 등을 설명하는 하나의 이론으로 상황학습론을 구성하였다. 실천공동체론은 상황의 학습이 어떻게 당사자적 의미, 즉 정체성의 형성으로 연관되는지를 해명하기 위해 제기되었다. 많은 사회이론이 그렇듯이, 일단 상정된 이론적 개념은 일상의 실천에 관한 분석적 이해보다는 사회적 연관성이라는 의미를 부여하는 설명의 논리를 취하는 경향이 있다.

그것은 상황과 개인 사이의 매개체로서 실천 공동체라는 이론적 개념을 상정할 때 이미 예견되었던 문제다. 실천 공동체라는 이론적 구안물은 실천으로서만 드러나는 상호 주관적 의미로서가 아니라, 실천 밖에 그리고 전에 존재하면서 그 실천에 대해 정향 짓는 하나의 외재화된 실체로서 둔갑하여 출현한다. 모든 이론적 개념의 효과가 그렇듯이 설명의 명쾌함은 이해의 빈곤이라는 악순환을 야기하기도 한다. 학습조직론이나 학습 동아리는 실천 공동체의 다른 이름으로 통용되기도 한다. 소위 네트워크 학습 모형이 탄생한 것이다. 새로운 처방전을 탐색하는 이들에게는 대환영이겠지만, 우리 현실에 대해 알려 주는 바는 모든 유행이 그렇듯이 잠깐 시간이 흐르면 식자 대중은 그러한 처방전이 얼마나 빈약하기 짝이 없는지 설파할 것이다. 우려한 대로 실천공동체론은 분석의 관점으로서가 아니라 학교뿐만 아니라 사람들이 모여 있는 군집이라면 어디에서든 그리고 기업에서조차 환영받는 처방전이 되었다. 물론 정향성을 제시해 주는 처방전을 마련하는 일 자체가 굳이 폄하될 필요는 없다. 사회과학, 특히 교육학의 정립은 정향성을 제시해 주어야 한다는 전제로부터 더욱더 자유로울 수 없기 때문이다. 문제는 그러한 처방전의 수명이 그리 길지 않아 그 약효가 발생하기도 전에 다음 처방전에 대해 어떠한 교훈도 남기지 않은 채 사라진다는 것이다.

결국 상황학습론은 학습이론보다는 학습 모형으로 더 잘 알려져 있다. 상황학습론이 행동주의나 인지주의와 같은 하나의 학습이론으로 정립되기 위해서는 모형이 아닌 분석의 관점으로 거듭나야 한다. 민속방법론의 방법론적 상황주의 관점은 상황주의 학습이론의 정립 가능성을 보여주고 있다.

교육본위론과 구조주의적 사유

교육본위론은 교육의 내재적 속성에 관해 탐구하고자 한 독창적인 연구 영역이다. 다음 인용문에서 교육본위론이라는 새로운 연구 영역을 왜 개척하고자 하였는지 그 취지를 잘 엿볼 수 있다.

> 현존하는 교육학의 연구는 고유한 의미의 교육을 은폐하거나 왜곡한다. 흔히 '교육' 하면 학교를 연상하고 그 해법을 그곳에서 찾고자 하지만 학교에서 진행되고 있는 제도적 관습, 그곳에서 재생산해 내는 상식, 그리고 그와 연관된 용어는 마치 출구가 없는 미로처럼 그 자리를 맴돌면서 교육의 문제를 해결하기보다는 더 가중시키고 있다. 그 원인의 하나는 개념적인 혼돈과 범주 착오다……. 학교는 정치, 경제, 사회, 문화, 종교 등 다양한 삶의 양식이 복합된 삶의 공간의 하나이고, 교육은 학교 이외에 가정, 직장, 학원, 각종 회관, 가상공간 등 다양한 삶의 공간에서 진행되는 삶의 양식의 하나다. 교육

은 그 나름의 구조와 내재율을 가지고 있으며, 그 요구에 순응하는 주체를 통해서 그 나름의 내재적 가치를 실현한다(장상호, 1997, 167).

교육본위론은 우리가 알고 있는 전통적인 교육학의 성격과는 상당히 다른 패러다임이라고 할 수 있다. 교육본위론에서는 교육의 내재적 논리와 가치를 밝힐 수 있다면 일반 사회적 생활세계 속에서 사람들의 체험적 삶의 모습뿐만 아니라 전문가들의 세계 그리고 더 나아가 학문의 세계에서 지식이 생성되고, 확장되고, 변화하고, 사멸하기까지 지식의 생태적이며 근원적인 조건에 대해 해명할 수 있다고 보았다. 사실상 교육본위론을 창안하고자 한 것은 사회과학 가운데 응용학문의 하나로서가 아니라 사회과학에서 순수 독자적 영역의 학문이라고 할 수 있는 사회학이나 심리학 정도의 범위와 수준을 염두에 둔 작업이었다. 끊임없이 초월하고자 하는 인간의 안과 밖을 넘나드는 제삼의 논리와 가치를 배움과 가르침의 활동과 체험 속에서 발견할 수 있다고 본 것이다. 존재의 근원성에 있어서 생성과 변화의 문제를 해명하고자 한 많은 현대 철학이나 사회과학의 관심을 염두에 두고 볼 때 이러한 착안은 매우 매력적인 탐구 영역의 발견이라 할 수 있다.[1)]

교육본위론은 교육의 내적 논리와 그에 따른 현상을 해명하기 위해서 구조주의적 사유에 따른 실재론적 입장을 취해 왔다. 구조주의적 사유에 따른 실재론적 입장에서는 세계는 구조적으로 존재하며 그 구조의 드러남에 따라 그 세계는 실재한다는 관점을 취해 왔다. 교육본위론에서는 분과학문으로서 교육학이 성립하기 위해서는 여타의 영역과는 배타적으로 그리고 자율적으로 다른 교육과 교육학적 지식의 구조를 탐색하는 일이 우선되어야 하며, 구조주의적 방법론은 탐구 대상의 내재적인 것과 외재적인 것을 엄격하게 구분하도록 하는 등 그러한 자율적 구조를 밝히는 데 중요한 방법론이라고 생각하였다. 마치 소쉬르(Saussure)의 구조주의 언어학이 언어 현상을 의미로 환원시키지 않고도 그 내재적 과정 자체를 해명하는 데 결정적인 역할을 한 것처럼, 구조주의적 탐구를 통해 교육의 내용으로 교육을 귀속시키지 않고도 그 자체로 내재적 가치를 지닌 보편적인 현상이자 행위로서 교육에 관해 해명할 수 있다고 보았다. 물론 교육본위론 연구에는 반실증주의의 논리인 현상학이나 해석학, 일상언어 그리고 변증법적 연구방법론 등이 새로운 논리를 창안해 내는 데 주요한 방법론적 전략을 제공했지만, 구조주의의 방법론은 교육본위론 전반에 걸쳐 깊이 자리 잡은 가장 근간이 되는 방법론이었다.

무엇이 구조주의적 사유인지에 관해서는 다양한 이견이 있을 수 있지만 대략적으로 다음과 같이 정리해 볼 수 있다. 구조주의적 사유에서는 외형적 현상 밑에 깔려 있는 질서를 탐색하기 위한 탐구의 모델을 찾고자 한다. 그리고 구조는 상호 관련된 요소들의 총체성으로 구성되는데, 이들 요소 중 어떤 것도 다른 모든 요소의 변화에 영향을 주지 않고서는 변화될 수 없다는 것이다. 교육본위론에서 엿볼 수 있는 구조주의적 실재론의 사유는 다음과 같다.

첫째, 세계의 다원성은 다원적 삶의 태도를 요구하는 만큼 서로 이질적인 구조의 속성을 띤다. 둘째, 품위라고 하는 체험의 구조 내 요소들의 구조와 그 구조의 전환 과정 그리고 교육은 체험 구조들 간의 놀이, 즉 경합과 공존의 양상에서 드러난다. 셋째, 체험의 구조 그리고 암묵적 실천이 생성되고 공유되는 일반론적인 원리가 정립 가능하다. 넷째, 이러한 교육이라는 구조적 층위는 일반론적인 원리의 정립이라는 학문적 해명에 따라 그리고 해명의 정도만큼 '실재'로서 존립 가능하다. 따라서 교육이론은 사회 또는 인문 현상 이면에 교육이라는 구조적 질서를 찾기 위한 탐색의 모델을 창출하는 데 최우선 목표를 두어야 한다.

민속방법론과 교육본위론은 그 전제와 논리에 있어서 많은 부분 서로 평행선을 보이고 있다. 따라서 어느 한쪽의 관점을 받아들이면 다른 한쪽의 관점은 타당하지 않은 것으로 파악될 수 있다. 그 불가공약성(incommensurability)에 관해서는 뒷부분에서 좀 더 자세히 언급하겠지만, 축약해서 말하자면 우리의 경험과 행위에 있어서 사회성을 근원적인 것으로 볼 것인가 혹은 내면성을 더 강조할 것인가의 차이라고 볼 수 있다. 그 차이로부터 시작된 두 프로그램 간 괴리는 인간의 외면과 내면 가운데 어느 측면을 더 우선시해서 볼 것인가 하는 근본적인 문제에서 비롯된다.

전자는 뒤르켐(Durkeim)이 그의 이론사회학에서 제기한 '사회적인 것'을 행위당사자 중심으로 뒤집어 보려고 한 사회학인 반면, 후자는 보편적 행위와 체험의 기제로서의 교육을 파악하고자 한 교육학이라는 점에서 서로의 관심의 태도와 전제는 너무나 이질적이다. 따라서 양자를 비교한다는 것 자체가 통상적으로 보자면 난센스라고 할 수 있다.

그럼에도 불구하고 굳이 이 두 프로그램을 비교하는 이유는 양자가 모두 유난히 선험성의 전제를 해체하려고 하였으며, 따라서 실재의 자기구성성에 관해 집요하게 보여 주려고 했다는 것이다. 나아가 양자는 우리 행위나 경험을 이해하고자 할 때 기본 축이라고 할 수 있는 개인의 심리와 거시적 구조로서의 사회라는 물신화된 실체의 상정을 피하면서 양자 사이의 변증법적 총체성과 운동성을 논리적으로뿐만 아니라 경험적으로 탐색하고자 했다는 점에서 서로 매우 닮았다. 물론 선험성의 전제를 벗어나 상황 구성성에 관해 밝히고자 하는 관점은 편협한 철학의 관점이 아니라 현대의 철학이나 사회과학에서 매우 광범위하게 찾아볼 수 있는 것이기는 하지만 말이다.

예컨대, 민속방법론이 집요하게 파헤쳐 보려고 한 것은 상황적 행위가 갖는 의미의 생성과 내재적 속성은 내재성의 생성철학과 그 궤를 같이한다고 볼 수 있다. 반면 일상의 생활세계에서의 사람들의 행위 또는 현상을 어떻게 기술 · 이해하고자 하는지에 대해 양 프로그램이 보여 주는 평행선을 잘 비교해 보는 것 또한 우리가 인간의 행위를 이해하는 데 있어서 매우 논쟁이 될 만한 흥미로운 이슈들이 존재한다는 점을 깨닫게 해 줄 것으로 생각한다.

그 외에도 이 두 패러다임에서 찾을 수 있는 유사성은 다음과 같이 정리해 볼 수 있다. 첫째, 세계가 개인에게 열려 있는 것은 자신의 이해의 지평과 더불어 체험의 구조 또는 현상학적 장(phenomenal field)을 통해서라는 점, 둘째, 그러한 체험의 구조 또는 현상학적 장이 개인에게 드러나는 것은 암묵적이고 실천적인 행위를 통해서라는 점, 셋째, 개인 행위는 다원적인 세계 내에서의 본위적 역할 수행이라는 점, 넷째, 우리의 행위가 물상화된 그리고 선험적인 그 어떤 것으로 환원될 수 없는 그 자체로 내재적인 가치를 갖는다는 점, 다섯째, 의미는 동조와 교섭을 통해 부단히 생성된다는 점, 그리고 여섯째, 새로운 존재 양상은 탐색과 긴장성을 통해 모색된다는 점 등이 그것이다.

구조성의 발견과 그 변이

체험의 구조와 상황의 구조화

교육본위론이 교육학 연구에서 기여한 가장 큰 학문적 성과는 사람들의 실천을 개인의 체험 구조가 획득하게 되는 위상, 즉 체험의 품위 문제로 이해한 아르키메데스적 전환에서 찾아야 한다. 품위라는 개념은 기투된 양상(Dasein) 또는 상황적 연속체로서의 존재론이라는 하이데거(Heidegger)의 논거처럼 현상학적 장으로서 현현하는 존재와 그 존재의 세계성이라는 의미를 내포하고 있다. 통상적으로 품위가 인지주의 심리학에서 상정하는 인지 스키마의 확장된 형태라고 이해할 수 있지만 이는 오해다. 교육본위론에서 품위라는 개념을 상정할 때에는 사고의 틀이라는 의미를 넘어서서 실천지와 암묵지 등을 총체화한 체험의 구조로 보았기 때문이다.

> ……관계없이 각각의 단계에서 동일한 구조로 진행되는 것으로 접근한다. 즉, 품위(品位, transtalent)란 개념은 서양에서 'arete'나 동양에서 덕(德)이라는 개념이 포착하려고 했던 것을 내포한다는 점에서 그 개념적 발전의 연장선상에 있다. 교육은 그 시작과 끝의 매개된 결과로서 품위는 다르지만 그것을 형성하고 매개하는 하나의 자율적인 세계인 것이다. 품위는 체험 구조의 형태를 띠고 있다. 이 때문에 그 발전은 단계라는 개념으로 포착될 수 있는데, 그렇게 되면 서로 다른 수준은 아리스토텔레스적인 형식 논리에 비추어 보면 서로 모순될 수밖에 없다. 우리가 개념화하고자 하는 교육은 바로 그런 품위를 실현하면서 그 실체를 구명해 나가는 과정의 하나가 되는 것이다.

여기서 상황주의와 교육본위론이 취하고 있는 구조주의 간에 개인을 바라보는 기본적인 관점의 차이를 엿볼 수 있다. 우선 교육본위론에서는 다양한 세계 안에서 한 개인이 성취하고 있는 품위가 곧 한 개인이 갖출 수 있는 인격성을 말한다. 다시 말해, 교육본위론에서 개인은 이 품위의 실현체라고 할 수 있다. 반면 앞서 살펴본 바와 같이 민속방법론에서는 개인을 상황적 행위의 계열체로 보았다. 즉, 교육본위론에서 구조성을 체험 내 구조로서, 그리고 민속방법론에서는 구조성이라기보다는 구조화의 과정을 상황적 행위가 구조화되어 가는 시계열적 과정(temporal sequence)으로서 이해하고자 하였다. 그리고 그 차이는 마치 존재의 양태, 예컨대 기투된 양태(Dasein)로 볼 것인가 아니면 하나의 체험의 구조와 동일시되는 현존재의 존재로 볼 것인가 하는 해석의 차이로 해석해 볼 수 있다.

교육본위론에서 우리 경험의 구조성에 관해 발견한 것은 매우 중요한 성과라고 할 수 있고, 그런 점에서 교육본위론은 교육학 담론에서 재평가되어야 한다. 그럼에도 불구하고 교육본위론에서는 우리 체험의 구조성을 양태화하기보다는 존재론화함으로써 경험적인 수준에서 해명하기보다는 선험적인 층위에서 확인하고자 하였다. 그에 반해 민속방법론을 비롯한 해석적 사회과학에서는 소위 현상학적 장, 우리 행위의 구조성 또는 상황의 테두리의 구성 과정에 관해 경험적으로 그리고 사태적으로 해명하고자 하였다.

소위 해석적 사회과학에서는 구조성을 개인 내 선험적인 체험이 아닌 개인 간 구체적인 상황적 행위에서 확인하고자 하는 노력의 일환으로 연구 프로그램을 전개해 왔다. 현대 사회과학에서 선험적 구조의 상정에서 벗어나고자 하는 연구들은 그러한 구조성이야말로 앞서 현상학적 장 개념에서도 설명했듯이 나를 포월하는 상황에서 생성되는 것으로 상황에서 어떻게 확인할 것인가 하는 관점에서 파악해야 하며, 그것을 어떠한 선험적인 구조로 오해해서는 안 된다는 것을 분명히 하였다. 예컨대, 고프먼(Goffman)은 상황의 테두리가 사람들의 스키마적인 상황적 행위와 어떻게 연동되어 있는지 적극적으로 해명하려고 하였다. 마찬가지로 민속방법론은 개인들의 행위가 어떻게 상황적으로 구조화되는지에 관한 연구 프로그램이다. 다시 말하면, 민속방법론이 설정한 퍼즐은 개인의 인식 틀은 어떠한 경우에도 경험 이전에 미리 상정할 수 없고 상황적 지각 또는 행위를 통해서 드러날 뿐만 아니라, 상황적 행위가 성취해 내는 결과라는 점에 입각해서 경험 연구의 단초를 마련하는 일이었다.

일반적으로 우리가 흔히 생각할 수 있는 방식, 즉 개인의 인식 틀을 먼저 전제하고 난 후에 그것이 적용되고 현상화되는 구체적인 상황의 순서가 아니라, 거꾸로 구체화된 상황들을 통해 그 스키마의 운동성에 관해 역추론하는 탐구의 논리가 곧 민속방법론을 위시한 방법론적 상황주의가 취하고 있는 관점이다. 상호주관성을 우선시하는 방법론적 상황주의는 곧 듀이(Dewey)가 개인의 사고는 사회적 무대에서의 리허설이라고 지적한 말로 압축하여 표현해 볼 수 있다. 소위 우리가 일상에서 경험하는 최고의 현실(paramount reality)은 어떠한 경우에도 일반화된 타자와의 엮임으로부터 벗어날 틈 없이 사회적 상호작용은 개인의 사고에 실존적으로 앞선다는 말이다. 결국, 구조의 존재성을 체험이라는 층위에서 발견하려는 노력은 체험이라는 개념을 상정할 때 지양하고자 했던 바로 그 개념, 즉 정신이나 사고의 스키마에 의존하여 어떤 사태를 보고자 하는 경향 그리고 그 결과 그가 경험한 사태의 디테일을 자칫 간과할 수 있는 환원주의를 다시금 초래한다.

다시 구조성에 관한 상황주의적 해석으로 돌아가 보면, 구조성은 그 상황에 놓여 있는 사람으로 하여금 다음 행위에 대한 선택지를 질서화하는 '연관성'의 체계라고 볼 수 있다. 그것은 특정 상황 속에서 행위자로 하여금 다음 상황을 볼 때 어떤 것은 목하 하고자 하는 일과 연관된 것으로 그리고 어떤 다른 것은 그렇지 않은 것으로 본다는 것을 의미한다. 또한 그것은 다음 행위를 취할 때 어떤 행위는 취할 수 있고 어떤 다른 행위는 취할 수 없는 것으로 길잡이 역할을 하면서 행위를 구조적으로 한정 짓는다는 것을 뜻한다. 이러한 점에서 우리의 행위나 사고가 현장적 질서를 취한다는 것은 상황 속에서 연관성을 탐색하고 찾아 나간다는 것을 말한다. 물론 여기서 말하는 현장적 질서는 상황과 행위 간의 반영적(reflexive) 관계가 그렇듯이 미리 주어져 있는 것이 아니라 본인 스스로 '그때 거기서' 발견하고 구성한 것이다. '연관성', 즉 지금 여기서 일어나고 있는 것들 가운데 무엇이 목하 염두에 두고 있는 일과 연관 지어 파악되고 무엇이 무시되는지를 파악해 가는 일은 곧 구조화된 상황의 전개 과정과 다름없다. 상황의 복잡함과 만물성(plenum) 안에서 연관성을 찾아가는 우리 행위는 실제적이면서 동시에 내생적인 속성을 지녔다고 볼 수 있다.

아래에서도 상세히 다루겠지만, 민속방법론의 상황주의와 교육본위론의 구조주의 간의 이러한 이해의 차이는 후기현상학적 이해와 실재론적 구조주의적 이해에 따른 데에서 비롯된다. 구조주의적 이해에 입각한 교육본위론에서는 품위와 같은 개인의 실존태를 해명하고자 한 반면, 후기현상학에서는 정태적인 구조의 해체, 즉 실제 상황에서 시간의 흐름을 따라 현상학적 장이 실천적 행위에 의해 구체화되는 과정을 보고자 하였다. 체험의 구조로서의 품위와 같은 이론적인 개념을 구안함으로써 한편으로는 정형화되지 않은 체험의 흐름을 가시화 또는 언술화할 수 있게 한 반면, 다른 한편으로는 우리의 경험을 외재화 또는 선험화할 수 있는 가능성의 한계에 노출되기도 하였다.

전자에서는 구조란 현상 또는 상황적 행위들 안에서 확인 가능한 것으로서 실제 상황에서는 구조화(structuration)의 상태로 현현한다고 본 반면, 후자에서는 다분히 현 존재의 실존태로서 개인 내부에서 확인할 수 있을 것으로 기대하였다. 교육본위론에서는 품위, 즉 실존태가 변하는 개인내적 메커니즘에 관해 설명하기를 원했고 그 작업은 상당 부분 개인 내 성찰 과정을 세심하게 관찰하고 분석하는 데 몰두하였다. 그 결과, 품위의 변화는 성찰의 과정에서 개인이 겪게 되는 정서적인 에너지의 분출과 함께 섭동과 복귀의 순환 과정에서 초래된다고 보았다. 실제로 이에 관한 많은 설명은 연구자가 자신의 탐구 과정을 회고하면서 그에 대해 의미를 부여하는 식으로 해석되었다. 사실 어떤 의미에서 보면 성찰 행위에 대한 자기관찰, 즉 질적 연구를 해 온 셈이다. 이에 반해 상황주의 관점에서 보면 그 기본적인 전제로 인해 생성과 변화는 정태적인 구조성의 상정과 함께 결코 해명하기가 쉬운 주제가 아니다. 그 이유는 정태적인 구조성이 전제로 하고 있는 동일성의 가정을 상황주의에서는 받아들이고 있지 않기 때문이다. 즉, 상황주의에는 모든 행위나 사태는 애초부터 상황적이고 변용적인 그 자체로서의 변이체, 즉 모든 행위에는 독특한 특개성(just thisness)이 내재되어 있다고 보았다.

사회 세계와 과학 지식의 문제

체험의 구조를 상정한다면 일상에서 당연시된(taken for granted) 상황적 행위나 경험의 많은 부분이 이미 질서화되어 파악될 가능성이 있다. 반면 상황적 행위의 순서는 일상의 섬세한 부분들이 목하 상황에 맞게 질서를 찾아가는 과정을 보여 준다. 전자에서 일상의 상황은 분석의 초점에서 배제되는 배경, 혹은 사회적 생활세계의 탐구 영역으로 제쳐질 가능성이 많은 반면, 후자에서는 분석에서 주목해야 할 대상이다. 물론 그러한 전제는 교육본위론에서 전제로 하고 있는 세속계와 수도계라는 세계의 구분의 가정과 연동되어 있다. 그리고 바로 이 차이로 인해 두 프로그램은 서로 공약 불가한 상이한 패러다임과 같이 결코 서로 만나지 못하는 평행을 이루고 있다. 그것은 곧 민속방법론에서는 과학과 상식의 세계를 결코 구분될 수 없는 것으로, 그리고 교육본위론에서는 두 세계를 서로 이질적인 것으로 파악하고자 한 관점의 차이에서 다시 한번 확인가능하다.

바로 이 점, 즉 과학과 상식 간의 관계라는 성찰성의 문제를 두고 판단해 보건대 민속방법론은 쿤의 연구 논리를, 교육본위론은 슈츠(Schutz)의 연구 논리를 따른 것으로 보면 옳을 것이다. 일찍이 과학철학자인 쿤은 과학적 지식의 성장이 '발견의 논리'나 '탐구의 심리학'에 따른 것이 아니라 패러다임 변화라는 실제적이고도 사회적인 과정의 일환으로 전개된다고 보았다. 여기서 패러다임이 함축하고 있는 의미는 과학적인 것과 사회적인 것의 구획 기준(demarcation)이 사실상 존립 불가하다는 점이다. 반면 사회현상학자인 슈츠는 과학의 논리와 현장의 논리는 분명 다르다는 점을 확실히 하고자 하였다. 지식을 1차적으로 구성하는 것은 사회지만 이를 재구성하는 과학은 그와는 차원이 다른 2차적 구성물로 보아야 한다는 것이다. 여기서 말하는 과학은 쿤의 경우에는 자연과학을, 슈츠의 경우에는 사회과학을 염두에 둔 것으로, 서로 동일한 대상를 염두에 두고 간파한 것은 아니다. 즉, 슈츠는 상식과 상식을 이해하는 사회과학은 서로 다른 결을 내보일 수밖에 없다는 점을 분명히 지적하였다.

물론 슈츠의 지대한 공헌이라고 한다면, 다른 지식사회학자들과는 달리 지식인이나 과학자들의 특별한 지식 생산이 아닌 일반인들의 의미 생산에 관해 밝히고자 하였다는 점이다. 특히 지식의 생산을 특정 전문 영역에만 국한시키지 않고 일반인의 일상적 생활세계에서 살펴보고자 했다는 점에서 슈츠의 지식사회학은 일반인의 일상을 주된 연구 주제로 삼는 질적 연구방법론에 큰 반향과 탄력을 일으킬 만한 역발상이 아닐 수 없었다.

일상 용어로서 과학 또는 사회라는 개념을 사용하지만 사실 그 개념이 지칭하는 대상은 특정의 단일한 물체가 아닌 어떤 상태 및 양상이다. 그것은 마치 '대학'이라는 개념이 대학의 특정 건물이나 특정 강좌를 가리키는 것이 아닌 것과 동일한 이치다. 캠퍼스, 건물, 그리고 그곳에서 벌어지는 사회적 상호작용, 교육 활동이나 행정 활동, 프로그램 등이 서로 얽혀 대학이라는 의미를 성립시킨다. 이와 마찬가지로 과학은 특정 과학철학자들이 말하는 연구 논리나 연구 프로그램 등 과학을 과학으로 만드는 근원적인 속성과 같은 것을 상정하기 어렵다. 무엇이 과학이고 무엇이 과학이 아닌가를 따지는 것은 사실 생화학 실험실에서 유전자 분석 비커에 오염이 없도록 청소하는 일이 과학적 활동인가 아닌가 하는 것을 따지는 것과 마찬가지의 우문일 것이다. 어떤 맥락에서 '그' 비커를 청소하느냐에 따라 그것은 과학적 실천의 일부가 될 수도 있고 청소 용역 아주머니의 노동의 일부가 될 수도 있기 때문이다.

민속방법론은 멤버들의 역량을 문제 삼지 않고 연구의 전제로 당연시(take for granted)한 채로, '그때 거기서'의 상황에서 현상학적 장이 멤버들에 의해 구체적인 상황 안에서 전개되고 구성되며 지속되는 실제적인 과정을 분석하고자 하였다. 반면 교육본위론은 멤버들의 역량이 형성되어 가는 과정을 파헤쳐 보고자 하였다. 분명 그것은 사회학과 교육학 간의 관심사가 다르기 때문에 비롯되는 차이라고 보는 게 타당할 것이다. 왜냐하면 민속방법론은 사회학의 근본 질문인 사회의 존립 가능성, 즉 어떻게 개인들이 사회적 현실을 공유할 수 있는가에 관심을 둔 반면, 교육본위론은 교육학의 근본 질문인 어떻게 개인들이 사회적 현실을 구성해 가는가에 관심을 두기 때문이다. 전자는 변화의 결과가 일상이 되어 현실로 현현하는 상태를, 후자는 일상을 초월하여 변화를 겪어 가는 상태를 보고자 했으니 매우 다른 방향의 연구 프로그램을 개진하고 있다고 볼 수 있다.

분명히 상황적 행위를 탐구하는 것은 질적 연구로서는 매우 매력적인 연구 지침이라고 할 수 있다. 왜냐하면 생활세계의 당연시된 상황들과 체화된 현상 안에서 실제 상황을 기술하고 그 속에서 의미를 다름 아닌 일상 언어로 탐구할 수 있기 때문에, 손에 잡힐 수 있는 구체적인 자료를 가지고 현상의 디테일을 보고 분석해야 하는 질적 연구로서는 반가운 일이 아닐 수 없다. 물론 여기서 일상 언어로 기술될 수 있음의 의미와 모든 행위가 일상 언어로 환원될 수 있음의 의미는 서로 동일하지 않다는 것을 분명히 해야겠다.

반면 교육본위론은 행위자 자신의 초월성에 대한 내면적 성찰 행위 또는 그에 관한 여러 기록을 활용할 방법 이외에 달리 방법이 없는 것처럼 보였다. 실제로 교육본위론에서는 초월적 경험을 담은 전기 성격의 기록

자료, 그것도 보통 사람들의 일상적 생활세계보다는 새로운 세계(ways of world making)를 창조해 낸 위대한 인물들의 기록을 활용한 연구가 많다. 실제로 필자가 관찰하기에는 교육본위론이 교육 원리라는 자신의 스트롱 프로그램을 찾으려고 하면 할수록 애초에 설정했던 생활세계에서의 체험이나 실천에 대한 이해로서의 교육이론보다는 비일상적 생활세계에서의 선험적 체험이론에 가깝게 논의가 발전되었다. 교육본위론에서는 수도계와 교육계를 하나의 세계로 보는 것처럼 생활세계에서의 교육 논의보다는 수도계에서의 교육 논의가 훨씬 더 큰 영역을 차지하고 있다. 물론 그것이 수도계의 발전 양상을 더 효과적으로 드러내는 데 새로운 교육이론이 얼마나 유용한지 보여 주기 위해 전략적으로 선택된 연구 방침일지라도, 여전히 교육의 논의에서 어떠한 사회적 속성으로부터 자유로운 수도계적인 논리가 깊숙이 자리 잡고 있는 것은 사실이다. 여기서 수도계는 문화와 종교와 독립된 영역이 아니라 양쪽의 특정한 부분을 가감한 것으로 개념화된 것이다.

> 수도계는 흔히 학문, 예술, 각종 기예 등 문화의 영역 가운데 인간성의 보편적인 발전에 해당하는 부분과 겹친다. 그러나 문화에서는 이 각각의 표현 매체로서의 물질성을 무시하기 어렵지만, 수도계의 입장에서는 그것의 체험으로 충분한 것이다(장상호, 1999: 95).

세속계와 수도계의 구분은 자칫 이원론적인 세계 구분의 논리로 오해될 가능성이 많다. 세속계와 수도계의 구분 논리가 그러한 명제를 뒷받침하는 전제로 제시된다. 경쟁하는 두 체험 사이의 상호작용은 세속계에서는 정치적 논쟁과 투쟁의 형식을 취하겠지만 수도계에서는 상구와 하화라는 형식을 취할 가능성이 많다는 것이다. 수도계에서는 정치적 · 사회적 논리가 아닌 교육적 논리가 우선적으로 취해진다는 것이다. 수도계의 세계에서는 체험의 수준이 상대적으로 명확할 수 있으며, 의사소통은 어느 한쪽이 상대편이 가지고 있는 체험에 접근해 갈 수 있도록 양 당사자 간에 합의가 이루어진다면 그들 사이의 상호작용은 합리적으로 조정될 가능성이 많다고 보았다는 점에서 해당 공동체 내 멤버들 간의 상호작용을 낙관적이고 합리적인 과정으로 보았다.

민속방법론에서는 그 연구가 도출하게 되는 행위자의 추론이나 행위는 어디까지나 상황 내 행위자의 몫이라고 보고, 이를 철저하게 기술함으로써 이념적 개념에 의해 가려진 혹은 당사자에 의해 당연시된 측면에 대한 이해를 한층 더 끌어올린다는 전략을 취하고 있었다. 이에 반해 교육본위론에서는 슈츠와 마찬가지로 이론을 창출해 내는 것은 현장의 1차적 질서에 대해 체계적인 논리를 부여함으로써 2차적 질서라는 과학적 이론을 구성해 내는 작업이라고 받아들였다.

체험의 이론화 가능성과 바깥의 사유

암묵적 실천은 이론화가 가능한가

구조주의와 상황주의 간에 또 하나 생각해 볼 수 있는 차이는 사회과학에서 배경적 실천(background practice) 내지는 암묵적 실천(tacit practice)을 규칙화할 수 있는가 하는 문제와 관련된다. 이 문제는 일반화된 규칙성을 정립하는 인문과학이란 도대체 존재할 수 있는가 하는 사회과학 방법론의 오랜 논쟁이기도 하다. 미셸 푸코(Michel Foucault)는 그의 저서 『사물의 질서: 인문과학의 고고학(*The order of things: An archaeology of the human science*)』(1979)에서 인문과학은 근본적으로 패러다임화될 수 없는 운명일 수밖에 없다는 점을 피력하고 있다. 그리고 인문과학의 방법론적 제 문제는 그것이 인간의 배경적 실천을 어떻게 대상화하여 파악할 것인가에 관심을 두기 때문에 비롯될 수밖에 없음을 지적하였다. 그에 따르면 다음과 같다.

> 인문과학의 한계는 사실상 그것을 존립하도록 하는 가능성의 조건을 바로 자신의 연구 대상으로 하였기 때문에 비롯되었다. 인문과학의 역사는 항상 일종의 선험적 구동장치(transcendental mobility)를 구안하는 데 점철되어 왔다……. 그리고 그 역사는 표상에 기투된 것을 탐색하는 역사에서 표상에 가능성을 부여하는 것을 모색하려는 역사로 이어진다(Foucault, 1979: 364).

이 문제에 관해 집요하게 따져 온 하이데거 철학의 충실한 주석자로 잘 알려져 있는 드레이퍼스(Dreyfus, 1983)는 현상학적 사회과학에서는 생활세계의 근원적인 구조 내지는 배경적 실천을 규칙화・이론화하여 설명할 수 있는 방법이란 존재할 수 없다는 점에서 다른 접근법, 즉 이론적 설명보다는 맥락적 이해를 통한 접근 내지는 상황적 실천에 대한 해명이 중요하다는 점을 강조해 왔다.[3]

이 점을 좀 더 이해하기 위해 우리의 행위와 규칙, 그리고 규칙 따름의 관계에 관한 논증을 다시 한번 짚고 넘어갈 필요가 있다. 민속방법론과 같은 후기현상학적 사회과학이 여타의 관점과 가장 큰 차이를 보이는 것은 인간의 행위, 실천, 기술 등을 맥락 초월적인 어떠한 선험적인 규칙으로도 파악할 수 없다고 본다는 것이다. 앞서 설명했듯이, 우리가 어떤 게임에 관해 배울 때 초보자는 그 게임의 규칙을 배워야 한다. 그러나 그가 두는 수를 보면 그것이 상황 즉각적으로 머리에 떠오르는 등 이미 배운 규칙은 그에게 더 이상 규칙이 아니다. 어떤 기술을 마스터한 사람에게는 그 기술이 더 이상 자신이 보다 상황 즉각적이고 상황 유연한 행위를 하는 데 걸림돌이 되지는 않는다. 그가 자신의 행위에서 기술의 규칙을 변용한다기보다는 행위가 애초부터 변용의 속성을 띠고 일어났다고 이야기하는 것이 더 타당할 것이다. 이처럼 어떠한 규칙도 행위자와 동떨어져 있을 때에만 상정될 수 있을 뿐 행위와 관련해서는 제 기능을 하지는 못한다. 제 기능을 못한다기보다는 '지금 여기서의' 행위가 성립되는 전제로 탈맥락적 규칙의 존재를 상정하기 어렵다는 말이 더 타당할 것이다. 이러한 연유에서 후기현상학적 접근은 탈상황적 속성을 밝히기 위한 어떠한 이론이나 어떠한 선험적 유사 실체, 즉 원리, 규칙, 체계, 마음 등의 정립도 의도적으로 배제한 채 상황적 행위 및 구체화된 실천에 대한 기술적 이해를 제1 탐구 과제로 삼고 있다. 그리고 후기현상학의 이러한 관점은 현상학을 표방한 사회과학뿐만 아니라 사회과학 전반에서 두루 우리가 명심해야 할 중요한 포인트를 지적하고 있다. 그리고 그것은 교육본위론에서 교육을 설명하는 논리나 방법에서도 재음미해 볼 수 있다.

이에 관한 논의를 좀 더 섬세하게 살펴보기 위해서는 비트겐슈타인(Wittgenstein)이 펼친 규칙 회의주의(rule skepticism)에 대한 비판의 논리를 다시 상기해 볼 필요가 있다. 그것은 규칙 회의주의에 대한 대안적 해법을 교육본위론처럼 다수 규칙을 상정하고 그것들 간의 우열 경합으로 제시할 것인가, 아니면 어떠한 규칙으로도 인간의 행위를 설명하고자 하는 시도는 성립할 수 없는가의 차이와도 유사하다. 후자의 관점은 어떠한 규칙의 상정도 배제하기 위해서 상황적 실천에 대한 기술적 이해의 관점으로 발전되어 왔다.

즉, 교육본위론에서는 품위의 차이가 각 품위에 적용된, 즉 실존태에 따라 부수되는 경험들 또는 행위들의 의미를 확정 짓기 위해서 적용하는 규칙의 차이라는 점을 견지해 나간 반면, 민속방법론에서는 애초부터 우리의 행위는 '규칙'으로부터 벗어남을 전제로 해서 성립될 수밖에 없다는 점을 간파하였다. 교육본위론에서는 실존태로서의 품위가 실제로 생활세계에서 드러나는 양상이 마치 규칙 1 → 규칙 2 → 규칙 3 등 혹은 갑돌이의 합리성, 갑순이의 합리성, 철수의 합리성 등이 실현되는 양태로 실재화된다고 본 것이다. 즉, 전자에서는 기본적인 시각으로 규칙의 종류나 수준이야 어쨌든 결국에는 우리 행위의 속성으로서의 '규칙 따름'이 전제되어 있는 반면, 후자에서는 규칙 따름으로 우리 행위를 해석할 수 없다는 점을 분명히 하고자 하였다.

결국 규칙 따름이라는 전제가 초래할 수밖에 없는 외재적인 설명 기제의 도입은 품위라는 실존태의 양상이 과연 수준차라는 다양성을 담보하는 상태로 실재화될 수 있겠는가 하는 의문으로 제기될 수 있다. 품위의 수준차가 과연 현실계에서 실재할 수 있을까 하는 질문은 어떠한 확증성도 장담할 수 없는 가상의 그리고 주관적인 허상이나 혹은 수도계라는 현실 세계에서 실제로 존립하기 어려운 이상적인 공동체에 대한 회의를 반영하고 있다. 물론 교육본위론에서 규칙으로의 환원이 품위라는 실존태의 모든 양상에 적용되었다고 보기는 어렵다. 상구나 하화와 같은 교육 활동은 그러한 규칙에 적용받지 않는 영역으로 여전히 남겨 두었기 때문이다.

가장 흥미로운 차이 가운데 하나는 '일상적 상황'을 바라보는 두 관점의 시각차다. 민속방법론에서 일상적 상황은 마치 무한한 심연과도 같이 무엇이나 흡입해 버리면서 동시에 마치 수은과 같이 그것을 담는 용기의 모양을 띠고 존재한다. 아무리 고차원적인 지식과 기술이라도 일단 학습자에게 터득되면 더 이상 지식과 기술의 양태로 존재하지 않는다. 그것은 행위 상황 속으로 분산되어(distributed) 상황에 내재화되어 존재하게 된다. 또 상황 속으로 분산된 이상 그 지식과 기술은 당사자에게서 일상화된 것이다. 그리고 일단 일상화된 이상 지식의 사용은 행위자와 상황과의 매우 실제적인 상호작용 이상도 이하도 아니다. 민속방법론은 우리가 하고 있는 일에 대해 무한히 작용하는 일상적 · 상황적 행위에 관한 탐구를 제1과제로 한다. 세계에 대한 자연적 태도(natural attitude)는 어느 상황에서도 우리의 경험과 행위에 작용하여 우리가 경험한 바대로 그 일을 그 일답게 만든다.

물론 민속방법론은 사람들의 실천적인 방법의 연구로서 연구자가 해당 실천 공동체의 멤버로서 할 수 있고 볼 수 있음을 터득해야 한다는 전제로 자신의 연구방법을 구현해 갔다. 실제로 민속방법론을 추구하는 연구자들은 어떤 경우에는 자신이 연구하는 실천 공동체, 예컨대 수학, 분자생물학의 한 멤버가 되기도 하였다. 이와 함께 현상학적 장을 구성할 수 있는 행위자의 능력은 역량으로 간주되면서 이에 관한 보다 적극적인 해명은 과제로 남겨 놓았다. 여기서 역량은 상황에 몰입하는 힘, 대상을 전유하는 힘으로서, 여기서 그것이 지식의 표상에 기반한 것으로 생각한다면 오산이다. 왜냐하면 그러한 힘은 어떠한 경우에도 표상적이지 않고 상황에 가해지는 직접적인 행위의 일환으로 작용하는 것을 의미하기 때문이다. 바로 이 점, 즉 그러한 힘이 어떻게 형성되는지 하는 탐구 질문으로 인해 교육학은 사회과학 영역을 헤집고 들어가 기여할 수 있는 소위 틈새 탐구 영역일 수 있다.

품위로 구분될 수 있는 이상 일상의 상황조차 일상이 아니다. 그를 둘러싼 세상이 그의 품위 구조와 함께 변환되었기 때문이다. 슈츠가 말한 지식 구성의 2차원, 즉 일반 사람들 사이에서 통용되는 통념과 상식적 지식과 이를 이론화한 결과 출현하게 되는 과학적 지식은 서로 다른 층위에 있다는 설명은 교육본위론에서 일상적 생활세계와 이론적 세계를 구분하는 근거가 되었다. 그리고 이러한 구분은 소위 세속계와 수도계라는 세계 구분에 대해서도 논리적 당위성을 부여하고 있다.

물론 여기서 세계의 구분이라는 가정은 상이한 구조들 간의 차이를 분명히 하여 하나의 구조의 운동 가능성에 관해 체계적으로 해명하고자 한 구조주의의 과학주의적 전제에 따른 것이다. 그러나 실지로 구분했든 인위적으로 구분했든 일단 구분된 세계의 개념은 실제 어떤 현상으로 구체화하여 설명할 때 그 개념이 고스란히 적용된다. 마치 수도계는 현실적으로 존재한다는 것처럼 말이다. 문제는 현실을 왜곡하거나 이상화하거나 오해하게 하는 한계를 보여 줄 수 있다는 점이다. 왜냐하면 독자들은 어떤 현상과 설명된 것으로서의 현상을 구분하지도 않고 또 구분할 수도 없기 때문이다. 아니면 그런 오해를 막기 위해서 교육본위론자들은 어떤 현상을 두고 설명할 때마다 세상에는 이런 한 가지 측면이 있다고 매번 언급해야 할지도 모른다.

코기토의 성찰성과 바깥의 사유

구조성을 개인내적인 구인으로 볼 것인가 혹은 개인 간 구인으로 볼 것인가 하는 문제는 개인의 정체성에 방법론적 우위를 둘 것인가 아니면 상황적 상호작용에 둘 것인가에 따른 문제라고 볼 수도 있다. 현실적으로도 개인의 체험과 상호작용성 중 어느 것이 우선인가를 두고 볼 때 교육본위론과 민속방법론은 서로 평행선을 유지한다. 전자에서는 개인의 체험이 우선 존재하고 그것이 다른 개인의 체험과 어떻게 상호작용하는지 보려고 한 반면, 후자에서는 개인의 체험을 있게끔 한 타자와의 상호작용을 포함한 상황적 행위를 분석 틀의 초점으로 두고자 하였다.

어떠한 사회과학의 논리와 방법도 상호주관성 문제로부터 자유로울 수 없다는 점은 교육본위론에서도 예외가 아니다. 교육본위론에서 상정한 개인의 품위는 상호주관성을 그 존재의 전제가 아닌 사후 검증의 문제로 다룸으로써 상호주관성의 문제로부터 자유롭지 못하게 되었다. 소위 주관 내 의미의 형성은 상호주관성을 전제로 혹은 상호주관성과 함께 형성될 수밖에 없다는 방법론적인 전제와 다르다. 이에 비해 민속방법론에서는 의미를 만들어 가는 행위는 그것이 이미 생활세계 내에서의 일상적 행위 차원에서 일어난 것이라면 개인내적으로든 외적으로든 이미 상호주관성을 함축하고 있음을 지적하고 있다. 개인 안에서 의미를 만들어 가는 과정은 이미 개인 간 상호작용을 전제로 하고 있다는 것이다. 한 개인이 하고 있는 일이나 지각 행위는 그것을 타자에게 드러내는 일과 다름 아니라는 생각에서 가핑클(Garfinkel)이 민속방법론을 주창할 때 내세운 방법론적인 전략을 엿볼 수 있다.

한 패러다임에서 다른 패러다임으로의 전환이 배움의 노력의 결실이라고 보는 것은 어디까지나 후향적 관점에서 볼 때 성립된다. 드레이퍼스의 말처럼 일정 기간 시간이 지나면 사람들은 달라진 환경이나 여건 속에서 암묵적으로 영향을 받으면서 달라진 상황 속에서 더 납득 가능한 새로운 이야기를 탐색하게 된다. 패러다임의 전환을 순수한 배움의 결실로만 보는 것은 현실적이지 않다. 드레이퍼스가 역설한 대로, 인문사회과학 영역에서 새로운 패러다임을 찾게 되는 것은 일정 기간의 시간 경과의 결과(temporality)로 현상학적 장, 즉 환경과의 관계 양상이 변화함에 따라 비롯되는 것일 뿐 더 나은 퍼즐과 그 풀이법을 창안해 낸 결과 비롯된 것은 아니다. 한 분야에서 장르가 분화되고 융합되는 현상들은 마치 스타일의 차이와도 같이 복잡한 양상을 띠며 현현한다. 실제 현실에서는 하나의 탐구 영역 또는 수도계에서의 종적인 초월이라고 보기에는 한 장르에서조차 탐구적 실천이 종횡무진의 양상을 띨 가능성이 많다. 비교적 상대적으로 종적인 수월성이 분명하고 제도화되어 있는 장르가 배움에 대한 개념화에 있어서 암묵적인 모델이었기 때문이 아닌가 판단된다.

그러나 우리를 둘러싼 현상에 배태된 세계성은 실제로는 어떠한 경우도 표상에 매개됨 없이 직접 대면 가능하다. 흔히 암묵지, 실천지, 메타인지, 직관 등은 우리의 행위는 명시지 수준은 아니더라도 여전히 다른 형태의, 소위 몸에 체화된 또는 지 · 감각을 초월하는 초상위의 감각과 같은 지적인 원천에 의해 이끌린다는 우리의 관념을 일관되게 펼치기 위해 상정된다. 그러나 여기서 한 가지 분명하게 짚고 넘어갈 필요가 있는 점은 상황성은 문제해결 과정에서 내재적 요인으로 작용한다는 전제, 즉 우리의 상황적 행위는 여하한 경우에도 지식, 외부의 목표 대상, 그리고 그것들이 반영된 결과로서의 우리들의 인지적 작용에 의해 매개되어 있지 않는다는 것이다. '어떤 경우에도 상황으로부터 벗어남이 없음'은 곧 우리의 행위가, 그것이 일반적인 업무와 관여되어 있든 아니면 전문적인 업무와 관여되어 있든 상관없이, 한순간이라도 일상의 생활세계로부터 초연해질 수 없다는 것을 의미한다. 우리가 눈앞에 펼쳐지는 상황의 세계성에 당연시하는 태도를 갖고 살아가는 이유는 실제로 그것이 우리 사유의 반영물이 아니라 '생각할 필요도 없이 당연히 거기에' 존재하고 있기 때문이다. 따라서 사실상 위에 상정된 개념은 우리에게 어떤 일이 일어난 방식에 대한 우리의 이해에 일러주는 바가 별로 없다.

이러한 세계에의 직접 대면성은 우리의 역량이 창발적으로 발휘될 수 있는 조건으로 작용하기도 한다. 한 실천 공동체 안에서 지식이나 기술이 숙달되는 데 한동안의 수련 과정이 불가피하지만 그 과정이 반드시 순차적인 계열성을 갖는 것은 아니다. 시뮬레이션과 모방, 그리고 자신의 행위를 타자에 순응하고자 하는 동조적 행위는 초심자를 보다 압축적인 시간의 과정을 거쳐 해당 공동체의 중심부에 올려놓을 수도 있다.

일상과 과학을 분리하고자 하는 이분법적 구도는 세계를 해명하는 우리의 논리 도처에서 발견 가능하다. 이러한 구도에서는 패러다임 내의 실천은 일상의 실천이고 패러다임 간 전환에 해당되는 실천은 초월적 실천으로 흔히 간주한다. 한 패러다임에서 다른 패러다임으로 전환된다는 것은 세계에 대한 전환의 태도에 해당하는 만큼 한 집단 내지는 자아 내에서 섭동(consilience)과 복귀(resilience)가 부침하는 시간을 요구한다. 그러나 흥미로운 것은 이때의 실천조차도 일상의 자연적 태도로부터 한순간도 벗어나지 않는다는 점이다. 앞 장에서 인용한 펄사의 과학적 발견 상황도 과학적 발견이 왜 일상의 실천으로 일어나는지를 잘 보여 준다.

교육본위론에서 의미하는 수도계와 세속계의 구분은 사실상 쿤이 그토록 강조해 왔던 과학과 비과학의 경계 구분(demarcation)이 부재하다는 주장에 대한 부정을 의미한다. 이 부분이 중요한 이유는 교육에 대한 이론적 토대를 구축하고자 한 노력은 학습과 비학습의 경계 구분을 상정할 수밖에 없도록 하기 때문이다. 그러한 문제의식에는 전환의 체험과 행위, 특별한 체험, 초월성와 같은 개념들이 핵심적으로 자리 잡고 있다. 그리고 그 결과 어떤 행위 또는 경험은 학습이고 어떤 행위 또는 경험은 학습이 아니라는 식의 논리를 취할 수밖에 없었다.

사실상 교육본위론은 배움의 구조를 해명하는 데 '나 자신의 내적 체험'을 기반으로 취하면서 바깥으로 뻗쳐 나간 영역에 대한 사유를 지연시키는 등 소위 푸코가 말하는 '바깥의 사유' 대신 데카르트 식 자명한 사유의 근거로서의 주체의 '코기토(*Cogito*)'를 기반으로 한 사유로 대치하고자 했다는 비판으로부터 자유로울 수 없다. 바깥의 사유란 동일한 구조, 원리, 본성 등을 전제로 하여 경험적 사태를 선험적으로 환원하여 보고자 하는 경향을 질타하는 깨우침을 말한다. 예컨대, 언어나 기호의 내적 구조를 상정하는 대신 언어의 상황적 용법이 곧 그 언어의 속성이라고 보는 화용론적인 관점이 바깥의 사유에 해당한다. 이진경(2002)에 따르면 다음과 같다.

> 내재성 속에서 본다는 것은 어떤 것의 고정된 본질, 내적인 본질이 없으며, 다만 다른 것(바깥!)과의 관계에 따라, 접속한 이웃과의 관계에 따라 그 본질이 달라진다고 본다는 것을 뜻합니다. 이런 이유에서 내재성은 '바깥'이라는 개념과 대립하는 게 아니라 정확하게 바깥의 사유이고 바깥에 의한 사유라고 말할 수 있습니다……. 반대로 내적

> 인 본성을 가정하거나, 바깥으로 환원할 수 없는 내부를 가정하는 순간, 내재적 사유에서 벗어나 초월적 개념으로 올라갑니다. 리좀은 초월자를 제거함으로써 나무나 뿌리의 초월성을 내재성으로 바꾸는 것이며, 바깥과의 접속이란 원리를 통해 '바깥'을 통해 사유한다는 점에서 내재성의 구도를 형성하지요. 내재성의 원리에 따라 접속 가능한 양태들 전체의 장을 '내재성의 장'이라고 합니다(이진경, 2002: 120).

바깥의 사유는 사태를 사태답게 보려는, 그래서 어떠한 환원도 거부하는 내재적 사유이기도 하다. 반면 교육본위론에서는 우리 외부에 물신화해 상정해 놓은 작인(作人)으로서의 초월성 대신 우리 내부에의 체험의 흐름 속에서 동인(動因)으로서의 초월성을 상정해 버린 셈이다. 품위라는 우리 체험의 물화된 개념을 상정하는 것 자체가 이미 바깥의 시공간에서의 행위를 환원시킬 위험을 내포하고 있었던 것이다. 다시 말해, 교육본위론에서는 우리 체험 내지는 행위의 메커니즘을 의미 생성의 내재적 과정이 아닌 의미 생성의 동인으로 상정함으로써 현상을 현상답게 이해하기보다는 끝없이 외재화할 수 있는 한계를 노정한 것이다. 이러한 논법은 교육본위론 연구들에서 흔히 볼 수 있는데, 수도계, 상구, 품위 등과 같은 상정된 개념은 그것이 마치 '항상 이미' 존재하는 것처럼 받아들이는 논리 전개 방식에서 여실히 드러난다. 어떠어떠한 현상이 있는데 왜 그것이 수도계, 상구, 품위 등의 개념들이 갖는 설명 가능성을 말해 줄 수 있는지 보여 주는 방식으로 연구된다면 훨씬 설득력을 가질 수 있었을 텐데 말이다.

사실 오늘날 질적 연구에서도 사유의 근거로서 내세운 성찰성을 근대주의라고 비판하면서 정작 연구자 자신의 사유 논리는 성찰성을 내세우는 연구 논법을 우리 주변에서 매우 흔하게 찾아볼 수 있다. 실존은 본질에 앞선다는 하이데거의 저명한 명제는 현상은 원리에 앞선다는 점을 보여 주었다. 거꾸로 말하면, 그것은 현상을 원리 또는 이론으로 설명하고자 하는 어떠한 시도도 또 다른 원리나 이론을 요청할 수밖에 없는 무한 회귀라는 오류에 빠질 수밖에 없다는 교훈이다. 이해적 관점을 주장하는 사회과학에서 설명의 논리가 아닌 기술적 이해의 논리를 강조하는 것도 바로 이 점 때문이다.

교육본위론에서 배움을 추구하는 개인은 마치 존재 양상의 사다리를 타고 올라가는 형상을 갖춘 이카루스적인 개인으로 파악되었다. 품위는 어떠한 객관적인 실체로도 말할 수 없는 당사자적 관점에서 파악되는 상하 혹은 전후 관계의 양상이기도 하다. 교육본위론을 충분히 이해하고 섭렵한 후에 접한 것은 아니지만, 즉 일정한 품위의 수준에 올라선 후의 일은 아니지만, 민속방법론은 여전히 탐구 가능성을 배제하지 않은 채 열려 있었다. 필자는 여전히 이해되지 않는 부분 때문에 일정 기간 동안 민속방법론 글에 몰두하였고 한동안 그 전제들을 이해하기 위한 시간을 보낼 수밖에 없었다.

품위가 선험태가 아닌 실존태를 지칭하는 개념이 되기 위해서는 후기 현상학이 제기해 온 문제에 관해 좀 더 면밀히 살펴볼 필요가 있다. 물론 그 개념이 갖고 있는 일상 언어적 의미로부터 얼마나 탈피할 수 있을지는 여전히 의문이다. 결국 상구는 교육본위론에서 의미하는 바대로 순차적이지도 않고 품위는 수준의 성격으로 파악되기 어렵다는 의미다. 그것은 이상적인 상태가 구현 가능한 세계, 즉 수도계에서만 논리적으로 가능하다. 품위가 형성되는 '종'의 영역은 애초부터 실제로는 분화와 중복, 융복합적인 양태를 띠며 구현되어 왔다. 엄태동(2012)은 미술계에서 마티스(Matisse)와 피카소(Picasso)를 예로 들면서, 서로의 길이 결코 같은 종이 아닌 영역이지만 서로 간에 영향을 주고받는 공조의 관계로 파악하면서 사실상 동일한 '종'의 존재라는 세계 구분에 대해 의문을 제기한다.

> 교육은 하나의 동일한 세계를 교육의 소재로 하여 그 세계에서 후진인 제자가 선진인 스승의 하화를 받아 상구를 수행하고, 선진인 스승은 제자에게 필요한 하화적 조력을 적절히 제공하는 가운데 선진과 후진 간의 품위의 간극을 좁혀 나가거나 해소해 나가는 활동이다. 그러나 교육을 이렇게만 사유할 경우에 그것은 자칫 선진 쪽으로 후진이 나아가는 양상을 주로 강조하여 드러냄으로써 선진과 후진 사이의 일치와 동화 그리고 동행만을 전제하고 있다는 오해를 가져올 수 있다. 이러한 오해를 피하려면 교육을 통한 창조적인 불일치, 갈라섬, 이행 등을 논의할 수 있어야 한다(엄태동, 2012: 108).

사실상 생활세계에서 어떠한 상호작용도 제도적인 장치나 공동체와 같은 특별한 유대 관계의 성립을 토대로 하지 않는다면 품위 간 경쟁 양태, 즉 상구와 하화로 파악되기 어렵다는 점을 우회적으로 보여 주고 있다. 불일치, 갈라섬, 이행이 동행보다도 더 자연스러운 현상일지도 모른다는 점을 인정한다면, 오히려 더 많이 해명해야 하는 것은 동행이 어떻게 가능한가일지도 모른다. 동행을 더 자연스러운 현상이라고 본 데에는 암묵적이고 실천적인 토대인 제도적 혹은 공동체적 유대 관계를 당연시해서 다룬 것이 전제되어 있었다는 점을 지적할 필요가 있겠다. 이는 교육본위론의 설명에서 사회적 질서라는 층위가 전략적으로 배제될 수밖에 없었기 때문에 발생하게 되는 방법론적인 문제라 할 수 있다.

주관적 경험은 이 세계를 이해하는 단초라기보다는 해체하여 해명해야 할 대상이다. 체험은 자칫 개인이 자신의 경험에 부여한 의미, 그것도 후향적 관점에서 부여한 의미로서 선험적인 차원으로 환원시켜 볼 수 있는 위험의 요소가 존재한다. 교육본위론이 상구의 메커니즘을 일상의 실천에서보다는 초월적인 체험의 차원에서 모색하려고 한 것도 이러한 환원주의와 무관하지 않다. 환원주의는 선험주의를 초래하고, 선험주의는 다시 유아론적 오류를 초래한다. 그 결과, 이러한 접근은 있는 그대로의 현상에 대한 이해를 넘어서서 우리의 경험과 행위를 다분히 과잉 합리화해서 설명할 수 있다는 난점을 안고 있다. 이러한 난점은 교육본위론에서 상정하고 있는 수도계와 상구와 하화라는 매우 합리적으로 작동되는 시스템의 존재에 관한 제반 논의에서 표출되고 있다.

시간의 특이성과 일상성

결정적 순간이라는 이미지와 일상의 시간성

사회과학에서 사회성 또는 일상성에 관한 해명은 보다 폭넓은 의미로 받아들일 필요가 있다. 현대의 많은 사회과학 연구에서 다룬 '사회적인 것'이 다양한 현실 가운데 하나가 아니고 소위 '바깥의 사유'에서 비롯된 탐구의 소산이라면 이야기가 다를 수 있다. 즉, 만약 후자의 속성으로 파악된 '사회적인 것'이었다면 독자적인 질서를 찾아 해명하고자 했던 교육 연구에서도 그것을 배제의 대상이 아닌 포섭의 대상으로 받아들였어야 한다는 것이다.

가령, 일상 속에서 의도하지 않은 상황에서 발생하는 '아하' 경험(aha-experience)에 관한 해석을 다시 되짚어 보자. 학습이라는 현상을 해명하고자 하는 교육이론에서는 흔히 특별한 상황이나 시점으로서의 이미지를 학습의 의미와 교차시키면서 상정하기도 한다. 물론 일상의 시간이 학습이 잠재된 과정으로 지속되다가 어느 상황에서 불현듯 깨닫게 되는 경험은 우리에게 그리 낯설지 않은 보편적인 경험이다. 그렇지만 과연 아하 경험은 일상적이면서 동시에 보편적일까? 일상의 업무 속에서나 일상의 생활 속에서 그러한 경험을 보편적인 학습의 양태로 상정하는 것은 학습과 일반인들(just plain folks)의 경험이나 행위를 지나치게 현학적으로(sophisticated) 혹은 과잉 합리화(over-rationalized)하여 의미 부여한 결과 나온 해석이 아닐까? 그렇지 않으면, 즉 특별한 초월적 경험과 일상의 경험을 분리하지 않으면 일상의 수많은 행위가 학습으로 간주되어야 할지도 모른다. 그러나 과연 그럴까? 특별한 경험만을 상정하는 학습이 보편적 학습에 대한 이론으로 통할까? 여기서 특별한 경험의 일상성과 같이 두 이질적인 개념의 상정에서 무엇인가 앞뒤가 맞지 않는 모순이 발견된다. 훨씬 보편적이고 광범위한 인간 경험 혹은 행위의 특징으로서의 학습을 포착하기를 원한다면, 그러한 이질적인 개념을 상정하는 것은 자칫 자기모순적인 논리에 빠지기 쉽다.

그럼에도 불구하고 학습을 생각하는 데 있어서 흔히 그러한 이질적인 개념을 상정하는 것에는 학습을 바라보는 데 몇 가지 전제가 깔려 있다. 하나는 특정한 시점 혹은 특정한 경험에만 학습이라는 지위를 부여하고자 하는 선입견이다. 그리고 여기에는 학습과 비학습을 구분하고자 하는 오랜 편견이 여전히 작용하고 있다. 문제는 이러한 편견이 일상적이고 보편적인 의미로서의 학습의 속성을 간과하기 쉽다는 데 있다.

이러한 편견에 깔려 있는 또 하나의 전제는 학습을 구조의 전환이라는 은유로 보는 데에서 비롯된다. 그것은 소위 구조주의적 사고에서 파생된 생각인데, 특히 교육 연구에서는 피아제(Piaget) 이래로 상당히 설득력 있게 확산되어 온 믿음이기도 하다. 학습자의 경험이나 지각은 소위 스키마의 형식을 띠면서 일관되고 안정된 양태를 띤다. 이러한 구도 안에서 학습은 이러한 일관되고 안정된 질서에 대한 재구성을 의미하는데, 그 과정에서 학습은 곧 다른 구조로의 이행, 전환 그리고 변혁과 동일한 의미로 간주된다. 마찬가지로 전환, 성찰, 상구, 아하 경험 등의 개념들은 학습을 우리 경험 혹은 실존태의 구조 변화의 문제로 보고 학습을 존재 초월적인 양상으로 본다. 여기서의 문제는 그 일이 일어나는 일상성과 상황성을 주변적인 요인으로 또는 상이한 구조의 심급의 문제로 배제시켜 보고자 한다는 데 있다.

학습은 '특별한' 경험이라는 전제에 관해서 다시 생각해 보자. 일상은 단지 그 경험의 내용과는 무관하게 전개되는 배경일 뿐이라고 말이다. 다시 질문해 보자. 예컨대, '아하 경험'은 특별한 순간에 머릿속에서만 일어나는 특별한 경험일까, 아니면 일상에 암묵적으로 편재되어 일어나는 일일까? 내 안의 스키마가 쇄신되고 전환되는 초월적 경험일까, 아니면 그조차도 일상 속에서 일상답게, 훨씬 일상에 그리고 상황적 행위에 편재되어 일어나는 행위일까?

우리 의식에 의미 있게 떠올릴 만한 상황만 학습으로 보아야 할까? 아니면 설사 그 행위, 경험이 '의미 있다'고 그때 거기서 느끼지 못했을지라도 '돌이켜 생각하면' 학습의 과정이었다고 생각할 수 있는 경우가 있을까? 매일 쳇바퀴처럼 반복하는 실천, 연습, 업무, 일, 상황이어서 너무나 지겹고 괴로운 시간들인데 나중에 돌이켜 보면 그 과정이 학습의 시간이었음을 깨닫는 경험은 우리 일상에서 무궁무진하게 발견할 수 있다. 아이들은 인생의 어느 단계보다 학습을 더욱 밀도 있게 경험한다.

예컨대, 방과 후에 아이들은 끙끙대면서 수학 문제를 푸는 숙제를 하는데, 이때 아하 경험을 하는 경우는 그리 흔하지 않을 것이다. 대부분은 지겹고 괴로워하면서 땀을 뻘뻘 흘리며 문제를 풀어 간다. 심지어는 반복적인 문제들까지도 말이다. 이러한 현상을 두고 일상의 학습인가 아닌가 물을 수 있을 것인가? 과연 이를 두고 비-학습이라고 할 수 있는가? 실제로 지금 여기서 진행되어 가고 있는 나의 존재적 행위는 생각보다 훨씬 실천적이다. 매일 반복되는 실천이어서 거기엔 특별한 아하 경험도 없었을 것인데 그것이 학습이라고 생각되는 까닭은 무엇인가?

결국 학습의 일상성과 비일상성이라는 질문과 마찬가지로, 학습이냐 비학습이냐 하는 문제, 즉 참된 학습과 거짓된 학습 개념의 구분은 우리가 상식적으로 형식교육에 대해 쏟아붓는 비난을 떠나 좀 더 냉담하게 따져 본다면 생각보다 훨씬 근거가 약한 주장일 가능성이 많다는 것이 필자의 생각이다. 현대사회의 특성과 생활세계의 근원적 애매모호성으로 인해서 '진정성(authenticity)'과 '비진정성(inauthenticity)'을 구분 짓고자 하는 생각은 정립되기 어렵다는 생각에서다.

우리 의식은 일방적으로 존재 행위에 정향성을 부여하지 않는다. 그렇게 생각하는 것은 우리가 우리의 경험에 대해 돌이켜 생각해 볼 때 하는 착시 현상일 수 있다. 실제로 '지금 여기서' 진행되어 가고 있는 나의 존재적 행위는 생각보다 훨씬 상황 몰입적이며 실천적이기 때문이다. 매일 반복되는 일상의 실천이어서 거기엔 특별한 아하 경험도 없었을 것인데 그것이 학습으로 의미 부여되는 까닭은 무엇일까?

쳇바퀴처럼 반복되는 행위이지만 오늘의 행위와 내일의 행위는 결코 동일하지 않다. 우리가 사물 혹은 현상을 볼 때 습관적으로 가정할 수밖에 없는 '동일성' 혹은 '전형성' 등의 전제가 이러한 분석에서는 왜 지양될 필요가 있는지 잘 생각해 보아야 한다. 그렇지 않으면 실천을 마치 습관이나 스타일처럼 동일성의 반복이라고 오해할 수 있는데, 동일한 것의 반복이라면 우리는 그것을 할 때마다 애쓰고 탐색할 필요가 없다. 일상의 실천은 '매번 미묘하게 변주(improvisation)되어서 매번 애씀이 요구되는' 상황이라는 측면에 주목해야 하는 이유가 여기에 있다.

시간성과 일상성

시간성은 우리 경험이나 행위를 일상성으로부터 벗어나지 않도록 하는 또 다른 기제다. 일상의 실천은 매번 반복되는 것인데 돌이켜 보면 변화를 감지할 수 있는 학습 경험 역시 듀이(Dewey)가 강조했던 대로 그 안에 붙박혀 있다. 여기서 중요한 것은 '돌이켜 보면'이라는 단서다. 이 말은 학습에 대한 우리의 의식은 상황의 현재 진행형일 때는 잘 감지하지 못하다가 회고형에서만 드러난다는 것을 의미한다. 이는 학습은 시간의 경과, 즉 시간성과 관련되어 있기 때문에 그렇다고 볼 수 있다. 상황의 구조화가 시간적 경과와 함께 일어난다는 것은 앞서 언급한 바 있다. 예컨대, 이는 한 개인의 경험 속에서도 마찬가지다. 지난번 스터디에서 나온 이야기를 가지고, 그때 누가 이런 질문, 이런 말을 했는데 하면서 다음 시간 스터디에서 무슨 이야기를 할까 생각도 해 본다. 어떤 일이 지난 만큼 다음번에 만나면 그것이 배경이 되어 서로에게 '다음에 어울리는 기대'를 조장하게 된다. 스터디에 오면 지난번 오고 간 이야기에 이어서 좀 더 그에 적절한 예를 가지고 이야기해 본다. 이상하게도 지난번 이야기한 것은 처음에는 하나의 이론적인 이야기에 불과하다가 시간이 갈수록 나에게 실제 상황을 그렇게 보는 식으로, 즉 사실처럼 작용한다. 하이데거는 존재를 '시간 속에서 현성하는 생기', 즉 존재의 사건으로 보고 시간이란 존재 의미로서의 시간이며 존재가 사건화되는 시간이라고 보았다. 우리가 의미를 부여하고 동시에 우리의 해석을 요하게 되는 어떤 현상은 시간과 함께 그리고 시간의 경과 속에서만 구조화된다는 의미다.

매번 상황 내 연관성을 탐색하며 일관성을 유지해 나가려고 하는 가운데 경험되는 것이 바로 시간성이 아닐까. 이러한 과정은 일일이 명시할 수 없는 일상의 시간성이다. 일상의 상황 속에서 '문득' 일어났으니 특별한 시점은 아니며 따라서 세간에는 이를 딱히 표명하지 못한 채 '과정'이라고 일괄하기도 한다. '……과정을 겪어야지' '그게 다 ……하기 위해 거칠 수밖에 없는 과정……' '……하는 과정' 등은 시간성이 갖는 '……하기 위한 그리고 하는 동안에'의 의미를 나타내는 표현이라고 볼 수 있다.

이 점에 관해 좀 더 이해하기 위해서 시간성의 미학이라고 할 수 있는 사진학에서 불거진 논쟁 하나를 끄집어내 이야기해 보자. 우리 시대에 잘 알려진 사진작가 앙리 카르티에 브레송(Henri Cartier Bresson)은 삶에 있어서 시간적 · 공간적인 '결정적 순간'을 포착하는 우연성과 즉시성이야말로 사진 미학의 중요한 부분이라고 생각했고, 이러한 그의 생각은 오늘날 사진미학을 정립하는 데 기여한 것으로 유명하다.

여기서 결정적 순간이라는 아이디어는 누구에게나 삶에 있어서 그의 생애적 기억에 깊은 각인을 주면서 그의 인생과 삶의 궤적에 영향을 미치는 중요한 순간이 존재한다는 점을 전제로 하여 성립된 것이다. 브레송이 간과한 것은 바로 이러한 순간이 과거와 미래를 흡수하고 있어서 얼마나 두터울 수 있는지 생각지 못한 점이다. 이 점은 들뢰즈(Deleuz)의 다음 논증에서 잘 엿볼 수 있다. 들뢰즈(1999)에 따르면 시간은 크로노스(chronos)와 아이온(ion)이라는 두 유형으로 구분해 볼 수 있다. 그에 따르면 과거와 미래는 이 현재의 수동적 형식일 뿐이며 실제 우리 현실에는 오직 과거와 미래를 흡수한 두꺼운 현재만이 있을 뿐이다. 들뢰즈는 이를 크로노스의 시간이라고 한다. 반면 아이온의 시간은 현재를 과거와 미래로 무한히 분할한 나머지 순간들의 연속을 말한다.

이러한 시간성의 속성에 비추어 보면 결정적 순간이라는 아이디어가 함축하고 있는 의미는 크로노스적인 시간이 아닌 아이온적인 시간을 지칭한다. 그러나 우리의 현실 속에서 시간은 두꺼운 현재, 즉 크로노스적인 시간이다. 아이온적인 의미에서 결정적 순간의 존재성에 관해 떠올리는 것은 우리 삶 속에서 경험하는 크로노스적인 시간성을 간과한 결과 상정할 수 있는 외화된 이미지일 수 있다. 현재의 시간을 어떤 시점이라고 생각하는 것은 전적으로 언어적인 가정일 뿐이고, 사실 현존으로 나타난 현실은 계속해서 이후로 소멸되어 가는 시간과 떠오르는 미래가 영원히 서로를 엮어 내며 지나가는 순간인 것이다.

예컨대, 연애 과정에서의 결정적 순간, 청소년 시절에서의 결정적 순간이란 것은 물리적인 수준에서의 순간을 뜻하지 않는다. 이러한 의미에서의 결정적인 순간은 가령 다음과 같은 상황을 의미할 수 있다. 간혹 TV 광고나 드라마에서 서로 사귀어 온 남녀 사이에 청혼하는 장면을 목격할 수 있는데, 그 순간은 그 남녀의 인생에서 결정적인 순간이라고 할 수 있다. 그러나 우리의 실제 삶의 현실에서 그러한 순간은 특별한 순간으로 나타나기보다는, 언제가 그 순간인지 확인하는 것조차 어려울 정도로 그 특별한 순간은 일상의 시간적 흐름 안에서 애매모호하게 지나간다. 앞에서 예로 든 청혼의 순간도 그렇다. 남녀가 서로 인연을 맺고자 하는 생각은 일상적인 만남 속에서 지속적으로 탐색되었고 문득 서로에게서 그 가능성이 타진되었을 것이다. 그리고 그동안 이루어진 두 사람의 교제 속에서 장래의 약속에 대해 모종의 기대가 형성되었다고 보는 것이 더 현실적일 것이다. 이 점에서 볼 때, 결정적 순간이란 결국 일상에서 경험한 것에 부여된 의미의 현상이라고 할 수 있다. 아마도 순간이란 특정의 물리 시간적인 상황이 아니라 어떤 순간 이후에 우리가 그 순간에 부여된 의미일 수 있다. 순간은 순간답지 않게 시간의 흐름 속에서 일어나기에, 결국 순간이라고 생각하는 것은 우리가 부여한 의미의 차원에서 형성된 착시 또는 의도적으로 외현화해 보고자 하는 시도에서 비롯된 것이라고 볼 수 있다. 이런 관점에서 본다면 실제 현실에서 청혼이란 사건은 결정적 순간이라기보다는 의례적인 퍼포먼스에 가깝다고 말하는 것이 맞다.

우리 시대의 저명한 미술비평가 존 버거(John Berger, 2000)에 따르면, 폴 스트랜드(Paul Strand)라는 사진작가는 앙리 카르티에 브레송이 사용한 방법과 정반대의 사진 촬영 방법과 논리를 활용하였다. 카르티에 브레송에게 사진 속에 포착해 내는 순간이라는 것은 몇 분의 1초에 해당하는 찰나적인 것이었으며, 그는 마치 그 순간을 기다렸다는 듯이 그것에 주도면밀하게 접근하는 방법을 취했다. 반면 스트랜드에게는 어떠한 순간의 상황도 그 대상에 서려 있는 과거를 반영한 채 이야기를 건넨다. 그것은 사진기가 포착하는 찰나의 순간이란 어떠한 일이 일어나는 곳이 아니라 다수의 사건이 서로 관련되어 나타나게 될 장소라는 생각에서였다. 실제로 스트랜드는 주변에서 흔히 마주칠 수 있는 인물들의 얼굴만을 피사체로 즐겨 사용하였다. 그것은 그 인물에게 일어나고 그가 가담된 결정적인 특별한 순간을 재현하는 것보다는, 그 인물의 외면을 통해 그의 생애 전체, 즉 그의 과거와 미래를 오가는 생애적 이야기를 읽어 내라는 주문을 독자에게 제시하고자 한 그의 의도에서였다. 스트랜드의 유명한 인물 사진 중 하나인 〈베넷 씨의 초상〉이라는 작품은 뉴잉글랜드 지역 버몬트 주 출신인 베넷이라는 사람을 촬영한 것이다. 우리는 사진 속 인물의 표정이나 그의 저고리, 셔츠, 턱에 난 짧고 억센 수염, 뒤에 보이는 집의 목재들, 그의 주변을 둘러싸고 있는 공기를 통해 그의 삶의 굴곡을 읽어 내려갈 수 있다.

> 스트랜드에게 사진 속의 순간이라는 것은 전기적이고 역사적인 것으로서, 그것이 지속되는 시간은 몇 초가 아닌 일생 동안이라는 시간과 연관시켜 측정하는 것이 이상적일 정도다. 스트랜드는 찰나를 추구하는 것이 아니라, 마치 우리가 누군가에게 이야기를 털어놓도록 격려하는 것처럼 어떤 순간이 생겨나도록 격려한다(Berger, 2000: 67).

여기서 찰나의 존재는 이야기를 위해 재구성된 현실이라는 버거의 주장은 결정적 순간이 선행하고 그에 따라 이야기가 구성된다는 생각과는 달리 사후에 부여된 이야기가 찰나의 순간을 만들어 낸다는 의미로 받아들여도 무방할 것이다.

다시 논점으로 돌아가 생각해 보면, 우리가 어떤 의미를 부여하는 어떠한 순간도 일상 속에서 문득 생겨나고 일어난다. 일상의 실천이 매우 강력한 기제로 작용하는 것은 그것이 일상에서 문득 일어나는 그것의 편재된 속성 때문이다. 독특함, 창조적으로 기발함, 예외적인 것, 위기, 비일상적인 것, 이상적으로 떠올려 볼 수 있는 상태, 우리가 전문성이라고 생각하는 것 등이 실재성의 지위를 획득하여 우리에게 경험되는 것은 우리 머릿속에서 일어나는 사고의 과정 수준에서 일어나는 것이 아니다.

우리가 무언가를 습득하거나 체득했다는 것도 우리 머릿속에의 저장 문제도, 스키마 문제도 아니라 상황 내 거주 양상의 변화 문제다. 정확히는 상황적 행위의 변화라고 말하는 것이 더 타당하다. 생의 철학으로 우리에게 잘 알려진 베르그송(Bergson, 1946)에 따르면, 어제의 나와 오늘의 나가 다른 것은 내 안의 요소 수의 차이 때문이 아니라 상황의 변화에서 비롯된 것이다. 다시 말해, 내가 어제와 다르다는 것은 어제의 나를 이루는 요소의 수와 오늘의 나를 이루는 요소의 수가 다르다는 것이 아니고, 어제의 변화를 포함한 오늘의 변화가 다르다는 것을 뜻한다.

아마 인류 문화상 일직선적으로 발전을 평가하는 데 가장 두드러진 분야가 과학 기술일 것이다. 누구나 다 과학적 지식은 발전해 왔다고 보고 이를 발전사관이라고 한다. 그리고 여기에는 이전 것과 차후 것 사이에 가치판단이 전제된다. 즉, 차후 것이 이전 것보다 낫다는 논리다. 그러나 앞의 베르그송과 같은 논리를 취하면 변화는 직선적인 발전의 양태 수를 취한다고 볼 수 없게 된다. 그야말로 과학 기술의 변화는 사회적 상황의 변화와 맞물려 일어나는 과정으로서 어떤 정점을 향해 꾸준히 나아가고 있는 직선적인 양태를 띠고 있지 않다. 좀 더 나은 진리를 향해 나아가는 과정이라고 보는 발전 사관 역시 현존의 관점에서 지나온 역사에 대해 내려진 평가에 불과하다. 오히려 역사의 변화는 쿤이 말하는 소위 패러다임의 변화와도 같다고 볼 수 있다. 마찬가지로 아이와 성인 그리고 남태평양 원주민과 유럽의 문화 시민 중 후자가 더 합리적인 사고를 한다고 단정할 수 없게 된다. 그들이 관여된 모든 경우에는 그 나름대로 합목

적적으로 행사된 합리성이 깃들여 있기 마련이다.

결국 변화란 순전히 내 안의 경험의 변화, 지식의 축적 등의 문제가 아니라 나를 포함하고 나를 둘러싼 상황의 변이라고 생각해 볼 수 있다. 나의 내면의 체험과 나를 둘러싼 상황이 그리고 내 머릿속의 궁리와 상황 내 탐색이 서로 구분되지 않은 채 시간을 따라 발생하기 때문이다. 바로 그 점이 상황주의 학습이론이 우리에게 학습에 관해 일깨워 주는 메시지라고 할 수 있다. 우리가 매번 같은 일을 할 때마다 일상의 반복으로 인해 느끼는 지루함도 있지만, 다른 한편으로 그 일상에는 또한 매번 미묘하게 다른 측면들이 있어서 그 사정을 자세히 들여다보면 여기에는 나름의 애씀이 소요되고 그 성과가 미묘하게 변주되기도 한다. 우리가 달라졌다는 것은 결코 현재 진행형으로는 포착될 수 없으며, 오직 후향적으로만(retrospectively) 파악되는 속성이기 때문이다. 결국 변화나 학습은 일상을 초월하여 일어난다기보다는 일상 안에서 그리고 일상으로서 포월된다.

상황성에 관한 방법론적 제 문제

맥락성, 세계성 그리고 사회성

어떤 사건, 행위 또는 일이 바로 그것답게 일어나는 데에 요구되는 필요조건으로 여러 요인을 생각해 볼 수 있다. 예컨대, 지금 여기서 다수의 사람이 모여 수업이라는 일을 성립시키는 것은 다양한 요인이 서로 엮여 연관성을 이루면서 가능하다. 수업 시간과 교실 공간이라는 기본적인 요인이나 직업화된 교사, 출석 의무로부터 자유롭지 못한 학생이라는 역할부터 시작해서 교과 내용, 그들이 공부하게 되는 내용과 방법에 영향을 미친 국가 교육과정 기준, 더 나아가 근대 이후 보편화되어 정착되어 오늘날 학교 수업이 일어나는 방식에 영향을 준 학교교육 시스템 등 지금 여기서 일어나는 일이 다름 아닌 '수업'으로 결정되도록 하는 요인들은 무수히 다양하다. 그리고 이들 수많은 요인이 어우러져 하나의 현상을 낳는다는 점에서 흔히 그것을 맥락적 요인이라고 일컫는다. 현장의 수준에서 하나의 수업이 이루어지기 위해서는 이들 맥락적 요인이 작용해야만 한다.

방법론적 상황주의와는 달리 구조주의 관점을 차용하는 입장에서는 흔히 맥락적 의미(meaning in context), 즉 어떤 현상이나 행위의 의미를 해석해 내기 위해서는 그것이 일어난 다양한 층위의 맥락을 따져 보지 않으면 안 된다는 점을 분명히 하였다. 그러한 관점에서는 맥락적 요인들은 서로 어우러져 총체적으로 작용하지만 소맥락, 중맥락, 대맥락으로 구분될 수 있게 그 층위가 서로 다른 구조로서 기능한다고 보았다. 물론 행위 당사자에게 그 다양한 층위의 구조들은 결국은 모종의 개념으로 작용하겠지만 말이다. 예컨대, 학교 수업이라는 현상이 존재하기 위해서는 현장의 수준에서 보면 교사와 학생 간의 상호작용 행위가 벌어지는 환경으로서 소맥락이 필요하다. 그리고 학교 문화 또는 학생 문화는 중맥락, 우리나라의 문화나 국가 기준 등은 대맥락의 요인으로 수업 시간 동안 일어난 일에 대해 작용한다는 것이다. 단순하게 말하자면, 이러한 관점은 구조주의적 관점이 반영되어 현상의 의미를 바라보는 입장을 보여 준다. 그리고 여기에는 맥락을 행위자들 마음속에서 개념들이 서로 경합하는 공간이라고 보는 관점이 전제되어 있다. 왜냐하면 중맥락, 대맥락의 요인들이 '지금 여기서' 일어나는 일에 반영된다는 것은 곧 그것들이 개념적 공간(conceptual space)으로 파악되었음을 뜻하기 때문이다. 맥락 혹은 상황이라는 말을 사용하지만 정작 그 의미가 구체화된 시공간보다 추상적 공간으로 활용되는 경우는 이러한 용어에 관해서 이야기하는 논법에서 허다하게 발견할 수 있다.

이에 반해 현상학적 관점에서 맥락은 내재화되어(embodied) 나타나는 상황의 시간적 전개 과정과 다름없다. 현상학적 관점에서 맥락은 사실상 시간성(temporality), 경험된 시간의 흐름과 크게 다르지 않다고 본다. 의미는 우리의 표상이나 우리의 행위에서 비롯되는 것이 아니라 우리 행위가 하나씩 엮여 나가는 시간의 흐름 안에 있기 때문이다. 앞서도 언급했지만, 시간성이 무엇을 의미하는지가 얼른 생각나지 않는다면 다음과 같은 예를 생각해 보자. 수업 중 제기된 교사의 난해하고 날카로운 질문은 학생들에게 교사가 기대하리라고 생각되는 해답을 찾느라 땀을 뻘뻘 흘리는 시간이라는 상황을 조장한다. 또는 오늘 수업의 진도는 지난주 이 시간에 있었던 내용 설명과 함께 다음 주에 있을 시험과의 관련성 속에서 받아들일 수 있다. 일상생활에서 연속성을 동반하는 지속의 의미로서의 '무엇을 하기 위한 시간으로서 ……동안에'라는 의식, '이쯤 되면 뭐?' '이쯤 되면 다음 행위로'라는 생각은 우리가 하는 일에서 중요한 청사진, 즉 계획으로 작용한다. 왜냐하면 우리의 '지금 여기서'의 행위는 항상 지나간 일과의 비교와 평가, 선택, 그리고 닥쳐 올 일에 대한 기대와 예측으로 구성되어 일어나기 때문이다. 이처럼 시간과 상황은 동전의 양면과도 같이 서로 불가분의 관계 속에서 존재한다.

일상에서 반복되는 실천이 학습의 지위를 누릴 수 있는 것도 일상의 시간성 속성 때문이다. 마치 한동안 지속되던 용트림이 한순간 폭발로 이어져 불길을 뿜어 내듯이, 화산처럼 잠재된 기간과 실현되는 순간이 분명히 구분되어 나타나는 학습의 모습도 있을 수 있다. 그러나 실상 일상 속에서 그러한 구분은 애매모호한 채 쳇바퀴처럼 반복되는 일상 안에서 어느 순간 되돌아볼 때 '내가 이렇게 달라졌구나.'와 같이 학습에 관해 경험하는 경우가 많다.

중맥락, 대맥락의 요인들조차도 그것들이 맥락적 요인인 한 소맥락에서 행위자의 행위 속에 이미 반영되어 있으며, 따라서 별도로 상정해서, 즉 그 현장에서의 행위의 외재적인 관련성으로서 파악하는 것은 그 일의 내재적 속성에 대해 온당히 이해하는 데 걸림돌이 된다는 것이다. 이러한 관점은 어떠한 선험적 단위로도 환원시키지 않고 현장에서의 행위가 갖는 내재성(immanence), 즉 그 자체로 어떤 일을 현현하게끔 한 필요충분 요인으로서의 바로 상황적 행위라는 생각에서다. 상황적 행위나 경험이 어떻게 그때 거기서 일어난 일로서 이해 가능하단 말인지, 왜 그 상황을 초월한 다양한 요인, 다른 말로 그 어떠한 선험적 요인들은 그 이해의 분석 틀에 넣지 않는 것인지 심히 당황스러운 설명일 수 있다. 따라서 이러한 관점은 어떤 현상이 '왜?' 일어났는가라는 질문보다는 '어떻게?' 일어났는가라는 질문에 대한 답변을 추구하고자 하는 데에서 비롯되었다고 받아들일 수 있다. 일반적으로 어떤 현상에 대한 이해는 왜에 대한 대답으로 추구하기 마련이다.

그렇다면 어떻게 일어났는가는 누가, 어떤 목적으로 보고 싶어 하는가? 어떤 현상은 왜보다는 '어떻게'에 관해 파악함으로써 더 잘 이해할 수 있기도 하다. 예컨대, 공교육 붕괴 현상에 대한 해명을 두고서 '왜'라는 차원의 질문이 중요하지만, 거꾸로 수업이라는 현상은 어떻게 해야만 성립하는가라는 질문으로 그에 대한 해답을 탐색해 볼 수도 있다. 가령 많은 아이가 교사의 수업 행위에 몰두하지 않고 엎드려 자기 때문에 수업 붕괴 현상이 일어날 수밖에 없다면, 수업은 어떻게 해서 성립 가능했는가라는 차원에서 질문해 볼 수 있는 것이다. 어떤 친구가 발레를 배운다고 할 때 그가 왜 발레를 배우는가라는 생애사적인 차원에서 그 의미를 찾으려고 할 수도 있으나, 발레를 배우기 위해서 어떤 과정을 거치고 있는가, 예컨대 어떤 의미가 그로 하여금 그러한 배움에 몰입하도록 하는가 등의 차원에서 그 의미를 모색해 볼 수도 있다. 물론 상황적 맥락을 국지적인 시간과 공간의 전개 과정으로 해석하는 민속방법론에서는 몸의 자세나 움직임이 다음의 양태나 위치를 찾아가는 과정을 세심하게 분석할 것이다. 이전 동작은 다음 동작에 대해 맥락으로 기능하고 다음 동작은 이전 동작에 대해 의미를 부여해 주기 때문이다. 질적 연구자들은 최근 들어 맥락을 바라보는 종전의 구조주의적 관점에서 벗어나 현상학적 관점에 더 가깝게 변모해 왔다.

사실 상황 혹은 맥락은 마치 개인들을 둘러싼 외부 환경, 여건, 즉 주체와 분리된 혹은 상호작용하고 있지만 오히려 상호작용을 전제함으로써 여전히 분리된 대상의 세계로 간주될 가능성이 많다. 문제는 상황의 현존이 대상의 세계로서가 아니라, 하이데거의 개념을 빌려 표현하면, 현 존재가 그 안에 거주하고 있는 일상의 세계로서라는 점이다. 상황성을 설명하고자 한 많은 기술적인 용어는 우리 행위와 우리 체험의 상황 내 존재성을 적절하게 표현하는 데 한계를 나타냈다. 예컨대, 듀이는 그 누구보다 이원론적인 담론을 지양하면서 일원론적인 설명 구조를 확립하기를 기대하였지만 그 자신의 성찰적 설명 방식으로 말미암아 의도대로 상황을 기술하는 데 한계에 부딪힐 수밖에 없었다.

단순히 말하자면, 두 입장 간의 차이는 '사회적인 것'을 어떻게 볼 것인가에 대한 서로의 이해가 달라서 비롯된 것이었다. 사회적 사실은 사회학에서 추구하는 우리 삶의 근본적인 측면이라는 것인데, 정태적인 사회 구조의 실현태로서의 사회적 사실은 교육학의 근본적인 탐구 대상이어야 하는 교육적 실재와는 다르다는 생각에서다. 교육본위론에서는 삶 속에는 분명 사회적인 측면도 있지만 교육적인 측면도 있다고 보았다.

그러나 민속방법론의 상황주의의 논리는 기존의 사회학의 관점에서 본다면 도대체 사회학일까 할 수 있을 정도로 기존의 사회학의 관심과 공유되는 부분이 극히 드물다. 그것은 민속방법론이 주류 사회학과는 달리 사회적 질서에 대한 해명보다는 인간의 실천적 행위에 대한 해명에 관심이 더 쏠려 있다고 말해도 과언이 아닐 만큼 거리를 두고 전혀 새로운 탐구 영역의 연구 가능성을 보여 주고 있기 때문이다. 그만큼 인문사회과학에서는 사회적인 것과 심리적인 것의 두 측면은 어떠한 이해 방식도 그러한 구분에서 벗어나기 힘든 동전의 양면처럼 우리의 탐구 논리에 상존해 있었고, 사회적인 것에 대한 좀 더 철저한 이해가 필요하다는 사실을 알 수 있었다.

방법론적 상황주의의 관점을 견지하는 상황학습론이나 민속방법론의 연구들이 난해하거나 어떤 의미를 갖는지 파악하기 까다로운 것은 연구대상에 대한 질적인 분석이 의미론적(semantic) 수준에서가 아닌 화용론적(pragmatic) 수준에서 이루어졌기 때문이다. 행위자는 자신이 지금 여기서 경험하고 있는 일들에 몰입되어 있고 그만큼 그 상황에 대해 자연적 태도(natural attitude), 즉 목하 상황을 당연시하는 태도를 갖고 있음으로 해서 주관의 의미적인 부분을 간과한다. 행위자는 벌어지고 있는 일들에 대해 일일이 의식하지 않은 채 진행 중인 최우선의 관심사를 상황즉각적으로 처리해 나간다. 이때 많은 경우 의미는 사후에 그 일에 대해 취한 후향적 태도를 통해 얻기 마련이다. 후향적으로 성립된 의미와 진행 중인 일의 전개 과정은 비록 어떤 의미에서 보면 동일한 일에 대해 내려진 이해라고 할지라도 서로 다른 층위에 있을 수밖에 없고, 그런 만큼 그 의미는 서로 동일하지 않다고 볼 수 있다.

앞서 치즈의 양에 대한 셈법에서 보여 준 예를 보면 그것이 어떤 의미를 갖고 있길래 인용하는지 고개를 갸우뚱하며 의아해한다. 우리 마음속에서 일어난 일로서 우리 행위를 해석하지 않고 마치 타자에게 비친 겉으로만 드러난 행위를 기술한 것처럼 다분히 피상적인 분석에 그치고 만 위와 같은 분석, 그것을 민속방법론에서는 민속방법론적 무관심이라고도 하는데, 이러한 냉담한 분석이 어떤 의미를 갖는지 궁금해하는 것이다.

결론부터 이야기하자면, 마음속에서 일어난 생각을 보는 것보다 행위적 차원을 자세히 분석하는 것이 현상을 이해하는 데 더 근본적이라는 것이 다양한 지적 전통에서 지배적인 생각이었다. 의미론적 측면보다 화용론적 측면이 더 근본적이라는 생각의 의미는 우리가 의사소통을 함에 있어서 발화 내용보다는 발화 방법이 메시지의 내용을 결정한다는 점에서 쉽게 파악할 수 있다.

앞서 언급했듯이 생활세계는 굳이 구분하자면 주관적 해석이라는 의미론적 측면과 사회적 행위라는 화용론적 측면으로 구성된다. 실제 우리가 살아가고 있는 세계에서는 이 두 측면이 불가분의 관계로 결코 구분될 수 없는 총체적인 세계이지만, 그것을 파악하는 우리의 이해 방식은 오랫동안 어느 한쪽만을 좀 더 부각시키는 입장을 취해 왔다. 예컨대, 양자 중 어느 측면을 더 근본적이라고 볼 것인가 하는 방법론적인 입장에 따라 현상학적 질적 연구와 현상학적 사회학이라는 탐구 영역으로 갈라진다. 그리고 필자가 이 책에서 보여 주고자 하는 것은 후자로서 실존적으로든 혹은 방법론적으로든 사회적 행위가 주관의 경험보다 더 근본적이라고 보는 관점이다. 현상학적 질적 연구라고 하면 흔히 전자의 입장, 즉 생활세계를 구성하고 있는 주관적 내지는 상호 주관적 경험에 대한 탐구로 알려져 왔다. 예컨대, 학교에서 적응하지 못한 학생의 생활세계에 관한 연구라 하면 주로 그가 주관적으로 느낀 경험과 의미들을 심층적으로 조사한 내용을 다룰 것이다. 그에 반해 후자의 화용론적 입장에서 사회적 행위를 통해 주관적 경험을 유추해 가는 연구방법은 상대적으로 우리에게 낯설다.

예컨대, 생활세계의 화용론적 측면을 좀 더 중시하는 상징적 상호작용 연구라 하면, 현상학적 연구와는 달리, 학교 부적응 학생이 상황에 대해서 어떻게 느끼는가뿐만 아니라 어떻게 대처하는 전략을 발휘하고 그 과정에서 자신의 정체성을 어떻게 형성해 가는지까지 그리고 실천공동체 내 정체성의 형성 과정을 연구 내용에 포함한다. 나아가 보다 화용론적인 세계로서의 생활세계를 탐구하는 민속방법론에서는 특정 상황 안에서 사회적 범주가 어떻게 하나의 결과물로 나타나는지에 관해 보여 줄 것이다.

본위적 삶의 태도와 역할, 그리고 상황적 정체성

교육본위론에서 본위적 삶이라는 개념은 슈츠와 프래그머티즘 또는 미드(Mead)의 상징적 상호작용에서 말하는 근대 세계에서의 다원화된 현실 속에서 사람들이 취하게 되는 역할이론과 일면 그 맥을 같이한다. 현대인들에게 자아는 현대 세계의 다원화와 분화처럼 파편화되고 분절화된 모습을 띠고 구현된다. 그래서 현대인들은 다원적 역할과 삶의 정체성을 가지고 살아가고 있으며, 따라서 어느 영역에서는 어떤 역할을 취해야 하는지 그 정향성을 제시하는 상황적 역할에 관한 운신의 전략이 생기기 마련이다. 교육본위론에 따르면 사회 세계 안에서 우리는 상황에 따라 어떤 역할은 잠시 미루어지거나 무대 후면으로 물러나고 어떤 역할은 무대의 전면에 등장하는 등 본위적 삶의 태도를 취하면서 살아간다. 교육본위론에서는 처해 있는 상황 또는 지향하고자 하는 가치에 따라 정치 본위의 삶, 경제 본위의 삶, 문화 본위의 삶 등이 있을 수 있는데, 그 가운데에는 다른 본위적 태도와 동등하게 세계에 대한 자기 완결적이며 내재적인 경험으로서 교육 본위적 삶의 태도도 있을 수 있다는 점에 주목하였다. 교육본위론의 이러한 생각은 교육이 다른 가치에 대한 수단이 아니라 다른 가치와 동등한 하나의 삶의 내재적 가치라는 점을 인식시켜 주었다.

교육본위론의 다원적 현실과 태도에 관한 이러한 가정은 직접적으로는 앞서 언급한 슈츠의 사회이론에서 영향을 받았다. 슈츠는 일상생활의 세계, 이론의 세계, 꿈의 세계, 상상의 세계와 같이 우리 주의를 이끄는 상이한 세계가 존재한다는 점을 일깨워 주었다. 그에 따르면 우리를 둘러싼 세계는 너무도 상이하고 다양해서, 한 세계에서 다른 세계로 우리의 주의와 삶의 태도를 전환하기 위해서는 우리의 태도에서의 극적인 도약이 필요하다. 슈츠의 다원적 현실에 관한 논증은 복수의 현실이 존재한다는 것, 그리고 각각의 현실 속에서 각 개인의 주의를 이끄는 복수의 역할, 관심, 동기가 존재한다는 점이다. 슈츠의 다원적 현실에 관한 논증은 제임스(James)나 듀이와 같은 프래그머티즘의 영향에서 비롯되었다. 일찍이 듀이에 따르면 모자이크와 같이 분할된 현대 세계의 다원성으로 인해 우리는 일상 속에서 끊임없이 역할 선택을 하면서 살아갈 수밖에 없다.

문제는 현대사회 세계의 파편화나 다원화가 곧 우리 정체성의 파편화와 다원화를 의미하겠는가 하는 데 있다. 그럼에도 불구하고 일관성을 유지해 나가고자 하는 성찰의 기획물이 곧 우리 자신의 정체성이라고 한다면 다원적 삶의 태도들 가운데 매 상황 의도적으로 하나의 태도를 선택·결정해야 하는 삶은 아닌 듯하다. 설사 현실이 다원화되어 있다고 하더라도 그 속에 거주해야 하는 우리에게 그러한 현실은 여러 태도 역할 가운데 선택의 문제로 드러나지 않는다. 이곳에서는 은행 사무원으로서의 역할을 취하고 저곳에서는 아버지로서의 역할을 취하는 등 역할 본위론적인 가정은 그러한 역할들이 훨씬 국지적이면서 유동적으로 상황 안에서 발현된다는 점을 다소간 외재화한 결과로 나온 것이다. 현실에서 실제로 나타나는 다원성은 훨씬 국지적이고 상황적으로 일어나서 문득 발생하기도 하고 상황 내재적으로 일어나기 때문이다.

듀이와 미드 그리고 교육본위론도 다원적인 정체성을 상정한 것은 개인의 문제를 이론적 태도에 의해 파악하고자 했기 때문이다. 무엇이 이론적 태도이고 무엇이 경험에 대한 분석적 태도인가에 관해서는 앞서 언급한바, 전자는 행위에 대한 후향적 판단인 성찰적 접근에 의한 설명 가능성이 농후한 반면, 후자는 진행형으로서의 행위 과정에 대한 전후향적 판단에 따른 기술을 중시한다. 상황에 따른 역할 전환 혹은 본위적 삶의 태도라는 생각은 실제 현실 속에서는 그리 간단한 문제도 아니며 또한 녹록치도 않다.

에필로그: 특개성과 내재성

이상에서 일상의 생활세계에서 이루어지는 내재적 · 외현적 상호작용들 그리고 그것들이 내면화되면서 현시되는 사고의 흐름, 상황 속에서 취해 가는 우리의 매우 '실제적인' 행위들이 혼종적으로 그리고 사전 결정됨 없이 '의미' '실재' '현실' 나아가 '사실'까지도 형성해 갈 것이라는 가정을 가지고 이야기해 왔다. 의미, 실재, 현실, 현상, 사실 등의 '내재성', 그러니까 그것을 그것으로 만드는 원인자는 개인의 심리적 동기도, 거시 사회구조의 요인도, 심지어 각 개인이 갖고 있는 멤버십 범주도 아니라는 점을 누누이 강조하였다.

사람의 행위나 사고는 결코 '규칙' '지식' '코드' 등에 따라 결정되어 전개되지 않는다. 민속방법론은 그 어떠한 선험적인 전제도 상정함 없이 그때 거기서 일어난 일, 현상, 행위, 사태, 대화 등을 그 자체로(things itself) 기술하고 이해하고자 하였다. 그런 점에서 민속방법론은 상황적 행위의 내재성에 관한 사회학이라 할 수 있다. '지금 여기서' 벌어진, 말 그대로 '국지적' 상황이 그 자체로 내재성을 갖는다니! 도대체 그것이 사회과학으로서 용납될 수 있는 말인가?

어느 초등학교 교실 수업 상황을 관찰한다고 하자. 교사가 뭔가를 설명하면서 지도하고 있고 아이들은 그 지도에 따라 과제를 부여받아 수행하는 상황이다. 분명히 그 상황에서 벌어지는 일에 대해서 공교육 체제로서의 학교가 거시적인 맥락으로 작용하면서 영향을 미치고 있고, '교실 수업' '교사' '학생' 등의 제도적 역할의 범주가 '바로 그 상황'과 별개로 이미 제도화되어 그 상황에 대해 영향을 미치고 있다는 것은 불 보듯 뻔한 사실이 아닌가? 어떻게 미시적이고 국지적인 상황이 그 자체로 질서(order)를 갖는다고 말할 수 있겠는가? 수업에서 교사와 학생이 다루게 되는 내용은 분명 이미 주어진 것(the pregiven)이 아닌가? 교실이라는 공간의 배치와 시간의 배열은 이미 제도 틀로 정해져 있던 것 아닌가? 수없이 많은 요인이 '바로 그' 상황에 대해 이미 정해져서 주어져 있지 않은가?

그럼에도 불구하고 민속방법론은 우리가 취하게 되는 의미 및 행위가 상황적으로 결정되는 측면, 그리고 그러한 상황적 행위의 내재성, 즉 그 행위가 제 의미를 갖게 되는 과정의 실제성과 그러한 실제성의 불가피성, 바로 그것 없이는 그 일이, 그 현상이, 그 의미가 존재할 수 없다는 의미에서의 내재성을 우선 염두에 둔다. 그날의 수업, 그날의 연주, 그날의 대화, 그날의 진단이 어떻게 수업, 연주, 대화, 진단이라는 조직화된 상황을 생산하고 있는지 말이다. 이러한 주문은 현상학적 아포리즘인 '현상 자체로 돌아가라!'라는 지상 명령에 대한 민속방법론의 답변일 것이다. 선험성의 전제를 배제한 채 현상을 기술하고 설명하기 원하는 민속방법론의 전략은 선험적 존재성에 대한 질문보다는 현 존재의 실존성 또는 일상적 상황의 섬세한 결이 보다 섬세하게 기술되고 해명되길 기대하는 의도를 반영한 것이라고 보아야 할 것이다.

가핑클(Garfinkel, 2002)의 말대로 사회적 사실이 생산되고 이야기될 수 있는 데에는 그 어떤 선험적인 전제도 필요하지 않다. 민속방법론에서는 좀 더 철학적인 용어로 표현한다면 사물이나 현상, 일, 행위 그리고 사태의 본질성(quiddities)을 찾기보다는 특개성(haecceities), 즉 바로 여기, 바로 지금, 바로 이 일을 그것답게 만든 바로 그것(just thisness)을 발견하고자 하였다. 우리의 행위와 지각을 이끄는 상황 맥락의 특징, 즉 상황지표성(indexicality)은 어떠한 본질의 의미도 전제함 없이 그 일을 그 일답게 만든다는 의미를 담고 있다. 여기서 본질성과 특개성 개념은 중세 신학자 던스 스코투스(J. Duns Scotus)가 사용한 라틴어 *haecceities*, 즉 특개성 개념을 인용하면서 널리 알려졌는데, 여기서 특개성이라는 번역어는 이진경(2002)에서 빌려온 것이다. 생성의 철학자로 잘 알려져 있는 들뢰즈에 관한 해설에서 이진경(2002)은 다음과 같이 밝히고 있다.

> 특개성이란 지속성을 갖는 특정한 성질들의 집합을 의미하는 통상적인 개별성과는 달리 어떤(un!) 개체에 고유한 것이지만 시간과 공간은 물론 이웃관계의 조건, 배치와 강밀도 등에 따라 그때마다 달라지는 것을 뜻하며, 그렇기 때문에 정의될 수 없고 그때마다 직관으로 포착할 수밖에 없는 어떤 감응입니다……. 결국 특개성이란 특정한 순간의 이 개체를 특별하게 만드는 감응이며, 그런 감응을 구성하는 요소들의 강도와 속도, 그리고 그것을 특정하게 만드는 이웃관계들을 통해서 구성됩니다(이진경, 2002: 198).

다시 들뢰즈가 말하는 특개성이란 무엇인지 살펴보자.

> 사람이나 주체, 사물이나 실체의 개체화 양식과는 매우 다른 개체화 양식이 있다. 우리는 이를 특개성이라고 부르고자 한다. 어떤 계절, 어떤 겨울, 어떤 여름, 어떤 시간, 어떤 날짜 등은 사물이나 주체의 개체성과 분명히 다르지만, 나름대로 완전한, 아무것도 결여하지 않은 개체성을 갖고 있다. 이 모든 것은 변용하고 변용되는 힘, 분자들 내지 입자들 사이의 운동과 정지의 관계라는 점에서 특개성들이다(이진경, 2002: 197에서 재인용).

물론 방법론적 상황주의가 보여 주는 민속방법론의 상황 특개성에 관한 탐색은 들뢰즈의 특개성에 관한 논리와 꼭 같지는 않다. 전자는 우리의 실천적 행위에, 그리고 후자는 감응과 같은 신체적 지각에 더 주목하여 사태의 특개성에 관해 설명하고 있기 때문이다. 그리하여 사태의 특개성에 관해 탐구하고자 하는 태도는 전자에서는 실천적 행위로 점철되는 일상의 섬세한 결을 이해하는 데, 그리고 후자에서는 신체성에 대한 해체적 이해에 연관 지어져 이야기된다. 전자에서는 일상의 상황들이 관찰 · 분석되고, 후자에서는 유난히 문학 작품 혹은 미술 작품에서 텍스트 분석으로 다루어진다. 물론 "말할 수 없는 것을 말할 수 없다."는 비트겐슈타인의 충고를 따르는 민속방법론의 관점에서 보았을 때 들뢰즈나 이진경의 설명은 특개성을 언술화를 넘어서는 대상에 대하여 실체화해서 파악하고자 하는 경향, 예컨대 어떠어떠한 감응(affect)의 대상이라든지 동양적 '기'와 같은 또 다른 추상성을 유사 실체화하는 흔적을 남긴다. 그러한 차이는 매우 평행한 것으로서, 프래그머티즘과 현상학적 사회학이 혼종되면서 나타난 영미 전통의 사유에 따른 경험적 사회과학의 존립 가능성에 관한 문제의식과 후기 구조주의와 후기 현상학이 혼종되면서 나타난 프랑스 전통의 인문학적인 사유 간의 차이일지 모르겠다. 그럼에도 불구하고 양자의 관점에서 지적하는 특개성이란 '지금 여기서'라는 현 존재가 구성해 내는 특이성을 의미한다는 점에서 서로 유사하다고 할 수 있다.

특개성은 우리말로 표현하면 '살아 있는 생물체'라고 해도 좋을 듯하다. 우리는 흔히 변화무쌍하여 어디로 튈지 모르는 예측 불가능한 일을 가리켜 살아 있는 생물체와도 같다는 표현을 쓴다. 정치는 살아 있는 생물체와 같다는 표현이나 수업은 살아 있는 생물체와도 같다는 표현이 여기에 해당한다. 예컨대, 매일 유사하게 반복하는 듯하지만 어제의 수업과 오늘의 수업은 동일하지 않다. 시간과 공간 그리고 관여해 있는 사람들은 생물체와 같이 움직인다.

특개성은 유사한 상황들의 차이에 주목한 개념이다. 앞서도 언급한 바 있지만, 우리는 언제나 전형에 따라 상황을 파악한다. 전형은 곧 동일한 범주를 뜻하는데, 우리는 일상에서 유사한 상황의 반복을 전형의 지속됨으로 당연시해서 본다. 당연시해서 본 동일성을 다시 들춰 보고 그 일의 섬세한 결을 탐색하고 기술해 내어 차이를 인식하는 것은 생활세계의 생생함(liveliness)을 깨닫도록 하는 것이며, 그것이 곧 민속방법론의 특개성에 관한 관심이다.

특개성이 의미하는 또 다른 것은 일반화된(in general) 이야기 혹은 이론은 항상 불완전하다는 점이다. 의학이론을 배운 의학도는 수련생 기간을 거쳐야만 '그' 병원의 완전한 참여자, 의사가 될 수 있다. 그 실험실, 그 법률사무소, 그 공장, 그 교실이 갖는 특개성은 우리 일상의 생활세계 자체를 구성한다. 생활세계는 일반화된 이론들로 구성된다기보다는 현장의 질서라는 특개성들로 구성된다는 점이 생활세계와 생활세계의 특개성을 이루는 데 관여하는 우리의 직접적인 행위(directed actions)의 내재성이 보여 주는 특징이라 할 수 있을 것이다.

7장에서는 학습의 일상성을 염두에 두면서 두 교육이론을 대조시켜 논의하였다. 이들 논의를 주된 이야깃거리로 내세운 이유는 전자는 서양에서, 후자는 우리나라에서 독특하게 생겨난 논의로 양자가 공히 학습의 암묵성, 실천성 그리고 일상성 문제에 대해 적극적이고 체계적으로 해명하고 있다고 본 반면, 양 이론은 암묵적 실천을 이론화하는 가운데 학습의 실천성 및 일상성을 해명하는 데 가능성과 한계를 노정하였기 때문이다. 학습의 일상성 문제를 다루는 데 있어서 양자의 이론에 전제되어 있는 일단의 아이디어나 가정이 전격적으로든 부분적으로든 회자될 가능성이 많은 만큼 이들 논의를 함께 고려하는 것도 적절할 것으로 보았다.

가장 흥미로운 차이 가운데 하나는 '일상적 상황'을 바라보는 두 관점의 시각차다. 민속방법론에서 일상적 상황은 마치 무한한 심연과도 같이 무엇이나 흡입해 버리면서 동시에 마치 수은과 같이 그것을 담는 용기의 모양을 띠고 존재한다. 아무리 고차원적인 지식과 기술도 일단 학습자에게 터득되면 더 이상 지식과 기술의 양태로 존재하지 않는다. 그것은 행위 상황 속으로 분산되어(distributed) 상황에 내재화(embedded)되어 존재하게 된다. 또 상황 속으로 분산된 이상 그 지식과 기술은 당사자에게 일상화된 것이다. 그리고 일단 일상화된 이상 지식의 사용은 행위자와 상황과의 매우 실제적인 상호작용 그 이상도 이하도 아니다. 민속방법론은 우리가 하고 있는 일에 대해 무한히 작용하는 일상적 · 상황적 행위에 관한 탐구를 제1과제로 한다. 눈앞에 벌어지는 상황에 대한 자연적 태도는 어느 상황에서도 우리의 경험과 행위에 작용하여 우리가 경험한 바대로 그 일을 그 일답게 만든다.

민속방법론은 일상적 생활세계가 우리의 실천적 행위에 의해서 우리가 하고 있는 일, 경험 그리고 사고에 어떻게 깊숙이 관여하고 있는지 이해하고자 하는 질적 연구의 한 영역이다. 민속방법론은 상황 분석으로서 사회에 대해 어떠한 성찰과 비판의식도 제시하지 않고 그때 거기에서 일어난 그대로의 상황 그리고 사람들의 실천 전략들을 냉담하고 비성찰적으로 분석하는 실존주의적인 태도를 취한다는 점에서 기성 사회학에서는 현상학주의라고 비꼬아 부르기도 한다. 마찬가지로 거시사회학의 패러다임에서 벗어나지 않는 교육사회학 풍토에서 보면 민속방법론을 활용한 교육 연구는 학교 생활의 일상성이 갖는 의미를 밝히는 정도로 수용되었을 뿐 더 이상의 풍부한 정보를 주기에는 지엽적이고 미미한 것으로 판단되었다.

민속방법론과 교육본위론을 평면적으로 비교한다는 것 또는 어느 한 관점으로 다른 관점을 비평한다는 것은 거듭 말하지만 난센스다. 양 관점은 일차적으로 관심사 자체가 다르고 해명하고자 하는 현상도 다르기 때문이다. 그러나 여기서는 인간의 행위나 변화의 과정에 관해 제각각 다르게 해명하는 사회이론과 교육이론으로서 비교하기보다는 그러한 행위와 과정을 해명하기 위해 취한 방법의 논리에 관해 비교해 보고자 하였다. 두 연구 프로그램 모두 의미의 생성성을 탐구하고자 하는 관심사가 일면 공유되어 있다는 전제하에서다. 더욱이 교육본위론이 어떤 원리에 관한 이론이 아닌 경험적인 연구 프로그램으로 발전하기 위해서 점검하고 탐색해 보아야 할 점이 무엇인지 궁금하였다. 민속방법론은 존재론적 철학의 사유에서 빠져나와 그 무수한 논의가 생활세계의 일상적 행위에서 어떻게 확인되는지 경험적으로 발전시킨 연구 프로그램으로서는 단연코 성공적인 사례를 보여 주었다. 민속방법론은 우리의 지각으로 관찰 가능하고 접근 가능한 세계로서 생활세계의 일상적이고 상황 맥락적인 행위 자체가 어떻게 사회과학적인 분석의 대상일 수 있는지 그 채널을 제공해 주었다는 점에서 그렇다.

또한 민속방법론이 갖는 교육에서의 질적 연구방법론으로서의 가능성은 그 미시적 성격으로 인해 교육사회학 영역보다는 교육학적 탐구, 즉 교육과 학습 자체의 행위와 현상을 이해하고 설명하는 연구 영역에서 그 성과를 내기 시작하였다. 전통적으로 교육과 학습은 학습심리학, 특히 인지심리학 분야에서 다루어져 온 연구 주제인데, 민속방법론과 같은 미시적 질적 연구들은 맥락성과 그러한 맥락을 구성해 가는 실천성을 학습의 내생 요인으로 받아들이기 시작한 학습심리학 연구들, 즉 상황인지론이나 분산인지론, 상황학습론 등 이른바 사회구성주의 교육 연구에 적지 않은 영향을 미쳤다. 거시 교육사회학 패러다임에서 미시적 관점은 한계로 보일 수 있었지만 오히려 학교 안이든 밖이든 상관없이 '교수-학습'을 연구하는 분야에서는 가능성이 될 수 있었던 것이다. 필자가 교육사회학 영역에서 소위 '한물간' 연구방법론을 되짚어 보고자 한 이유도 여기에 있다.

최근 들어 더욱 부각된 학습의 사회적 속성, 예컨대 교육적 상호작용, 경험에 의한 학습, 성인의 무형식 학습, 역량이나 전문성이 가지고 있는 실제적인 속성, 일터에서의 암묵지의 활용, 학습 동아리 활동 등 실천적 행위의 학습이라는 주제를 다루는 질적 연구 전반에서 민속방법론의 가능성을 타진해 볼 수 있다. 지식과 사유의 상황 내재적 속성, 상황의 운용과 관리로서의 실천적 행위의 합리성 등에 관한 민속방법론적 연구 전략은 일상적 · 상식적 생활세계라는 생태적 환경이 학습에 대해서 단지 맥락적 배경 요인으로서가 아니라 학습 내용 자체가 가능하도록 하는 것으로 작동하고 있음을 다양한 사례를 통해 보여 주었고, 학습에서 '일상성'의 의미에 대한 우리의 시각을 확대시켜 줄 것으로 기대한다. 그리고 이 책은 그러한 주제들을 연구해 나가기 위해서 질적 연구가 요청될 수밖에 없는 이유, 교육 연구 공동체에서 질적 연구의 기능과 의미를 재삼 새겨 볼 수 있도록 그 가능성을 탐색하고자 하는 시론에 불과하다.

| 후 주 |

chapter 1

1) 상식은 정상적이고 자명한 일상의 과정 속에서 타인들과 공유하는 지식을 말한다. 여기서 말하는 상식은 영어로 'common-sense knowledge'의 번역어이지만, 좁은 의미에서 일상적으로 통용되는 의미로서의 상식, 예컨대 '누군가가 시사 상식이 풍부하다.'라고 할 때의 상식과 동일한 개념을 의미하지는 않는다.
2) 가핑클은 1950년대에 그의 지도교수인 탤컷 파슨스의 행위이론을 발전시키고자 한 논문인 「타자에의 지각: 사회적 질서에 관한 연구(The perception of the other: A study in social order)」(1952)를 준비하면서 아론 구르비치(Aron Gurwitsch)의 강의를 통해 슈츠의 영향을 상당히 받았고, 이는 훗날 민속방법론이라는 새로운 연구 영역을 개척하는 데 사실상 기초가 되기도 하였다. 슈츠의 현상학적 사회학과 이 책에서는 다루지 않았지만 비트겐슈타인(Wittgenstein, 1958)의 후기 언어철학은 민속방법론이라는 질적 연구 프로그램의 모태라고 할 수 있다(Heritage, 1984; Lynch, 1993).
3) *Hester a Francis*(2007)를 보라.

chapter 2

1) 이 책은 일차적으로는 민속방법론을 소개하는 것이었지만, 결과적으로는 듀이의 상황적 문제해결론을 성찰에 의한 자기논증이라는 한계를 넘어서서 어떻게 실제로 경험적인 사회과학 연구로 발전시킬 수 있는지를 보여 주고자 하는 기획처럼 되었다.
2) 이하에서 사용할 실천적 사유라는 개념은 프래그머티즘의 용법과 크게 다르지 않다. 즉, 실천적 사유라는 개념은 실용적 동기에 의해 발생했으며 동시에 그 행위를 하는 가운데 이루어지는 사고(cognition in action)를 의미한다.

chapter 3

1) 여기서 말하는 사회 멤버가 속한 공동체는 그 규모와 성격에 따라 또는 그것이 제도화된 수준에 따라 제도적으로 구축된 공동체부터 가상의 공동체까지 다양한 수준의 군집을 가리킨다고 볼 수 있다. 웽거(Wenger, 1998)와 같은 사회인류학자는 다양하고 작은 군집을 가리켜 실천 공동체(communities of practice)라고 개념화하기도 하였다. 여기서 말하는 군집은 제도적으로 경계가 분명해서 그 내부의 멤버들이 동질성을 공유하고 있는 형태가 아니라, 그 경계가 유동적이고 내부 멤버들이 이질적이면서도 동질성을 유지하고자 하는 상태를 가리킨다. 이 책에서는 민속방법론의 취지에 따라 사람들이라는 표현 대신 멤버라는 개념을 사용하기로 한다.
2) 이른바 '실천론'을 주장하는 학자들 사이에서 어떤 이들은 이러한 유형, 무형의 공동체를 가리켜 실천 공동체(communities of practice)라고 일컫기도 한다(Wenger, 1998). 실천 공동체는 전통적인 의미에서의 공동체, 즉 혈연과 지연에 의한 공동체뿐만 아니라 관심과 이해관계로 구성된 공동체를 가리키는 포괄적인 의미로 사용된다. 실천론은 현상학적 접근과 구조기능주의적 접근 사이에서, 즉 사회구조와 개인이 서로 어떻게 영향을 주고받는지에 대해 설명하고자 하는 바로 그 관심으로 인해 민속방법론에서 상정한 멤버의 방법, 즉 멤버의 실천 전략을 둘러싼 집단 영역의 차원에서 개인과 집단 간 공(共)변화 과정을 다루고 있다.
3) 이 점에 관해서는 윈치(Winch, 1988: 97)가 언급한 다음과 같은 예를 보면 좀

더 쉽게 이해할 수 있다.

"만약 우리가 사회 연구자를 기사에 비유하고자 한다면, 기계를 조작하는 방식을 연구하는 견습공에 비유하는 것이 더 나을 것이다. 그가 사회적 현상을 이해하는 것은 기사가 자신이 연구하는 기계적 체계를 이해하는 것보다는 기사가 자신의 동료들의 행위를 이해하는 것과 더 많이 유사하다."

4) 여기서 다루게 될 상황지표성과 상황반영성은 듀이(Dewey, 1922)가 말하는 행위의 질성적(qualitative) 측면과 반성적(reflective) 측면으로 말미암아 우리의 행위가 지적 성격을 갖게 된다는 설명과 매우 평행하다. 이 점은 추후에 따로 비교해 보겠지만, 우선 그에 관한 듀이의 논증은 사회 혹은 인문과학자에 의한 설명의 논리, 즉 초월적 · 심리학적 설명으로 전개된 반면, 민속방법론에서는 동료 행위에 대한 이해의 논리, 즉 일상 행위에 대한 기술 연구로 다루었다는 커다란 차이에 주목할 필요가 있다.

5) 영어에서 'negotiaion(협상)'이라는 개념의 일상 어법을 보면, 다른 사람과의 흥정이라는 통상적인 의미와 함께 요령 있게 일을 처리한다는 의미도 갖고 있다는 점이 흥미롭다. 즉, 협상은 그 대상이 사람에게만 국한되지 않고 일이나 사물에도 적용된다는 점에 주목할 필요가 있다(Wenger, 1998).

6) 민속방법론은 사람들의 행위에 대한 연구에 있어서 규범을 전제로 놓고 보지 않는다는 이러한 입장에서 이른바 인간 행위에 있어서 규범을 전제로 설명하고자 하는 규범주의 사회이론과 크게 대조된다. 규범주의 사회이론에서는 사람들의 행위가 규범을 따른다는 점을 연구의 출발에 있어서의 전제로 하여 실제 일어난 행위나 현상을 설명하는 반면, 탈규범주의 연구에서는 사람들의 행위가 규범을 따른다는 선입견을 배제한 채 보다 시원적 상태(ground zero)에서 출발하여 그들의 행위가 어떻게 규범을 이용하고 따르는지를 이해하고자 한다. 예컨대, 규범주의 관점에서 보면 사람들이 적색 신호등에서 정지하는 행위를 취하는 것이 당연하고 연구의 주제가 되지 않는다고 간주하는 반면, 탈규범주의 연구에서는 당연하다고 생각한 그러한 현실에 관해 관심을 둔다. 즉, 규범주의에서는 규범으로부터의 '일탈'이 연구의 관심일 수 있으나, 탈규범주의에서는 사람들이 규범을 지켜 나가는 행위를 더 흥미로운 일이라고 생각한다. 마찬가지로 탈규범주의에서는 사람들의 행위가 남성성과 여성성, 교

사와 학생 등의 사회적 범주로서의 규범을 어떻게 이용하고 따르게 되는지가 분석의 대상이 된다.

chapter 4

1) 방법론적 상황주의를 설명할 때 소위 연극적 분석론(dramaturgy)으로 잘 알려진 고프먼(E. Goffman)을 빼놓고 생각하기는 어렵다. 그는 상황을 행위자가 그 안에 들어가면 그의 논리를 따를 수밖에 없는 행위의 시스템으로 보고, 공공장소에서 자아의 운신 그리고 면대면 상호작용의 특성들을 밝히는 데 주력하였다. 이를 통해 현대사회와 현대 자아정체성의 이중적 속성을 드러내 주었다. 고프먼은 가핑클과 같은 지역(캘리포니아 주립대학)에서 활동한 동년배 사회학자로서 연구 관심사를 공유하면서도 결코 어떠한 합일점에도 이르지 못하는 긴장의 평행을 달려 왔다. 1960~1970년대 상당수의 민속방법론 학생들은 실지로 이 두 학자를 오가면서 미시사회학을 공부하기도 하였는데, 민속방법론의 대화 분석의 초석을 세운 삭스(H. Sacks)가 그들 중 하나다. 그들의 제자들은 고프먼과 가핑클이 그들의 사유뿐만 아니라 외모조차도 마치 형제처럼 닮았다고 이야기하기도 한다.
2) 여기서 말하는 '임'과 '됨'이라는 개념은 들뢰즈의 생성 철학에서 차용해 온 것이다. 이진경(2002)에 따르면, "임이 아닌 됨의 차원에서 의미의 논리를 사유하고자 할 때, 혹은 존재와 존재자의 차이라는 근본적인 차이보다는 개체들의 접속에 의해 생성되는 차이를 사유하고자 할 때…… 하나의 존재에서 다른 존재로 되는 변화를 주목하고 그러한 변화의 내재성을 주목하며 그것을 통해 끊임없이 탈영토화하고 변이하는 삶을 촉발하는 것, 이 모두가 바로 되기라는 개념을 둘러싸고 진행되기……." (pp. 32-33) 민속방법론의 방법론적 상황주의는 존재적인 논리보다는 생성적인 논리를 추구한다는 점에서 지적 전통이나 사회과학을 바라보는 지향점이 달라 물론 평행선을 이루는 차이가 있어도 일면 들뢰즈 등의 현대 생성 철학과 맞닿아 있다.
3) 민속방법론은 그 방법론적 상황주의로 인해 포스트휴머니즘(post-humanism)의 면모를 보이기도 한다. 포스트휴머니즘은 기계와 다른 유기체에 대해 이성적 주체로서 절대우위를 점하는 인간관을 넘어서서 탈경계적 현상으로서 혼

종의 속성으로서의 우리의 모습을 들춰낸다. 이는 마치 들뢰즈의 기계주의, 즉 의미들은 기관 없는 기계로서의 접속과 배치가 주체와 객체의 구분 없이 그 존재성을 획득한 데에서 비롯된 것이라는 설명과 유사하기도 하다. 테크놀로지나 동물과의 상황적 상호작용이 서로 내적 연관성을 갖고 의미를 만들어 내는 과정에 관한 분석은 오늘날 민속방법론 연구에서 쉽게 찾아볼 수 있다.

chapter 5

1) 이는 비트겐슈타인(1953)이 『철학적 탐구(*Philosophical investigation*)』에서 논의하고 있는 예를 대화체로 옮겨 본 것이다(Lynch, 1993: 224-225 참조).
2) 장상호(1997)는 일상생활 속에서 실현되는 활동에는 임기응변적인 요소가 있음을 설명하고, 특정 상황에서 임기응변의 융통성을 가짐으로써 교육을 보다 폭넓게 보편화할 필요가 있음을 주지한 바 있다(이와 관련된 논의는 p. 159 참조).
3) 슈츠의 원인 동기(because-motives)와 목적 동기(in-order-to motives)의 구분은 이와 같은 맥락 선상에 있다. 슈츠(Schutz, 1962)에 따르면 모든 사회적 행위에서 나는 내 행위가 향하고 있는 다른 사람에게 일단의 원인 동기와 목적 동기를 부여한다. 즉, 나는 상대방의 현재 경험을 그의 미래 행위의 선행 사건으로 해석함으로써 목적 동기의 맥락에 넣을 수 있고, 동시에 그것을 과거 경험의 결과로서 해석함으로써 원인 동기의 맥락에 넣을 수 있다.

chpater 6

1) 소위 후기구조주의 입장에서 보면 위와 같은 상황은 비판적인 시각에서 볼 때 전문가와 일반인 간의 권력, 권력 관계가 어떻게 합법적으로 재생산되는지를 잘 보여 주는 예라고 할 수 있다. 민속방법론에서는 비판에 앞서 비판의 관점조차도 '의료적인 상황이라면'이라고 하는, 이미 전제로 하는 암묵적 동의가 있었고, 그러한 동의는 일상적인 이해에 기초해 있다는 점에 주목하고 바로 그 전제 자체, 즉 그러한 일상적 이해가 어떻게 재생산되는지를 연구 대상으로 다루어 보고자 한다.
2) 여기서 '포월'이라는 개념은 영어의 'envelopment'를 뜻한다. 포월은 한자

어 包와 越의 조합어로서, '나를 감싼다' 그리고 '건너간다'는 의미를 담고 있다.

3) 여기서 전문가는 원어로는 engineer라고 되어 있지만 맥락상 전문가로 해석하였다. 이 인용문은 데리다의 레비 스트로스에 대한 비판을 담고 있다. 데리다가 여기서 말하는 브리콜레르는 레비 스트로스 자신을 말한다. 이로써 데리다는 레비 스트로스가 말하는 엔지니어, 즉 전문가는 레비 스트로스 자신이 브리콜레르로서 작업한 원고 내용의 결과로 만들어 낸 신화라는 의미를 함축하고 있다.

chapter 7

1) 이러한 문제의식은 단순히 우리가 교육학자이기 때문에 가질 수밖에 없는 편파적인 관점에서 나온 것은 아닐 듯싶다. 예컨대, 상황학습론자인 사회인류학자 레이브(Lave)가 상호 주관적 사회 구성체로서의 실천 공동체(CoP)가 구조화되어 가는 과정을 학습과 교육의 문제로 해명하고자 한 것은 우연이 아니다. 학습은 매우 광범위하고 보편적인 현상으로서 보다 과학(학문)적인 해명을 요청하는 새로운 퍼즐 게임의 주제라고 할 수 있다.
2) 사실 이 두 개념이 담고 있는 의미의 차이는 곧 교육본위론과 민속방법론 또는 해석적 사회과학 사이에 좁힐 수 없는 중요한 차이이기도 한 만큼, 이 부분을 논의하는 데 있어서 매우 핵심적인 포인트가 되어야 한다.
3) 드레이퍼스는 인간의 사고 과정을 알고리듬화할 수 있다고 전제하는 인지과학자들의 가설에 맞서, 사람들의 생각이나 행위는 규칙으로 환원 불가함을 주장해 왔다. 이러한 주장은 인지과학에서는 인공지능(AI)의 가능성과 한계를 두고 끊임없는 논쟁을 불러일으켰다. 드레이퍼스적인 논증의 아이디어가 무엇인지에 관해서는 웽거(Wenger, 2007)의 『실천공동체(*Communities of practice*)』(손민호, 배을규 역, 서울: 학지사)의 1부 결론 부분을 참고하라.

| 참고문헌 |

김광기(2004). '이방인'의 사회학을 위한 이론적 정초. 한국사회학, 38(6), 1-29. 서울: 휴머니스트.

엄태동(2012). '연리와 이행', '공조와 동행'이 빚은 현대미술의 교육적 탄생: 마티스, 피카소, 브라크의 경쟁과 협력. 교육원리연구, 17(12), 91-113.

이진경(2002). 노마디즘. 서울: 휴머니스트.

장상호(1997). 학문과 교육(상): 교육적 인식론. 서울: 서울대학교 출판부.

장상호(2008). 학문과 교육(중1): 교육이란 무엇인가? 서울: 서울대학교 출판부.

조광제(2008). 의식의 85가지 얼굴: 후설 현상학의 주요 개념들. 서울: 글항아리.

Amerine, R., & Bilmes, J. (1988). Following instruction. *Human Studies, 11*, 327-339.

Anderson, B. (2004). 상상의 공동체: 민족주의의 기원과 전파에 대한 성찰(*Imagined communities: Reflections on the origin & spread of nationalism*) (윤형숙 역). 서울: 나남. (원전은 1991년에 출간).

Anderson, J. R., Reder, L. M., & Simon, H. A. (1996). Situated learning and education. *Educational Researcher, 25*(4), 5-11.

Arminen, I. (2005). *Institutional interaction: Studies of talk at work*. Burlington, VT: Ashgate.

Arnheim, R. (2004). 시각적 사고(*Visual thinking*) (김정오 역). 서울: 이화여대출판부. (원전은 1961년에 출간).

Becker, H. (1963). *Outsiders: Studies in the sociology of deviance*. New York: Free Press of Glencoe.

Berger, J. (2000). 본다는 것의 의미(*About looking*) (박범수 역). 서울: 동문선. (원전은 1992년에 출간).

Berger, P., & Luckman, T. (1967). *The social construction of reality*. London: Allen Lane.

Bergson, H. (1946). *The creative mind: An introduction to metaphysics*. New York: Philosophical Library.

Blumer, H. (1954). What is wrong with social theory. *American Sociological Review, 18,* 3-10.

Blumer, H. (1969). *Symbolic interactionism: Perspective and method*. Berkeley: University of California Press.

Bourdieu, P. (1977). *Outline of a theory of practice*. Cambridge: Cambridge University Press.

Brown, J. S., Collins, A., & Duguid, P. (1989). Situated cognition and the culture of learning. *Educational Researcher, 18*(1), 32-42.

Coulter, J. (1987). *Mind in action*. Oxford: Polity.

Coulter, J. (1991). Cognition: Cognition in an ethnomethodological mode. In G. Button (Ed.), *Ethnomethodology and the human sciences*. Cambridge: Cambridge University Press.

David, F., & Hester, S. (2004). *An Invitation to ethnomethodology: Language, society and social interaction*. London: Sage.

De Certeau, M. (1984). *The practice of everyday life*. Berkeley: University of California Press.

Deleuz, G. (1999). 의미의 논리(*Logic of meaning*) (이정우 역). 서울: 한길사. (원전은 1968년에 출간).

Derrida, J. (1970). Structure, sign, and play in the discourse of the human sciences. In R. Mackey & E. Donato (Eds.), *The languages of criticism and the sciences of man: The structuralist controversy*. Baltimore: The Johns Hopkins Press.

Dewey, J. (1922). *Human nature and conduct*. London: Allen and Unwin.

Dewey, J. (1931). The development of American pragmatism. In H. S. Thayer (Ed.) (1989), *Pragmatism: The classic writings* (pp. 23-40). Indianapolis, IN: Hackett.

Dreyfus, H. L. (1972, reprinted 1992). *What computers still can't do: A critique of artificial reason*. Cambridge, MA: MIT Press.

Dreyfus, H. L. (1983). Why current studies of human capacities can never be scientific. Presented paper in the Berkeley Cognitive Science Report Series.

Dreyfus, H. L. (1991). *Being-in-the-World, A Commentary on Heidegger's Being and Time, Division 1*. Cambridge, MA: MIT Press.

Eberle, T. S. (2012). Phenomenological life world analysis and ethnomethodology's program. *Human Studies, 35*, 279-304.

Emirbayer, M., & Maynard, D. (2011). Pragmatism and ethnomethodology. *Qualitative Sociology, 34*, 221-261.

Feyerabend, P. (1975). *Against method: Outline of an anarchistic theory of knowledge*. London: New Left Books.

Foucault, M. (1979). *The order of things: An archaeology of the human science*. New York: Vintage.

Fox, S. (2006). Inquiries of every imaginable kind: Ethnomethodology, practical action and the new socially situated learning theory. *The Sociological Review, 54*(3), 426-45.

Francis, D., & Hester, S. (2004). *An invitation to ethnomethodology: Language, society and interaction*. Thousand Oakes, CA: Sage.

Garfinkel, H. (1967). *Studies in ethnomethodology*. Cambridge: Polity Press.

Garfinkel, H. (1991). Respecification: Evidence for locally produced, naturally accountable phenomena of order, logic, reason, meaning, method, etc. in and as of the essential haecceity of immortal ordinary society (I)? An announcement of studies. In G. Button (Ed.), *Ethnomethodology and the Human Sciences*. Cambridge: Cambridge University Press.

Garfinkel, H. (2002). In A. W. Rawls (Ed.), *Ethnomethodology's program: Working out Durkheim's Aphorism*. Lanham: Rowman & Littlefield.

Garfinkel, H. (2006). *Seeing sociologically: The routine grounds of social action*. Boulder, CO: Paradigm Publishers.

Garfinkel, H. (Ed.). (1986). *Ethnomethodological studies of work*. London: Routledge and Kegan Paul.

Garfinkel, H., & Sacks, H. (1970). On formal structure of practical actions. In J. C.

McKinney & E. A. Tiryakian (Eds.), *Theoretical sociology: Perspectives and developments*. New York: Appleton-Century-Crafts.

Garfinkel, H., Lynch, M., & Livingston, E. (1981). The work of a discovering science construed with materials from the optically discovered pulsar, *Philosophy of the Social Science, (11)*2, 131-158.

Gibson, J. J. (1986). *The ecological approach to visual perception*. Hillsdale, NJ: Erlbaum.

Giddens, A. (1991). **사회이론의 주요 쟁점**(*Central problems in social theory: Action, structure and contradiction in social analysis*). 서울: 문예출판사. (원전은 1979년에 출간).

Giddens, A. (2001). **현대성과 자아정체성**(*Modernity and self-identity*) (권기돈 역). 서울: 새물결. (원전은 1991년에 출간).

Goffman, E. (1959). *The presentation of self in everyday life*. New York: Anchor Books.

Goffman, E. (1963). *Behavior in public places*. New York: The Free Press.

Goffman, E. (1971). *Relations in public: Microstudies of the public order*. London: Allen Lane/Penguin.

Habermas, J. (1984). The theory of communication action, Volume I. Reason and the rationalization of society. Boston: Beacon Press.

Heidegger, M. (1927, translated 1962). *Being and time*. New York: Harper & Row.

Heritage, J. (1984). *Garfinkel and ethnomethodology*. Cambridge: Polity Press.

Hester, S., & Eglin, P. (Eds.). (1997). *Culture in action: Studies in membership categorization analysis*. Washington, DC: University Press of America.

Hester, S., & Francis, D. (2007). *Orders of ordinary action: Respecifying sociological knowledge*. Burlington, VT: Ashgate.

Husserl, E. (1970). *The crisis of European sciences and transcendental phenomenology: An Introduction to phenomenological philosophy*. Evanston, Ill: Northwestern Univ. Press.

Hutchins, E. (1995). *Cognition in the wild*. Cambridge: Cambridge University Press.

Knorr-Cetina, K. (1981). The micro-sociological challenge of macro-sociology: Towards a reconceptualization of social theory and methodology. In K. Knorr-Cetina & A. V. Cicourel (Eds.), *Advances in social theory and methodology: Toward an integration of micro and macro sociologies*. London: Routledge & Kegan Paul.

Knorr-Cetina, K. D., & Mulkay, M. (Eds.). (1983). *Science observed: Perspectives on the social study of science*. London: Sage.

Kuhn, T. (1962). *The structure of scientific revolutions*. Chicago, IL: University of Chicago Press.

Lagemann, E. C. (2001). *An elusive science: The troubling history of education research*. Chicago, IL: University of Chicago Press.

Latour, B., & Woolgar, S. (1979). *Laboratory life: The construction of scionthificfacts*. Princeton: Princeton Univ. Press.

Lave, J. (1988). *Cognition in practice: Mind, mathematics and culture in everyday life*. Cambridge: Cambridge University Press.

Lave, J., & Wenger, E. (1991). *Situated learning: Legitimate peripheral participation*. Cambridge: Cambridge University Press.

Lefebvre, H. (2005). **현대세계의 일상성**(*Everydayness in modern world*). (박정자 역). 서울: 기파랑. (원전은 1968년에 출간).

Levinson, S. (1983). *Pragmatics*. Cambridge: Cambridge University Press.

Levi-Strauss, C. (1966). *The savage mind*. Chicago, IL: University of Chicago Press.

Lewis, D. (1972). *We the navigators, The ancient art of landfinding in the pacific*. Honolulu: Univ. of Hawaii Press.

Lynch, M. (1993). *Scientific practice and ordinary action: Ethnomethodology and social studies of science*. Cambridge: Cambridge University Press.

Lynch, M. (1995) The idylls of the academy. *Social Studies of Science, 25*, 582-600.

Lynch, M. (2006). Cognitive activities without cognition?: Ethnomethodological investigations of selected 'cognitive' topics. *Discourse Studies, (8)*1, 95-104.

Lynch, M., & Macbeth, D. (1998). Demonstrating physics lessons. In J. Greeno & S. Goldman (Eds.), *Thinking practices in mathematics and science learning*. Mahwah, NJ: Lawrence Erlbaum Associates, Inc.

Macbeth, D. (1996). The discovery of situated worlds: Analytic commitments, or moral orders? *Human Studies, 19*(3), 267-287.

Macbeth, D. (2000) On an actual apparatus for conceptual change. *Science Education, 84*(2), 228-264.

Macbeth, D. (2001). On 'Reflexivity' in qualitative research: Two readings, and a third.

Qualitative Inquiry, 7(1), 35-68.

Macbeth, D. (2003) Hugh Mehan's learning lessons reconsidered: On the differences between naturalistic and critical analyses of classroom discourse. *American Educational Research Journal, 40*(1), 239-280.

McHoul, A. (1978). The organization of turns at formal talk in the classroom, *Language in Society, 7*(2), 183-213.

McHoul, A. (1998). How can ethnomethodology be Heideggerian? *Human Studies, 21*, 13-26.

Merleau-Ponty, M. (1962). *Phenomenology of perception.* London: Routledge & Kegan Paul.

Moerman, M., & Sacks, H. (1988). On 'understanding' in the analysis of natural conversation. In M. Moerman (Ed.), *Talking culture.* Philadelphia: University of Pennsylvania Press.

Ortner, S. B. (1984). Theory in anthropology since the sixties. *Comparative Study of Society and History, 26*(1), 126-166.

Parsons, T. (1951) *The social system.* London: Routledge and Kegan Paul.

Paul ten Have (2004). *Understanding qualitative research and ethnomethodology.* London: Sage.

Polanyi, M. (1958). *Personal knowledge: Towards a post-critical philosophy.* Chicago: University of Chicago Press.

Pollner, M. (1974). Mundane reasoning. *Philosophy of Social Science, 4*, 35-54.

Ryle, G. (1949). *The concept of mind.* New York: Barnes & Noble.

Sacks, H. (1984). On doing being ordinary. In M. Atkinson & J. Heritage (Eds.), *Structures of social action.* Cambridge: Cambridge University Press.

Sacks, H. (1984). Notes on methodology. In J. M. Atkinson & J. Heritage (Eds.), *Structures of social action.* Cambridge: Cambridge University Press.

Sacks, H. (1988). On members' measurement systems. *Research on Language and Social Interaction, 22*, 45-60.

Sacks, H. (1992). *Lectures in Conversation, Vol. 1.* Oxford: Basil Blackwell.

Sacks, H., Schegloff, E., & Jefferson, G. (1974). A simplest systematics for the organization of turn-taking in conversation. *Language, 50*(4), 696-735.

Sahlins, M. (1976). *Culture and practical reasons*. Chicago, IL: University of Chicago Press.

Schatzki, T. R., Knorr-Cetina, K., & von Savigny, E. (2001). *The practice turn in contemporary theory*. London: Routledge.

Schegloff, E., & Sacks, H. (1973). Opening up closing. *Semiotica, 8*, 289-327.

Schegloff, E., Sacks, H., & Jefferson, G. (1977). The preference for self-correction in the organization of repair in conversation. *Language, 53*(2), 361-382.

Schutz, A. (1962). *Collected Papers, volume 1*. The Hague: Martinus Nijhoff.

Schutz, A., & Luckmann, T. (1973). *The structures of the life-world* (Vol. I, R. Zaner & H. Engelhardt, Trans.). Evanston, IL: North-western University Press.

Simmel, G. (1971). The transcendent character of life. In D. N. Liven (Ed.), *Georg Simmel on individuality and social forms*. Chicago: Chicago University Press.

Simon, H., & Chase, W. (1973). Perception in chess. *Cognitive Psychology, 4*, 55-81.

Srubar, I. (2005). The pragmatic theory of the life world as a basis for intercultural comparison. In M. Endress, G. Psathas, & H. Nasu (Eds.), *Explorations of the life world* (pp. 235-266). Dordrcht: Springer.

Suchman, L. (1987). *Plans and situated actions: The problem of human machine interaction*. Cambridge: Cambridge University.

Sudnow, D. (1972). Temporal parameters of interpersonal observation, In D. Sudnow (Ed.), *Studies in social interaction*. New York: The Free Press.

Sudnow, D. (2002). *Ways of the hand*. Cambridge: MIT Press.

Turner, S. (1994). *The social theory of practice: Tradition, tacit knowledge and presupposition*. Chicago, IL: University of Chicago Press.

Wenger, E. (2007). 실천공동체(*Communities of practice*) (손민호, 배을규 역). 서울: 학지사. (원전은 1998년에 출간).

Winch, P. (1988). 사회과학과 철학(*The idea of a social science and its relation to philosophy*) (김기현 역). 서울: 서광사. (원전은 1958년에 출간).

Wittgenstein, L. (1994). 철학적 탐구(*Philosophical investigations*, 2nd ed.) (이영철 역). 서울: 서광사. (원전은 1958년에 출간).

| 찾아보기 |

인 명

내 용

저자 소개

손민호(Shon Minho)

미국 오하이오 주립대학교 대학원에서 박사학위를 받고, 현재 인하대학교 교육학과 교수로 재직 중이다. 주요 저 · 역서로는 『상황학습: 합법적 주변 참여』(역, 강현출판사, 2010), 『실천공동체』(공역, 학지사, 2007), 『구성주의와 학습의 사회이론』(문음사, 2005) 등이 있으며, 주요 논문으로는 「실천적 지식의 일상적 속성에 비추어 본 역량(competence)의 의미: 지식기반사회? 사회기반지식!」(2006), 「학교 수업의 진정성에 관한 일고」(공저, 2010) 등이 있다.

조현영(Cho Hyunyoung)

인하대학교 대학원에서 박사과정을 수료하고, 현재 '문제해결과 그 내재적 요인으로서의 상황적 맥락'이라는 주제로 박사학위 청구논문을 준비 중에 있다. 주요 논문으로는 「학교 수업의 진정성에 관한 일고 」(공저, 2010), 「문제해결의 상황성, 그리고 그 과정의 일상성: 민속-방법으로서의 진료행위에 관한 관찰」(2014), 「다문화가정 결혼이주여성의 학습경험에 따른 정체성 구성에 관한 연구」(공저, 2013)가 있으며, 『사고와 실천』을 번역 발간할 예정이다.

민속방법론
–현상학적 사회학과 질적 연구–
Ethnomethodology

2014년 9월 1일 1판 1쇄 인쇄
2014년 9월 5일 1판 1쇄 발행

지은이 • 손민호 · 조현영
펴낸이 • 김진환
펴낸곳 • (주) 학지사
121-838 서울특별시 마포구 양화로 15길 20 마인드월드빌딩
대표전화 • 02-330-5114 팩스 • 02-324-2345
등록번호 • 제313-2006-000265호

홈페이지 • http://www.hakjisa.co.kr
커뮤니티 • http://cafe.naver.com/hakjisa

ISBN 978-89-997-0452-9 93370

정가 16,000원

저자와의 협약으로 인지는 생략합니다.
파본은 구입처에서 교환해 드립니다.

이 도서의 국립중앙도서관 출판시도서목록(CIP)은 서지정보유통지원시스템 홈페이지(http://seoji.nl.go.kr)와 국가자료공동목록시스템(http://www.nl.go.kr/kolisnet)에서 이용하실 수 있습니다.
(CIP 제어번호: CIP2014024096)